无解的困局

大明最后的60年

无心镜◎著

新世界出版社
NEW WORLD PRESS

图书在版编目（CIP）数据

无解的困局：大明最后的60年 / 无心镜著. -- 北京：新世界出版社，2025.4（2025.11重印）
ISBN 978-7-5104-7940-3

Ⅰ. ①无… Ⅱ. ①无… Ⅲ. ①中国历史—明代—通俗读物 Ⅳ. ① K248.09

中国国家版本馆CIP数据核字（2024）第 075832 号

无解的困局：大明最后的60年

作　　者：无心镜
责任编辑：刘　颖
责任校对：宣　慧　张杰楠
责任印制：王宝根
出　　版：新世界出版社
网　　址：http://www.nwp.com.cn
社　　址：北京西城区百万庄大街 24 号（100037）
发 行 部：(010)6899 5968（电话）(010)6899 0635（电话）
总 编 室：(010)6899 5424（电话）(010)6832 6679（传真）
版 权 部：+8610 6899 6306（电话）nwpcd@sina.com（电邮）
印　　刷：天津旭丰源印刷有限公司
经　　销：新华书店
开　　本：710mm × 1000mm　1/16　尺寸：170mm × 240mm
字　　数：257 千字　印张：18
版　　次：2025 年 4 月第 1 版　2025 年 11 月第 2 次印刷
书　　号：ISBN 978-7-5104-7940-3
定　　价：60.00 元

编者的话

明朝国祚276年，在中国历史上有着极为重要的地位。相比之前的其他王朝，明朝在许多方面都达到了封建时代的巅峰：经济发达的江南地区已出现“资本主义萌芽”；郑和七下西洋威名远播；《永乐大典》《本草纲目》《天工开物》《三国演义》《西游记》等典籍名著至今仍对世界产生巨大影响……正因如此，明亡前后的种种惨痛历史，对国人的心理冲击力是巨大的。

自1644年李自成率领农民军打进北京城，崇祯帝自缢于煤山，世人对明亡之追思解读不绝如缕。努尔哈赤发布《七大恨》时（1618年）距离明亡仅26年，而农民起义在陕西大爆发时（1627年）距离明亡更是只有17年。但没有人把明朝灭亡的根本原因解读为女真的崛起和农民起义的大爆发。诚如《明史》中所讲：“是故明之亡，亡于流贼，而其致亡之本，不在于流贼也。”而“明亡于万历”的说法至今仍有众多拥趸。对崇祯性格和政治才能的指责同样不绝于耳，《明史》批评他“性多疑而任察，好刚而尚气。任察则苛刻寡恩，尚气则急剧失措”。晚明政权腐败、党争激烈、财政危机等因素亦常常被视为导致明亡的重要原因。1944年郭沫若发表《甲申三百年祭》，认为明朝的灭亡虽然受到天灾的影响，但更多的是由于政治腐败、统治者失德等人祸所致。柳亚子、翦伯赞、鲁西良等人相继发文，在社会上形成了一股思考明亡原因的热潮。这种思考到今日亦在延续。

本书作者认为，明朝之亡不能简单地归结于外因，亦不能只看到内因，而是内外交困的结果。这里最终落到了一个“困”字上。作者梳爬史料，鞭辟入里地分析了明朝最后60年的三重困局——朝政之困、辽东之困和民变之困。这三重困局是如何形成的？统治者是如何应对的？破局的种种努力为何全都失败了？在本书中，作者全景式展现了当时社会政治、军事、经济方面的主要问题，也生动再现了明朝廷为挽救危局所做的种种努力。大明之亡，是崇祯之过，还是任谁也无法逆转的无解困局？相信各位读者朋友看后，自会得出自己的解读和判断。

编者对书中的内容和文字做了删改修订，限于编者水平，难以做到尽善尽美。书中若有不妥之处，恳请读者海涵指正。

序

晚明历史的走向

历史的选择绝非偶然。

有一个假象，好像努尔哈赤是突然崛起的，他在万历四十六年（1618年）突然发布了《七大恨》，然后在萨尔浒之战中击溃明军，自此成为明朝的噩梦。我之所以说这是一个假象，是因为努尔哈赤的崛起早有迹象。

当努尔哈赤在辽东兴起时，一个容易被忽视的问题是，女真族的优秀首领并非只有他一个。明末女真分为三部，其中建州女真又分八部，海西女真分四部，野人女真（东海女真）比较大的有三部，努尔哈赤只是建州女真中一个弱小部落的没落贵族。在努尔哈赤之前，女真出现过王杲、阿台等首领，他们亦是实力不俗之人，但都被明朝巧用部族矛盾杀死。而且，与努尔哈赤同时期的叶赫部、乌拉部的首领个个都是狠角色。努尔哈赤身处一个女真各部混战的时代，他也曾想与海西诸部达成和解，但这是不可能的，各部都想当女真老大，和平终究是奢望。

女真族的几个大部都有统一意图，只不过是努尔哈赤取得了最终的胜利。也就是说，即便没有努尔哈赤，也会有其他部族的首领来完成他所做的事。只要任何一位部族首领统一了女真，可以想象，女真都会和明朝发生激烈的冲突。而被财政危机、激烈党争、严重贪腐等诸病缠身的大明王朝，又刚刚经过几次战争的折损，是打不赢辽东战争的。

同样的道理，明朝关内的农民起义于天启七年（1627年）突然在陕西爆发，一爆发就不可收拾，短时间内响应的民众就有数十万之多。但农民起义发生后，并没有人喊出什么“黄天当立、岁在甲子”之类的口号，这些队伍所做的就是占山为王、攻打县城，为自己谋一条生路。

然而，打下县城后，起事的队伍们发现守不住城，明军一围城，他们就成了瓮中之鳖。于是，这些队伍建立了一个据点，10多万人屯居山上，修栅栏、耕田地，但还是被明朝的重兵击溃。因此，他们想了个办法——几队大势力在山西集结，捏成一个拳头。但这个计划很快就破产了，各营都有首领，不可能只听一个人的指挥。

最后，这些队伍只得采取流动作战，抵抗明军的攻势。既然打不赢，那就跑。明朝称他们为“流寇”就是这么来的。也就是说，李自成、张献忠等军队的流动作战，是被迫之下的无奈之举，并非自愿选择的结果。

再说回明朝，我们今日对崇祯帝有诸多非议。我也承认崇祯帝身上的问题不少，但作为君主来说，他的能力在明朝皇帝中并非差的，至于他的勤勉就更不必说了。但无论崇祯帝怎么做，在政治上解决不了党争和吏治之弊，在经济上解决不了财政之困，他都无法挽救大明。人不可能超越他所处的时代，故而我们也不可能要求崇祯帝和他的臣子们能用关税或是对外贸易来解决经济问题，那是200年后才有的观念。

真正推动历史车轮向前走的，是历史本身。

无心镜

2024年1月13日于成都

目 录

第三章　民变乱局

第一章
朝政困局

一、明亡于万历

明亡于万历的说法由来已久。

《明史·神宗本纪》中记载："明之亡，实亡于神宗。"这里的神宗就是万历帝。明史专家孟森在《明史讲义》第五章"万历之荒怠"中也说："明之衰，衰于正德、嘉靖以后，至万历朝则加甚焉。明亡之征兆，至万历而定。"看来明亡于万历的说法被很多人接受，那么，明朝究竟是如何亡于万历帝之手的呢?

万历怠政

说到万历帝，人们首先想起的就是怠政。

不过，万历帝并非一开始就如此。他登基不久后，朝堂上由内阁首辅、中极殿大学士张居正辅政。张居正得到太后和司礼监掌印太监兼东厂提督太监冯保的全力支持，成为帝师，教导万历帝为君之道。此时的万历帝虽年幼，但有张居正辅佐，政局井井有条。张居正去世后，万历帝也是想有一番作为的。

万历十二年（1584年）年底，京畿周边大旱，老天不作美，而皇帝是天子，要为天下臣民向上天祈雨。为了显示虔诚，从皇宫到南郊往返的20多里（明朝时的1里大约等于现在的576米）路，万历帝都是步行往来。后世以勤勉著称的崇祯帝去南郊祭天，也并非每次都步行。看来，此时的万历帝还算称职。

万历十四年（1586年），对于万历帝，海瑞在恳请致仕的上疏中赞道："自张居正刑犯后，皇上乾纲独断，无一时一事不惟小民之念。"（《明神宗实录》卷一百一十七）人意是说，张居正之后，万历帝独掌朝政，时时刻刻都将老百姓挂念在心上。依海瑞之性格，断不会颠倒黑白。但这一切逐渐发生了变化，自万历十四年起，万历帝就开始不履职了，并且这种情况日甚一日。

之前祭天还步行前往，后面就是坐马车都不去了。祭天在南边，祭地在北边，万历帝一律不去。不仅如此，他连自家的宗庙也不祭拜了。按常理来说，每逢重大节日或者完成重要政绩，比如打了大胜仗，皇帝都是需要到宗庙告慰祖先的，但万历帝一概不去。

祭拜活动都如此，那朝政自然也不理，万历帝竟然有20多年不上朝。不上朝的做法，并非万历帝首创，嘉靖帝也曾20多年不上朝。不过，嘉靖帝虽然不上朝，但朝政不乱。为何能如此？嘉靖帝虽不上朝，但是他理政啊！臣下有政事，写了奏章，嘉靖帝会审阅、安排，相当于处理政务的形式由朝会变成了文件往来。所以，嘉靖帝20多年不上朝，却依旧牢牢掌控朝局。

然而，万历帝不一样，他既不上朝，也几乎不理政。不仅如此，大臣们就连见皇帝一面，都是很难的。不只是普通大臣，就连明朝的首辅想见万历帝，都一样困难。比如，明朝大臣申时行担任首辅9年，皇帝召见他的次数屈指可数；而另一位大臣朱庚当了3年的首辅，连皇帝的面都没有见到。至于其他从未见过皇帝的大臣，比比皆是。

文华殿外的文华门成为众多大臣向皇帝请命的地方。在这里，有等待、有哭泣、有呼喊、有廷杖，唯独很少有皇帝的回应，文华门成了万历帝怠政最有力的见证者。大学士方从哲向万历帝请求补充阁臣，上了十多道奏疏，无一回应。方从哲在文华门外候旨，一连6天无果。

其实，大臣们也不必发这么多牢骚，皇帝至少做到了一视同仁，他对自家人也是一样漫不经心。按照惯例，瑞王18岁就应当结婚，但他20多岁还是单身，朝臣多次上书提及瑞王的婚事，万历帝都置之不理。惠王、桂王没有定亲，万历帝同样不做处理。有8年的时间，太子没有老师教导，首辅叶向高屡屡上书请求为太子择名师，万历帝一概不回应，导致后来泰昌帝和天启帝的文化水平都不高。这位德高望重的帝国首辅可以说是绝望的。经过叶向高的力争，朝廷开展了考试，选拔了70多名人才，请求万历帝任命。叶向高为此事前后上书了几十封，但过了两年，万历帝都没有把任命书派下来。

至于外国使臣来朝无人接待；各地饷银押至京师无人签收；监狱里的囚犯数年不审判，导致监狱爆满；都察院8年没有主管等情况，举不胜举。深感绝望的叶向高向万历帝请辞，未得到批准，只能称病在家。皇帝不理事，内阁只有首辅一人，所有文件都涌向叶向高的府邸，堪称大明王朝的一道奇观。更有甚者，科举会试时，朝廷竟找不到合适的官员来主考，叶向高只得亲自主持考试。到了主考那天，叶向高居然又收到了大量的文件。没办法，处理公务的官员们找不到皇帝，就只能找首辅。他们唯一的办法就是，首辅到哪里，就把文件送到哪里。

老成持重的叶向高都被逼到这个份上，那性子颇急的吏部尚书赵焕就更不用说了。此时，内阁大学士只有一人，赵焕实际上就是朝廷的二号人物。

而且，六部之中，只有吏部尚书赵焕一人在职，户、礼、工三部只有一位侍郎[①]。赵焕受不了了，上书请辞，我干不下去了，不干了！但也等不到回音。于是，赵焕最后上了一书，就自行离职了。赵焕的前任吏部尚书孙丕扬也是以同样的方式离职的。赵焕走了，万历帝终于发话了，又把他请回来。赵焕以为这次有戏，赶紧上疏，但都石沉大海。

不久，萨尔浒战败的消息传回，辽东危急，百官焦急地等待皇帝决策，但万历帝依旧不理。赵焕坐不住了，率百官到文华门，恳请皇帝临朝议政，但仍没有任何回音。78岁的赵焕坚决不退，到了晚上，最终等来了万历帝的回信，就一个字：退。赵焕怒了，忍不住说："他日蓟门蹂躏，敌人叩阍，陛下能高枕深宫，称疾谢却之乎？"（出自《明史·赵焕传》）意思简单明了，他日敌人打到京城，陛下难道还可以待在深宫之中，称病退敌吗？赵焕这句话一语成谶，10年后（1629年）变成现实。

萨尔浒惨败之后，辽东空前危急，群臣至少有两次集体请求万历帝出来，和大家一起商讨应对之策，但万历帝一概置之不理。万历帝这样的行为，就连远在南京的各道御史也很不满，上书说："台省空虚，诸务废堕，上深居20余年，未尝一接见大臣，天下将有陆沉之忧。"（出自《明史·神宗本纪》）这句话说得很不客气了，说皇帝这样下去，天下就危险了。但就是这份奏疏，万历帝也没给任何回应。

如果说重臣们说话，还多少会顾及皇帝的脸面，一些不怕事的中低层官员，话说得就没有那么客气了。万历十七年（1589年），有一个叫雒于仁的七品官，他原本在地方上任知县，不久之后被调到北京做大理寺评事，负责断案工作。雒于仁到了北京后的一年多时间里，一共只见了皇帝3次，他很不满意，到处打听万历帝在干什么。其实，这也不需要特意打听，老百姓

① 相当于副尚书，一般一部有两位。——编者注（除特别注明外，其他均为作者注）

们都在议论万历帝的所作所为。其实，这个时期万历帝的怠政远远没有后期严重。到后期，很多官员一次都没有见过万历帝，而雒于仁，一个大理寺评事一年见了3次，已经算不错的了。

不过，这个雒于仁官虽小，脾气却不小，他觉得这样下去大明江山就危险了，于是他向万历帝上了一道奏疏，说："天下人都在传皇帝得了四种病——酒、色、财、气。第一是酒，皇帝不但喜欢喝酒，而且经常喝到天亮；第二是色，皇帝不但宠爱郑贵妃，还喜欢那些长得标致的小太监；第三是财，皇上要求宦官向自己行贿进贡，有进贡就高兴，没有进贡就发怒，惩罚宫人；最后是气，皇上还爱生气，为了各种小事，比如宫女、钱财等，气得要命。"雒于仁继续说："这四种病不是用药就可以治好的，今陛下正年轻，还不上朝，长此以往，您到底想怎么样？"

万历帝看到奏疏后，真是气得要命，但雒于仁既然敢写这样的奏疏，自然是做了被处死的准备，所以杀他也没有用。杀了他，反而会让他声名大噪。万历帝也不敢把这样的奏疏发给朝中各部，就把内阁首辅申时行等人召来，指着雒于仁的奏疏说："你们看，这样一个小官，无君无父之徒，竟然如此侮辱朕，你们管还是不管？"

申时行在官场摸爬滚打了多少年，自然知道其中利害，回复说："皇上，这个我们不能看。我们看了，到时候信的内容传了出去，全天下人就都知道这些事了。"

万历帝说："难道就这样算了？不治他的罪吗？"

申时行回道："治罪肯定没有问题。但一治罪，这封奏疏就公开了，他骂皇上的那些内容就公开了！"又说："我去跟他说，让他辞职。"

万历帝无奈，只得同意，那封奏疏也被他留下，没敢发出来。最后，雒于仁打了一张辞职报告，退休了，但他骂皇帝的那些话早就传开了，此时他俨然成了官员们心中的"英雄"。

不过，骂皇帝仍解决不了根本问题，朝廷的很多弊病已经凸显。

万历帝荒诞的怠政让人很难理解，这天下难道不是朱家的天下吗？万历帝为何如此呢？一个比较常见的说法是：万历帝因国本之争和大臣们斗气，最后选择置朝政于不顾。

万历帝的长子朱常洛是他偶然临幸宫女王氏后所生，因朱常洛为宫女所生，所以万历帝并不喜欢他，想立自己心爱的福王朱常洵为太子。群臣力谏，说根据礼法应立长子朱常洛为太子，双方互不相让，立储之争长达15年。最终，万历帝感到自己虽贵为天子，却终被群臣所制，逐渐对朝政失去兴趣，开始怠政。

到这里，读者可能会有一个疑问，皇帝不是天下之主吗？为何连立个太子的权力都没有？这是因为明朝注重礼法，祖制的力量十分强大，而且连太后也不支持皇帝。有一天，万历帝到慈宁宫陪侍李太后，太后便问他为何不册立太子。万历帝答："他是都人之子。"太后大怒道："你也是都人之子！"皇帝听后惶恐不已，跪伏在地，不敢起身。在明朝，宫中称宫女为都人，李太后也是宫女出身，所以万历帝的回答让她十分恼怒。万历帝没能按自己的喜好安排接班人，这可能是他怠政的一个原因。

不过，很容易被人们忽视的一点是，万历帝之所以会如此，是因为明朝中央集权的程度非常高，军政大权集中在皇帝一人身上，内阁成为皇帝的秘书处，并没有实际决策权。而那些朱家藩王们也被严格控制在自己那一小块封地上，干什么事都得给朝廷打报告。这就造成了现在这个局面——即使皇帝不作为，也没有藩王起来夺权，也没有引发以夺取最高权力为目标的政变或兵变。万历帝的作为，要是放在隋唐时期，他早就被推翻了，皇帝都换几轮了。所以，空前集中的中央集权才是万历帝能肆无忌惮怠政的根本原因——我做事，天下是我的；我不做事，天下依旧是我的。难道万历帝真的就不怕丢了江山吗？当然怕，他要是真不怕，就不会发起万历三大征，也不会下令发动萨尔浒之战了。怠政，从根本上来讲，就是明朝极度中央集权带来的恶果之一，所以明朝会出现嘉靖和万历两任皇帝皆有20多年不上朝的奇葩现象。

那有人就会说了，清朝也是高度中央集权，为何没有出现嘉靖帝、万历帝这样怠政的皇帝呢？就如清朝的祖训“永不加赋”是缘于明朝的教训一样，正是看到了明朝皇帝怠政带来的负面影响，清朝的统治者吸取了这一教训，所以从未出现皇帝怠政。

奢靡的生活

说完怠政，再来说说万历帝奢靡的生活。

成化斗彩鸡缸杯，是一种存世极少的珍贵瓷器。2014年，一个成化斗彩鸡缸杯在拍卖会上以2.8亿元人民币的天价成交。这个杯子不是到今天才变得这么昂贵，在万历时期就已是稀有之物。根据《明神宗实录》记载，万历帝有一对鸡缸杯，当时就价值10万两白银。

然而，万历帝的奢靡生活可不仅仅体现在一对小杯子上。郑贵妃过生日，万历帝一次就赏赐了20万两白银，这大约相当于1.1万名辽东士卒一年的饷银。万历帝在万历十二年就开始为自己修建陵墓，历时6年，花费了800万两白银。众皇子们的册封和冠礼、婚礼花费了934万两白银，袍服又花了270万两白银。也就是说，众皇子的这些典礼一共花费了1204万两白银。还有，万历帝令人从湖广、四川、贵州等地运送供皇家专用的楠木等珍贵木材至京城。这些珍贵的木材大多长在深山之中，人工砍伐、长途运输等花费巨大，仅在木材上的花费就高达930万两白银。

更为惊人的是，万历帝曾以皇子们大婚为由，想向户部支取2400万两白银，这个数字巨大到恐怖，被户部官员断然拒绝——户部根本不可能有这么多钱。这下，皇帝不高兴了，派太监们到地方去查看各省的账上还有多少银两，想全部占为己有。

在众皇子中，万历帝疼爱福王是众所周知的。万历三十一年（1603年），福王18岁，万历帝亲自为他操办婚礼。整个婚礼共花费30万两白银，这是个什么概念呢？万历帝自己大婚也才花了7万两白银。福王大婚后，群臣们要求福王就国，但福王去洛阳后要有住处，于是福王府的修建就提上了日程，最后整个福王府的修建费用高达40万两白银，是一般王府的10倍之多。

王府快修好时，大臣们都极力主张福王尽快就国，万历帝又开始设置障碍，说福王需要4万顷良田才能去洛阳。4万顷就是400万亩，须知这是400万亩良田，可不是400万亩土地。以前藩王到封国，都是朝廷先调拨一部分土地，大部分封田是藩王就藩之后再慢慢划分的，万历帝的弟弟潞王就是如此安排的。但万历帝要求先把福王的土地准备好，福王才动身。最后，群臣经过力争，将福王的封田降为200万亩，但这仍是一个巨大的数字，河南一省根本无法自己解决，最终由河南、湖广、山东3省分摊，而山东还差12万亩的缺口，湖广凑不够，就申请用1万两银子抵扣。

福王府修好了，封田也准备好了，万历帝再也没有理由不让福王就藩了。福王离京去封国时，万历帝十分不忍，福王出了城门，又被万历帝叫回来，如此一连四次。但福王去封国已成定局，无法改变。但福王可不是简单地带着一群人上路就行了，光是路上的开销就是一笔巨款，因为皇帝赏赐的财物太多了。万历帝这么多年搜刮的财物大多给了福王，运输车辆的开支就高达3.4万两白银，运输的船只多达1720艘，开销有多大，自不必说，群臣又免不了和皇帝在福王就国的费用上讨价还价。

尽管过程如此波折，群臣还是为福王的就藩长舒了一口气。后世史家谈迁（《国榷》卷八十二）说："宠王就国，中外交为东宫幸，如释重负。"

福王后来的结局，大家都知道了，他在农民起义中被李自成所杀。但是，大明王朝可不只有福王一位王爷。经过200多年的统治，朱家的龙子龙孙早就达到了一个庞大的数字，不仅是福王，其他的藩王所占田地也绝非小数目。成都平原自都江堰修建后就成为沃野，被称为天府之国，而成都府的良田被蜀王占去七成，军屯又占去两成，留给老百姓的仅一成左右。封在汉中的瑞王也被赐予良田200万亩，陕西一省不够，由陕西、河南、山西、四川4省分摊。

此时的大明已经能嗅出一股危险的味道。天下供到京城的粮食约为400万石（明朝的1石大约等于现在的180斤），官员的俸禄、军队的军饷都得从这里出，而应该发给宗室的就有833万石，这已经是严重入不敷出了。而且，明朝为了在辽东作战，所需军费庞大。钱不够怎么办？加，明朝前后3次加饷520万两白银。这个数字是很惊人的，比户部一年的岁入还要多，老百姓肯定承受不了。所以，加饷的时候说是临时加，打败了努尔哈赤以后也就不加了。然而，明朝在萨尔浒之战中大败，就更需要钱来经营辽东了，这个饷银只能年年加下去。

矿税之争

万历帝如此奢靡，钱自然是不够用的。万历朝又发动了著名的三大征，虽然都取得了胜利，但代价也很大。平定宁夏叛乱，花了200万两白银；援朝之役，花了700万两白银；平定播州，花了300万两白银。也就是说，光是三大征就耗费了1200万两白银。

万历帝爱财也是众所周知的，有一件事可以说明。当时辽东局势已经十分危急了，朝廷却还拖欠着将士们的饷银，户部尚书李汝华多次上书，请求万历帝从内帑库中拿一些银子出来，以解燃眉之急，但万历帝毫不犹豫地拒绝了。所谓内帑库，也称内库，就是皇帝的私库，由皇帝自由支配。内库的规模很大，由皇帝派太监管理，内库根据所储物资的不同种类又分为若干个库。比如，储藏金银的内承运库，存放布匹、颜料的甲字库等。

当时，广东送了一笔金花银（指明代税粮折收的银两。原意为足色而有金花的银两）进京。金花银是内库银两的主要来源，每年有200万两白银左右。由于辽东军情十分紧急，户部尚书李汝华便私自扣下这笔金花银，运往辽东作为军饷。万历帝知道后勃然大怒，罚了李汝华一个月的俸禄，让他立即想办法把这笔钱补上，不然后果自负。李汝华无可奈何，只能照办。

要解决问题，最终还是要增加收入。

万历十二年，有人建议万历帝开矿，于是皇帝准备派人去勘察，但最终没能成行。万历十六年（1588年），有人上报说紫荆关外广昌（今河北涞源）、灵丘（今属山西）有矿砂，可冶炼出银，万历帝很高兴，但被大臣申时行、王锡爵以“不与民争利”为由强烈抵制，未能实行。万历十八年（1590年），又有人上报说阜平（今属河北）、房山（今属北京）各地产矿砂，请皇帝遣官开矿，申时行等人还是认为不可。

到了万历二十年（1592年），宁夏用兵，这年冬天，朝鲜战事打响。万历二十四年（1596年），乾清、坤宁两宫受灾，需要重修。万历二十五年（1597年），大火烧了皇极殿（明朝的皇极殿就是现在的故宫太和殿）、建极殿、中极殿，三大殿被毁。万历二十七年（1599年），播州（今贵州遵义）用兵，战争耗费了明朝大量的银两。

要用钱的地方太多了，皇帝拿没钱向群臣说事，群臣束手无策，所以就通过了矿税之法。当时，代行内阁政务的张位为了顺应万历帝的心意，就同意了。同意的理由和万历帝开矿的理由一致：矿产出于天地之间，其开采掘取既有利于国家收入，又不伤害小民，完全是可以实施的。让人没想到的是，这一开矿就打开了“潘多拉的魔盒”。

对于开矿，万历帝是这样说的："我大明年年作战，国库空虚，如果不是因为我的宫殿还没有修好，我怎么忍心加派给民众呢？"这是皇帝在为自己辩解。实际的情况并非如此，对于这一点，臣子们看得十分清楚，御史张养蒙说："陛下借着修宫殿的名义开矿，实际上却把银两全部藏进了内库。"当时任职国子监祭酒的方从哲也说："矿税都被运进了内库，对外没有供给军队，对内也没有用于修建皇宫。"

臣子们确实不给万历帝脸面，将遮羞布扯得一干二净。实情正是如此，宫殿的修缮最终花费了200多万两白银，工部出了130万两白银，剩下的都由户部和兵部出，而修缮需要的一些巨大的楠木因有库藏，直接用就可以了，所以并没有动用内库的钱财。但是，万历帝哪管这些，钱是要收的，既然内阁已同意收矿税了，那就要执行。

当初，万历帝想开矿增加收入，以为普通老百姓肯定不会去开矿，收的都是大户人家的钱，就不会增加普通老百姓的负担。然而，这个想法太天真了。

万历帝派了一大批太监到各地去采矿，王忠到昌平，王虎到真定、保定、蓟州、永平、房山，丘乘云到四川，李敬到广州，等等。开矿需要勘探，需要修路，需要运输，但这些太监都在深宫里长大，哪里知道什么采矿之法？但是他们手中有权，可以采用包采制。于是到了地方后，太监们找到地方官和当地大户摊派任务：你们这里有没有矿产资源我不管，你们怎么采矿我也不管，只要到时候交给我指定金额的银两就行。

地方官开不到矿，就用钱来补；大户们开不到矿，就用家产来抵。而这些地方官和大户哪里肯自己吃亏，也是层层摊派下去，最终还是压到了普通百姓头上。从表面上看，万历帝开矿针对的是达官贵人和商人，但在那套官僚体制之下，都是一级压一级，层层往下摊派，最终的受害者当然是普通百姓。

而且，万历朝的采矿是大规模的、全国性的，并开始向外邦蔓延。万历三十年（1602年），福建人张嶷给万历帝打了一个报告，说海外吕宋机易山（今菲律宾马尼拉西南角的港口甲米地）的金子和银子很多，可以去那里开采金矿和银矿，每年能获得10万两黄金、20万两白银。万历帝一听非常高兴，马上令其带人去机易山采矿。此时的机易山已被西班牙人所占，张嶷表明想在机易山采矿后，西班牙人极其愤怒，驱逐了张嶷一行人，还对机易山的明朝商人进行了血腥地大清洗，最后被杀的大明臣民多达2万。万历二十年，日本入侵朝鲜，明朝作为宗主国，立即派兵入朝对日作战，第一阶段的战争结束后，万历帝赶紧让一批矿工进入朝鲜四处寻找银矿，但一番折腾下来，一无所获。

从以上事例可以看出，万历帝为了采矿，几乎是无所不用其极了。他如此疯狂地开矿，最直接的原因是明朝国库没钱了，而各项开销大。先不说万历三大征的花销（平定宁夏叛乱耗银200万两，援朝耗银700万两，平定播州之乱耗银300万两），就拿万历帝个人花销来说，也是惊人。比如郑贵妃过生日赏银20万两，潞王就国赏30万两，修建定陵耗800万两，皇子册封等用1200万两……而当时全国一年收入也不过400多万两。这个现象背后折射出的是明朝财政体制的不合理。

明廷曾经发行过纸币，但由于滥发，失去了流通性，民间认可的货币还是白银。明朝实际上已经失去了铸币权，以白银为货币的流通形式，让朝廷在财政上没有任何回旋的余地。在拥有铸币权的情况下，明朝还可以适量地超发货币来转移财政问题，比如陕西干旱，朝廷没钱，就适量地印纸币解决一下燃眉之急。但在白银作为货币的情况下，朝廷是没有办法的，每一两白银的赤字都会实实在在地反映到士卒的军饷上去。朝廷少收入一两白银，就会让辽东某一士卒的军饷少一两白银。

其实，万历帝竭力开矿就是要解决白银的问题，但他没想到是，大明实际上并不缺白银。明朝在丝绸、瓷器等商品贸易上有着无可比拟的优势，所以在国际贸易上对当时世界上任何一个国家都处于顺差。在以白银为硬通货的时代，这导致的结果就是白银源源不断地流入明朝。具体流入的数量至今未有定论，有一种说法是每年流入明朝的白银接近300万两，这就意味着从16世纪到17世纪，有3亿两白银流入了明朝，还有外国学者认为世界上四分之一到三分之一的白银为明朝所有。

这么多的白银没有进入国库，对朝廷来讲是一个重大损失。明朝的主要收入来自田赋，这是自秦以来延续了1000多年的传统，但在明朝后期，手工业逐渐发达，对外贸易昌盛，朝廷却没有将以田赋为主的税收制度改为以田赋和商税混合的税收制度，这不得不说是明朝财政政策的一个重大失误。

万历帝开矿其实是在田赋以外增收，很显然，万历帝看到了经济的变化，却选错了方式。只是采矿，万历帝还不满意，他又向各地派遣征税太监，遍布全国，但主要在江南和京畿，因为这些地方商贸繁荣，抽税自然更多。

据时人冯琦的记载，无论是税或者矿，采取的都是包税或包矿，太监们带着人到地方之后，指着某家的房屋说这家有矿，这户人家立即家破人亡；太监们指着某个小贩的货物说这个有漏税情况，小贩的货物立刻被没收。为开矿和收税所设的名目很多，据不完全统计，在《定陵注略》中有记载的就多达47种。税目如此繁多，已不是雁过拔毛，而是剥皮抽筋了。

这样的做法自然广遭非议，反对者很多。有官员上书给万历帝说："从长江顺流而下，一日可行三四百里，今三四百里间就有五六拨官员拦江把截，收取各种税。"那么，万历帝知不知道自己的做法有问题呢？有一件事情可以说明。

万历三十年，万历帝突然患病，以为自己命不久矣，他急召首辅沈一贯交代后事。万历帝对沈一贯说："我死后，请您把太子辅佐为贤君。原来设矿监和税监实在是不得已而为之，因为大殿还没有完工。现在可以停下来，把派出去的太监都召回吧。”他说完这番话后，沈一贯赶紧出去拟旨。

大臣们接到这道圣谕，如获至宝。当晚，阁臣、九卿都在朝房值班，通宵加班商议、安排这件事。第二天，万历帝又缓过来了，他睁开眼的第一件事就是叫太监赶紧找沈一贯，把那道谕旨追回来。大臣们坚决不肯，说天子无戏言，既然说了，我们就要下发。来追缴圣谕的太监一拨接着一拨，前后来了20多个太监。沈一贯不给圣谕，这是多么难得的机会啊，可以停止开矿征税！太监们过来抢夺，双方搏斗中，有人的额头都被打出血了，沈一贯只得把圣旨交了回去。

其实，太监们也不是都赞成皇帝收回战命，司礼太监田义就据理力争，而且言辞激烈，气得万历帝要杀了他，但田义仍坚持己见，毫不退缩。后来，田义见到沈一贯，一口唾沫吐过来，说：“您要是再稍稍坚持一下，矿税就撤了，为何如此胆小怕事啊！”沈一贯虽贵为首辅，但面对田义的指责，也只得忍气吞声。

万历帝一共在采矿、增税上收了多少钱呢？10年间一共收了白银约569万两，金约1.2万余两。这个数字其实不小，但这里面有一个大问题，收税的太监们无人监督，中饱私囊、贪污腐败的情况极为严重。当时就有官员说，如果把这些所得分成十成的话，进入皇帝内库的只占一成，被太监们贪污的占两成，那些为太监们办事的占去三成，而那些趁机为非作恶的地痞流氓则占去了四成。

一些贪污腐败的问题也很快暴露出来。山西巡抚向皇帝揭发，税监孙朝每年约收4.5万两白银，只上交了约1.6万两白银，剩下大约2.9万两白银全部被其私吞。山东巡抚举报税监马堂每年收26万两白银，只上交7.8万两白银，7年总共贪污了近130万两白银。还有一个叫陈增的税监被人举报，他的下属贪污白银40万两。一个下属都贪了这么多，陈增本人贪的自然更多了。这个下属被处死后，陈增害怕牵连到自己，竟然吓得病死了。万历帝得知后，不是下令清查贪污的案情，而是立即下旨，派人搜查陈增的财产，赶紧送到宫里。

如此残酷地四处搜刮，引起了民众的极大不满，各地百姓纷纷反抗。在湖北负责采矿征税的太监陈奉，为了采矿和征税无所不用其极，引起众怒。他在荆州时，数千人上街游行；在沙市时，他被商民驱逐；在黄州时，他又遭驱逐。陈奉恼怒之下，上疏告状，万历帝撤了一批地方官为其撑腰。陈奉又差人去追一笔横财——唐朝宰相李林甫妻子的墓中珍宝，未能得偿所愿，他竟然下令遍挖境内的古墓寻宝。此等行径很快就遭到官员弹劾，万历帝没有表态，实际上是默许了陈奉的行为。

武昌官员冯应京力数陈奉的九大罪，皇帝派锦衣卫前来，并不是捉拿陈奉，而是逮捕冯应京。此举引起了百姓们的极大不满，他们包围了税监，打伤锦衣卫，将陈奉手下的6人丢入江中。此时，各地的反抗此起彼伏，云南百姓抓住税监杨荣，直接处死，万历帝得知后竟数日不食。临清的税监马堂巧取豪夺，与民众发生矛盾，40多个衙役直接被民众打死。

太监高淮在辽东引发的动静最大。文秉《定陵注略》记载，他向各军户索要：在所散放马三匹，要银一百二十两；香袋二百个，要银二十两；包头十联，要银十四两；发银四两，要粂豆四十石。

辽东的士兵彪悍，誓要生吞高淮。从四月到六月，辽东前屯卫、锦州卫和松山卫先后发生兵变，遥相呼应，矛头直指税监高淮。辽东巡按王业弘、巡抚李植及山海关主事吴钟英，都力请万历帝召回高淮。

当时，官员们也反对此番做法，轮番上疏，请求万历帝停止开矿和征税，都未获批准。内阁辅臣沈鲤想到一个法子，他说，其实，开矿后百姓只是第二受害者，最大的受害者是万历帝。万历帝一听，忙让人问他原因。沈鲤说："今国家把名山大川凿破，灵气发泄尽了，将来圣躬岂不受亏？"万历帝常住深宫，身体一直不太好，这句话对他的触动很大，而且民众和官员们的一致反对，也是万历帝不得不考虑的。

在各方压力之下，万历帝逐渐从各地撤回了矿监、税监。

频繁的战争

万历朝的战事十分频繁，其中就有广为人知的万历三大征，即宁夏之役、朝鲜之役、播州之役。这三场战争的结果都是明朝获胜。

（1）宁夏之役

终明之世，明朝与蒙古各部的战争一直在持续，只是规模不尽相同。北部边防始终是王朝事务的重中之重。

哱拜原本是蒙古鞑靼部人，因内讧而在嘉靖中期投降了明朝。投降之后，哱拜的表现还算不错，奉命出战时多有斩获。哱拜因军功被封为副总兵，其子哱承恩被封为指挥使，充巡抚门下旗牌官。

哱拜常年在军中任职，素有威望，其子哱承恩，义子哱塞、哱云、哱洪皆是彪悍勇猛之将。当时的将领都有“家丁”，名义上是国家的军队，实际上就是听命于武将的私人武装。家丁都是最精锐的士兵，养一名家丁的费用是普通士兵的数倍甚至10倍，其地位远高于普通士兵。而且，将府招募家丁之时就严格挑选，能充任家丁的皆为能征惯战之辈。哱拜的家丁和部属多达3000余人，对外是抗击蒙古的利器，但如果安抚不当，也有可能伤及自身。宁夏巡抚党馨对哱拜强大的势力心存芥蒂，想削弱他的势力，处处为难他。

万历十九年（1591年），经略郑洛征兵宁夏，党馨派游击将军土文秀率千人前去。对此，军力更强大的哱拜十分惊讶，请求以所部3000人一起出征，但被党馨阻拦。党馨为何不让哱拜前去？道理很简单，不给他建功的机会。哱拜虽然没能参战，但也看出各镇兵马并不强大，心中甚为轻视。而党馨想削弱哱拜的势力，欲治哱拜“冒粮”之罪，又久久不给哱拜的军队发放过冬的衣服、棉花、粮食。同时，哱拜的义子哱云、土文秀有功，按理应升职，党馨迟迟不予办理，他还以哱拜之子哱承恩“强娶民女为妾”，将其鞭笞二十。

党馨的做法非但没有削弱哱拜的实力，反而激起了哱拜的不满，矛盾一步一步激化。于是，心存不满的哱拜挑唆部下发动叛乱。其家丁刘东旸桀骜不驯，与亲密者80人进入关帝庙商议，规定谁杯中的酒花最大，就选谁主事，最终刘东旸杯中的酒花最大且最持久，故推其为谋主举事。叛乱发生后，巡抚党馨当然跑不掉，第一个被杀。总兵张惟忠只身前往安抚，却无力阻止叛乱，遂自杀。刘东旸自称总兵，以哱承恩、许朝为左右副总兵，土文秀、哱云为左右参将，占据宁夏镇，但真正掌握叛军的是哱拜、哱承恩父子。

叛军知道朝廷会来军平叛，遂先下手为强，向宁夏周边进攻，从河西到玉泉的47座城池相继陷落。同时，叛军联络河套的蒙古多罗土部领主著力兔、蒙古某部首领宰僧进犯平虏、花马池两城，陕西全境为之震动。明军派人前来招降，叛军的要求是承认叛军的人事安排，并世镇宁夏。这样的要求是不可能接受的，明军遂调集兵马平叛。

平叛的过程并不复杂，叛军兵力不足，掳走所占47座城池的物资之后，全数放弃，龟缩于宁夏城（今宁夏银川）内固守，并寄望于蒙古骑兵能牵制明军。陕西三边总督魏学曾、甘肃巡抚叶梦熊均派兵前往平叛，合兵4万进攻宁夏城。但叛军本就是精锐部队，又倚坚城，明军全力攻城却始终无法攻破。

七月，叶梦熊、魏学曾决掘黄河大坝以淹宁夏城，城外水深八九尺，涌入城内。不仅如此，城中粮尽，士兵开始杀马为食，马匹仅剩500匹，百姓只能吃树皮、烂皮靴，饿死者众多。但叛军依旧不投降，仍寄希望于蒙古骑兵。

八月二十一日，河套部著力兔率领大军来解宁夏之围，被明将李如松、麻贵、李如樟击溃，著力兔大败，退回塞外。这意味着宁夏城陷入孤立无援之地，破城指日可待。明军的后援不断到来，进一步加强了攻城的能力，明军遂发力猛攻，叛军不能敌，南城丢失，退入大城。

明军监军梅国祯适时实行离间计，让本就处于高度紧张中的叛军自相残杀，哱承恩杀了刘东旸、许朝后向明军投降，哱拜畏罪自缢而死。至此，历时7个月的宁夏之乱结束了。

（2）朝鲜之役

就在宁夏之役激战正酣时，大明的东北方向又出事了。日本的丰臣秀吉举重兵跨海对朝鲜作战，意图以朝鲜为跳板，进一步攻伐大明。

丰臣秀吉有一个堪称疯狂的计划，他要攻下大明，然后占领印度，在目标达成后，他计划住在宁波，让天皇住在北京。丰臣秀吉要实现这个计划，首先就要占领朝鲜。他在给朝鲜国王的书信中说："夫人之居世，自古不满百岁，安能郁郁久居此乎？吾欲假道贵国，超越山海，直入于明，使其四百州尽化我俗，以施王政于亿万斯年，是秀吉宿志也。"①大意是说，人生在世，不过百年，我岂能安心久居于岛上？现在想向贵国借道，越海翻山，直接进入大明，让大明四百州全数归我，实行我们的风俗，并在大明永久地施行王政，这是我丰臣秀吉的平生之志。

为实现这个野心勃勃的计划，万历二十年（1592年），丰臣秀吉派9路日军16万多兵力进攻朝鲜，这只是丰臣秀吉发动的部分兵力，这年春天他在

① 赖山阳：《日本外史》第16卷《德川氏前记·丰臣氏》，北京大学出版社2015年版。

日本调集的总兵力已经超过了33万人。当日军踏上朝鲜半岛发起进攻后，朝鲜军根本无力阻拦，很快就一溃千里。在此前的200年里，朝鲜超过万人的军事行动只有3次，而且最多的一次才调集不到2万人。面对日军如此大规模的进攻，朝鲜毫无招架之力，一败于海上，二败于尚州，三败于汉江，最终连平壤也丢掉了，狼狈的朝鲜国王赶紧向宗主国明朝求救。

另一场看不见的战争早已拉开了帷幕。丰臣秀吉实际上忘记了他正处于世界的大浪潮之中，日本有诸多的贸易商人对丰臣秀吉庞大的计划早有耳闻，这些消息也被带到了明朝，而且明朝也向日本派出了谍报人员。

万历二十年，在做了充分的准备后，福建巡抚许孚远派军官史世用暗中到泉州府同安县，乘海商许豫的船只，扮作商人与其一同前往日本的萨摩州。史世用将他在日本一年多时间内从事间谍活动搜集到的日本情报汇集整理后，刊刻成书，这就是明朝关于日本最全面的情报书籍——《倭情备览》。

后来，朝鲜国王李昖听闻史世用的事迹，对史世用及其书表示了极大的关心，特意召见了史世用。当时，《倭情备览》成了明军将领必读的日本情报书，当时的总指挥即右佥都御史、经略朝鲜军务杨镐常备此书，还将此书送给朝鲜官员，让其了解日本的国情。

明朝已知悉丰臣秀吉的野心，断然不能坐视不理。万历帝任命兵部右侍郎宋应昌为备倭经略，带兵出战。宋应昌给朝鲜国王写了封信，以示安抚，信中这样写道：

> 圣天子赫然震怒，命本部以少司马秉节钺总权衡，爰整六师，大彰九伐。谋臣如雨，运筹借箸者接踵而来；猛士如云，齿剑淬刃者交臂而至。已行闽广浙直集战舰，合暹罗、琉球诸国兵，掩袭日本，以捣其巢。复调秦蜀燕齐敢战之士，并宣大山西诸镇雄兵，深入朝鲜，以殪其

众。龙骧虎贲，长驱鸭绿江头；雷厉风飞，直抵对马岛下。

这信的文采远胜丰臣秀吉那篇干瘪的文章，初战中明军却败了。朝鲜为了让明朝快速出军，或多或少地隐瞒了日军的信息，导致明军对平壤的敌军战力估计不足。辽东副总兵祖承训在豪言中视日军为草芥，在部署上却不得不小心行事。由于不熟悉具体情况，游击将军史儒率领2000骑兵在前，祖承训带3000骑兵在后接应。史儒进到平壤附近时，因道路不熟误中埋伏，时逢大雨，火器也无法发挥作用，史儒无奈之下命士兵下马作战，最终全军覆没，史儒力战殉国。祖承训率领3000骑兵来救，乘敌不备，攻入平壤，随即陷入巷战。这场战争的结果是祖承训仅带着数人逃出。

遭遇惨败的明军，不断从关内调集兵力，明朝任命刚刚从宁夏战场上凯旋的李如松总理蓟州、辽东、保定、山东的军务，并充任防海御倭总兵官。李如松在平壤之战中取得空前大捷，并收复平壤。战后李如柏报告：斩首1500多人，烧死6000多人，淹死5000多人。

在之后的交战中，双方基本处于一个势均力敌的态势，日军有兵力上的优势，明军在战斗力上占优势，而明军烧毁了王京城南的龙山粮仓，让日军无法固守王京。战场的胶着让双方不得不坐到了谈判桌前。双方的和谈要价都很高，明朝的谈判使者沈惟敬和日方谈判人员小西行长为了能够达成和谈，竟然伪造了丰臣秀吉的“降表”。丰臣秀吉觉得自己受到了莫大侮辱，遂再次发起战争。

万历二十五年（1597年）初，日本出动陆军约14万人，水军7200人，水陆并进，再度入侵朝鲜。二月，明朝再次议定援朝，以麻贵为总兵官，统率南北诸军。三月，明朝命山东右参政杨镐为佥都御史，经略朝鲜军务，并任命兵部侍郎邢玠为尚书，总督蓟州、辽东、保定军务，经略御倭。

第二次入朝作战的明军陆续增兵，最高时多达11万之众。双方的战斗处于胶着状态，日军虽退守在沿海一带的倭城里，明军也联合了朝鲜军对日军发起了多轮进攻，但实际上双方各有胜负。万历二十六年（1598年）丰臣秀吉病死，日军失去主心骨，遂从朝鲜半岛撤军。

《明史·日本传》这样评价这场朝鲜之役："久之，秀吉死，诸倭扬帆尽归，朝鲜患亦平。然自关白侵东国，前后七载，丧师数十万，糜饷数百万，中朝与朝鲜迄无胜算。至关白死，兵祸始休，诸倭亦皆退守岛巢，东南稍有安枕之日矣。"

（3）播州之役

就在明军和日军在朝鲜作战之时，明朝境内西南的一些土司又开始蠢蠢欲动。土司是明朝授予少数民族的官职。

杨应龙是播州土司，他的祖上自唐朝开始就受封于此地，延续到杨应龙时已经700多年。播州横跨川贵两地，多山地，方圆2000里，播州土司为西南最大的土司之一。明朝对土司的管理采取的是羁縻政策，既要用军事压力来压制他们，又要用经济利益稳定他们。对于发动叛乱的，明朝就进行改土归流，也就是用武力打下土司的土地，撤掉土司，设置地方官，并定期更换。

杨应龙对明朝是有过贡献的，比如他曾派兵去川西北作战，明朝的皇宫被烧了，他也赶紧进献名贵的木材。不过，此人桀骜不驯，俨然成了割据一方的土皇帝。万历十八年（1590年），有人向朝廷报信，举报杨应龙造反。事情的原委是这样的，杨应龙喜欢小妾田氏，田氏想上位，就在杨应龙面前说大老婆张氏的坏话，最后张氏被杨应龙赶出了家门，更严重的是，田氏派人杀了张氏。这下可捅了马蜂窝了，张氏的家族也是当地的土司大族，岂能忍下这口气，所以就向朝廷状告杨应龙谋反。

贵州巡抚主张立即出兵镇压杨应龙，但播州地跨贵州、四川两地，地形复杂，军事镇压并非上策。四川巡按李化龙建议给杨应龙一个戴罪立功的机会。贵州和四川的主官意见不统一，这事就需要朝廷拿主意，但首辅申时行却让两地自行商量解决。之后，两地的意见还是没办法统一，这件事就搁置了下来。

最终的结果是，杨应龙被带到重庆接受讯问，杨应龙提出用4万两白银赎罪，还说自己可以带兵5000支援朝鲜作战。此时正值朝鲜战争期间，不想节外生枝的朝廷就免除了杨应龙的死罪，但留其次子作为人质。

不过，杨应龙并没有真心认罪，赎罪的罚银也没有交。这时发生了意外，作为人质的杨应龙次子在重庆去世了。万历二十四年（1596年），杨应龙公然起兵反明，正式走上了反叛的道路。而明朝忙于朝鲜之役，根本无法分身，所以对这次叛乱先搁置处理，对其采取防守策略。

万历二十七年（1599年），杨应龙率兵8万血洗綦江，全歼5000名官兵并屠城。尸体蔽江而下，江水染成红色。綦江紧邻重庆，重庆为之震动。杨应龙打下了綦江之后，立碑设界，想把自己占领的地方都划为播州所有。这一战令万历帝震怒，而此时朝鲜的战事已经结束，遂命李化龙总督八路军马，合围杨应龙。明军出动24万人马，其中三成是士兵，七成是后勤保障人员。杨应龙面对优势兵力的明军，只能且战且退，同时，那些与杨应龙有矛盾的土司也趁机落井下石。最终，杨应龙在明军合围之下战败，自杀身亡。

播州的事情闹了好几年，明朝真正征调大军作战只用了114天。战后，播州也被一分为二为遵义府和平越府，遵义府归四川管辖，平越府归贵州管辖。播州之役大大树立了明朝在西南的威信，但也暴露出明朝的羁縻政策对西南土司的无力，这才有了后来规模更大的奢安之乱。

（4）战争的问题

万历三大征均以明朝的胜利而告终，但也暴露了明朝的很多问题。比如，最先开始的宁夏之役，监军向皇帝上报军中一片混乱。战斗开始后，没有旌旗指引，没有金鼓信号，也没有号令，军队不成行伍。更要命的是，军粮还不到位，马匹病死、饿死的多达一半。到了发放箭矢时，数量不够。有4万士兵，但箭矢只有1万支，只能4个士兵发1支箭。明军围住宁夏城时，想制造攻城器械，却发现找不到木头，造火器也缺乏铁，更严重的是找不到熟练的工匠。如此种种，实在令人触目惊心。若非明军军力占优势，又用水淹城池，恐怕战事没有那么快结束。

而且，明军的士卒们状态散漫。战斗结束后，宁夏城内的叛军出城收集箭矢，跨过战壕取箭，士卒们也不过问。每到攻城之时，明军士兵就用事先准备好的鸡血染红衣服，诈称受伤，等到验伤时，才发现他们根本没有受伤。还有些士卒半路就逃跑了，此后借战死之名蒙混上级过关。

不仅如此，明军内部军纪败坏，这里以冒功为例。明军平时的收入主要来自月粮，但这仅能保证温饱，真正可观的收入来自战争。如果有战事，士兵的收入是平日的数倍，杀敌获首得到的奖励更是可观。比如，朝鲜之役之前，明军士兵一年的军饷在18两白银左右，入朝作战后则达43两白银之多，而且斩获一个敌人首级，往往能得10两白银甚至更高的奖励。

如果是对蒙古作战，封赏就更可观了，因为蒙古军都是骑兵，机动性很强，明军想斩杀并不容易，朝廷曾规定擒获一名蒙古兵赏白银30两，斩杀一名则赏20两白银。斩杀敌人，不仅有赏银，还可以升职。宣德九年（1434年），朝廷就曾对作战的将士们规定：斩杀三人就可以升一级。北京保卫战期间，于谦就曾规定：生擒或者斩杀一名敌人，就可以升一级。这么丰厚的奖赏之下，战场上士兵们都以争抢敌人的首级为先，往往一个敌人被杀死，就有好几个士兵一拥而上去抢首级。

敌人的首级关系着士兵们的收入和前途，但真正杀敌是要拼命的，并不是那么容易，于是冒功成了一个常见现象。即便是李成梁这种立下赫赫战功的武将，也有杀良冒功的记录，一部分明军更擅于此。有人为了赏金，直接购买他人的首级；有人恃强夺取别人斩杀的首级；有杀了老百姓，冒充敌人首级的；甚至有士兵斩获一敌人首级，却被别的士兵杀害，拿两个首级去领赏。官员在查验时，全凭塘报，下属斩获的首级越多，自己上报的杀敌数也会越多，所以他们不会过多查验。如果监军来查验，又因不熟悉情况，往往会被蒙在鼓里。

三大战役中，明军在播州和宁夏面对的敌人力量都相对弱小，胜利得相对轻松。真正考验明军的是朝鲜之役，丰臣秀吉拥兵30多万，跨海作战的兵力超过15万，明军在朝鲜与其作战，整体上处于势均力敌的态势，日军最后的撤退完全是因为丰臣秀吉身亡，否则战事还将持续得更久。丰臣秀吉死后，日军在撤退中还能保证队形，并没有太多损失，也说明日军的主力尚存。

不过，万历年间，明朝对外并不只发生了这三场战争，明缅战争和万历四十七年（1619年）明朝与后金的萨尔浒之战，明朝都失败了。而且，万历三大征的代价是巨大的。据《明史·陈增传》记载："宁夏用兵，费帑金二百余万。其冬，朝鲜用兵，首尾八年，费帑金七百余万。二十七年，播州用兵，又费帑金二三百万。三大征踵接，国用大匮。"

内忧外患

万历帝的怠政、奢靡的生活以及在矿税上的横征暴敛，给国家造成了极大伤害，再加上频繁的战争，万历帝统治下的大明王朝已经危机四伏。

万历四十四年（1616年），进京赶考的山东举人陈其猷在京城驿站的房间内来回踱步，辗转不寐。他以举人的身份参加考试，所以能住进官方驿站。但身处室内，他的心久久难以平静，一路上见到的灾民惨状让他寝食难安。于是，他提笔绘制了21幅《东人大饥指掌图》，并作了序，想上报给万历帝，让皇帝体察民间疾苦，内容是这样的：

臣自正月离家北上，出境行二十里，见道旁刮人肉者，如屠猪狗，不少避人，人视之亦不为怪。于是毛骨懔懔。又行半日，见老妪持一死儿，且烹且哭，因问曰：既欲食之，何必哭？妪曰：此吾儿，弃之且为人食；故宁自充腹耳。臣因此数日饮食不能甘。

这样的人间惨剧，就活生生地发生在万历朝，老百姓的生存都成了问题。然而，陈其猷所描述之事并不罕见。根据《青州府志》记载，万历四十三年（1615年），山东青州府推官黄槐开的一件申文中写道：

自古饥年，止闻道殣相望与易子而食、析骸而爨耳。今屠割活人以供朝夕，父子不问矣，夫妇不问矣，兄弟不问矣。剖腹剜心，支解作脍，且以人心味为美，小儿味尤为美。甚有鬻人肉于市，每斤价钱六文者；有腌人肉于家，以备不时之需者；有割人头用火烧熟而吮其脑者；有饿方倒而众刀攒割立尽者；亦有割肉将尽而眼瞪瞪视人者。间有为人所诃禁，辄应曰："我不食人，人将食我。"愚民恬不为怪，有司法无所施。枭獍在途，天地昼晦。

当我们在谈庙堂上的荒谬时，民间早已是一片水深火热。老百姓生活得举步维艰，社会矛盾一点一点累积时，外患也在一步一步逼近，压得大明王朝喘不过气来。努尔哈赤在辽东节节胜利，逐步逼近。

万历四十六年（1618年）四月，努尔哈赤攻掠抚顺，俘虏人畜多达30多万；七月，清河失陷，兵民万人全部陷没。万历四十七年（1619年）三月，萨尔浒之战，明军战死45870人，其中将领310人，损失物资无数；六月，开原失守，全城7万人被杀；七月，铁岭沦陷，明军损失4000人，被掳杀的百姓超过万人。

明朝在辽东的首府辽阳，实际上已处于努尔哈赤的直接威胁之下，而就在努尔哈赤即将攻打辽阳的前夕，万历四十八年（1620年）三月，在位长达48年的万历帝去世了。万历帝在遗诏中深刻反思了自己的行为，对自己多年不上朝做了检讨，还自我批评，说不该派太监去各地征收矿税，并安排发放内库的钱两充辽饷，还废除了所有未被取消的矿税，重新起用那些因建言而获罪的官员。

大多数时候，遗诏都是死者想说的话，但也有一些时候是活着的人借死人之口，说出自己想做的事。明朝的大臣们也只有利用草拟遗诏的机会，以皇帝遗诏的形式昭告天下，将自己的想法全部付诸实施。万历帝去世后的3天内，朝廷两次动用内库的200万两白银急充边饷。清除万历朝弊政的行动，正在稳步地向前推进，但积弊已深，不是一朝一夕就能清除的。当押银官路过昌平时，昌平守陵军因为对发饷有异议，又被守陵太监教唆，一气之下把皇帝给边军的赏银抢了。

祸不单行，刚继位的泰昌帝仅一个月就去世，大明王朝在短短两个月内就发生了两次国丧。年仅16岁的天启帝继位，在内忧外患之下，他又该如何面对呢？

二、天启时期的乱象

阉党乱政

天启帝继位时，内阁尚有韩爌、刘一燝主事，因天启帝幼年时读书不多，所以内阁又派孙承宗等人出任日讲官，给皇帝讲解儒家经典，不久又重新起用了万历时期的首辅叶向高等大臣。《明史·赵南星传》在评价这一时期时用了“众正盈朝”四个字，也就是说满朝都是正直的大臣。看起来，天启初年的政治氛围还是不错的。

不过，随着太监魏忠贤的崛起，一切都发生了变化。魏忠贤虽没什么文化，但眼光十分独到且善于阿谀奉承。刚进宫时，魏忠贤在太监孙暹的手下，但孙暹的地位毕竟很低，魏忠贤又盯上了权力更大的太监——魏朝。一来二往，这个魏朝也被魏忠贤拿下，多次向司礼监秉笔太监王安举荐魏忠贤。可以看出，魏忠贤在处理人际关系上很有一套。宫中太监上万，想出人头地的难度可想而知，王安这种人物不是想巴结就能巴结到的，但魏忠贤做到了。

魏忠贤还结交了一位重要人物——天启帝的乳母客巴巴。当时，宫中有不少太监和宫女“对食”，也就是太监和宫女结成名义上的伴侣关系。明朝初年，朱元璋对宦官与宫女的这种行为是深恶痛绝的，并且明令严加取缔。但自永乐之后，宦官的地位上升，这个禁令逐渐解除。旧题纪昀《明懿安皇后外传》载：“明之宫人无子者，各择内监为侣，谓之‘对食’，亦谓之‘菜户’。其财物相通如一家，相爱若夫妇然。既而嫔妃以下，亦颇有之，虽天子亦不禁，以其宦者，不之嫌也。”

类似的例子也见于野史，据《万历野获编》卷六载：最初，值房宦官和司房宫女接触较多，逐渐就产生了感情。宦官更进一步，主动替宫女采办衣食、首饰及日用杂物，表达追慕之情。宫女若相中宦官，即可结成伴侣，称为菜户。菜户在明朝宫内是被允许的，即使是皇帝和皇后，有时也会问宦官“汝菜户为谁”？

天启帝的乳母客巴巴的对食本是魏朝，魏忠贤要想上位，就必须挤走魏朝取而代之。魏忠贤确实做到了，他得到了客巴巴的好感，成了她的对食。天启帝继位后，对自己的乳母十分关照，以至于出现了客氏与天启帝之间有不伦关系的传闻。这种说法当然不会被正史记载，但产生这种说法本身就说明了一个问题——天启帝对客氏的厚待，超出了边界。

魏忠贤攀上了客氏，加上自己又擅于察言观色，很快就得到了天启帝的喜爱。于是，在极短时间内，魏忠贤就坐上了秉笔太监之位。魏忠贤不识字，按例是不能做秉笔太监的，但他有客氏的支持。那么，秉笔太监是做什么的？为何权力那么大呢？

当初，朱元璋当上皇帝之后，大力推行中央集权，其中一个很重要的举措就是取消了丞相，让存在了近2000年的丞相制度彻底从中国历史上消失了。没了丞相，皇帝的权力自然更大了，但紧随着出现了一个问题——皇帝更忙了，因为所有的国家事务都需要皇帝拍板。例如，在洪武十七年（1384年）九月的8天里，朱元璋大约收到了1700件公文，大概涉及3400件事。如果这样算下来，朱元璋平均每天要看200多份文件，处理400多件事。

这样大的工作量，皇帝也吃不消。朱元璋十分勤勉，也还能勉强应付，但他也需要一些太监来给自己帮忙。比如，收了多少文件，发出去多少圣旨，都是由太监来记录的。但朱元璋对太监干政持有很强的戒心，不让太监参与政务，还不让太监们读书识字。

但之后上台的皇帝，不是人人都像朱元璋一样勤奋。面对堆积如山的文件，皇帝处理不过来，只能找人协助自己。皇宫里除了皇帝之外，就是宫女、太监以及妃嫔，皇帝能依靠的就只有太监了。所以，皇帝就开始让太监们按自己的口述来批示文件，但此前朱元璋不准太监们读书，太监做不了这件事，皇帝就让翰林院里的有学之士教太监们念书识字。

各地、各部门送上来的文件涉及范围非常广，几乎无所不包，皇帝很多时候都搞不明白，身边的太监们也不是很懂，所以，皇帝就需要找有学问的大臣先看一下这些文件。哪个部门的人最有学识呢？当然是翰林院的人，皇帝就从翰林院中抽了一些人出来，任命为大学士。这时的大学士还没有后来那样大的权势，官职也就是个正五品，主要的职责类似于皇帝的秘书，辅助皇帝办理政务。

这些大学士办理政务需要一个办公地点，明成祖朱棣选中了文渊阁。翰林院中几位学问最好的大臣——解缙、胡广、杨荣就开始在文渊阁办公。因为办公地点在内宫之中，又叫文渊阁，所以官员们就把这几个人的团体称为内阁。

就这样，一个处理政务的完整流程开始形成了。官员给皇帝的奏疏先由内阁成员拟好一份批答文字，连同原奏请文书一起送皇帝审批，这就是“票拟”。内阁送上来的需要审批的文书很多，皇帝需要在翻阅后用红笔批示，称为“批红”。当然，皇帝可以采纳内阁成员的“票拟”，也可以不采纳，然后按照自己的意见批示，这是皇帝的权力。但内阁送上来的文书太多了，皇帝忙不过来，于是逐渐让一些太监来帮忙。皇帝自己口述，让太监们按口述内容或内阁的票拟来批红，这些太监就是司礼监秉笔太监。秉笔太监不止一人，而是由数人组成。

很显然，秉笔太监的权力很大。因为批红就其权力性质而言，属于最高决策权，是实现皇权的核心方式。但这上面还有一道审核，那就是掌印太监。掌印太监掌管印玺，秉笔太监的批红，他是要查验的，如果没问题，他才会盖下印章。

从这一套流程可以看出，权力最大的还是太监，因为内阁行使的是建议权，而太监行使的是决策权。所以内阁的当政者要行使权力，或是要办成大事，都需要太监们的配合。最有名的例子就是张居正，他进行经济改革和辅佐万历帝，都得到了太监冯保的大力支持，否则是不可能成功的。

另一方面，我们会发现明朝的很多皇帝都会放飞自我，比如万历帝20多年不上朝，嘉靖帝痴迷于道教，也是20多年不上朝，而天启帝热衷于当木匠，等等。我们前面不是说明朝皇帝每天的政务很多，忙得不可开交吗，那他们怎么有时间干其他的事情呢？原来，内阁票拟，太监批红，这套流程形成后就可以自行运转，皇帝即便不出现，朝政仍然可以得到处理，这就给了皇帝们极大的空间。

谈了这么多，再说回魏忠贤。魏忠贤虽为秉笔太监，但他上面还有一位掌印太监叫王体乾，比他的职权更大。不过，这个王体乾很聪明，他知道魏忠贤与客氏的关系，就把自己居于魏忠贤之下，唯魏忠贤马首是瞻。而魏忠贤又提督东厂，东厂只对皇帝负责，可以不经司法机关批准就能随意监督、缉拿臣民，是魏忠贤手中的一大利器。

朱元璋如果看到这一切，不知道会有何感想，他明明严格禁止太监干政，没想到最后导致的是太监的权力急剧膨胀。中国历朝历代中，太监干政最厉害的几个朝代就数汉、唐、明，这是朱元璋万万没有想到的，这也朱元璋废除丞相制度带来的后果之一。

魏忠贤成为掌印太监后，权力日益膨胀。有了权，宫中的一些太监自然就会来攀附，逐渐就形成了一股很大的力量。但只有太监的势力还不行，魏忠贤又开始结交外臣，也就是朝中的大臣，他第一个结交的重臣是沈漼。这个行为引起了东林党人和一些朝臣的注意，遂一再弹劾沈漼，又攻击已经离职的前首辅方从哲，因为东林党人认为方从哲也是沈漼的后台。

沈漼最终下台了，但魏忠贤很快就反击，迫使左都御史邹元标这位东林党干将辞职，魏忠贤让自己的党羽顾秉谦、魏广微入了内阁。嫉恶如仇的东林党人岂会善罢甘休，但他们能做的只有依靠天启帝，因为太监属于皇帝的内官，朝臣们根本无法罢免。所以，东林党人不断地给天启帝上书，力请天启帝罢免魏忠贤一党。

然而，魏忠贤的宠幸有增无减，他又掌管着东厂，他的党羽许显纯掌镇抚司，田尔耕掌锦衣卫，这意味着魏忠贤可以不经过三法司，利用皇帝专有的司法权和特务机构，对东林人士进行彻底的清洗和打击。东林党人自视甚高，岂能任由魏忠贤胡作非为？双方的矛盾最终激烈地爆发了。

天启四年（1624年）六月，都察院左副都御史杨涟上疏弹劾魏忠贤二十四大罪。这二十四条大罪，任何一条都可以让魏忠贤的脑袋搬家。杨涟破釜沉舟式的弹劾让当时的很多官员都认为魏忠贤要完蛋了，魏忠贤也吓出一身冷汗。但他的脑子没有乱，也有可能是背后有人指点，他赶紧找到天启帝，声泪俱下，力陈自己的无辜和清白，还要求离职，想摆脱这些是非。

魏忠贤的心腹——掌印太监王体乾在给天启帝读杨涟的弹劾奏疏时，又故意不读其中的关键之处。天启帝完全被魏忠贤带入了戏，客氏又在背后对魏忠贤施以援手，不仅如此，还有一众魏忠贤的党羽也到皇帝面前叙说魏忠贤劳苦功高，得罪了不少人。这些人联合表演，让天启帝也为之深深感动。魏忠贤最大的本事就是用一帮自己人把天启帝包围起来，让天启帝听到的都是对自己有利的信息，那些不利于魏忠贤的言语自然也就成了某些人的不怀好意。

第二日，皇帝的诏书下来了，严厉地斥责了杨涟。杨涟想用一封奏疏扳倒魏忠贤未免太过天真，他甚至连天启帝的面都没有见到，又怎么能成功呢？杨涟被斥责之后，想去见天启帝，魏忠贤能给他这个机会？魏忠贤连续三天想办法让天启帝罢朝。到了这个时候，杨涟就算见到了天启帝，天启帝还能相信他的话？那是不可能的。杨涟上疏后，那些东林党人们纷纷声援，都上疏支持杨涟，但天启帝已经听不进去了。

当我们回看这件事的时候，就会发现其中的问题。杨涟为了扳倒魏忠贤，在奏疏中多有夸张之处，很多确实是魏忠贤的罪状，但有一部分并非魏忠贤一人就可以完成，而是皇帝和朝廷的决策，这就引起了天启帝的反感。在和太监的斗争中，朝臣们忽视了太监与皇帝的情感纽带。魏忠贤比天启帝年长40多岁，他常伴天启帝左右，对皇上有求必应，把皇帝的起居照顾得无微不至，天启帝对他产生了依赖。朝臣想用国法和祖训来治理魏忠贤，而魏忠贤用情感纽带来影响皇帝，最终的结果是魏忠贤取得了胜利。

搞定了天启帝，魏忠贤就可以为所欲为了，杨涟自然是要入狱的，而那些支持他的人也遭受了打击。第一个被杀的是万燝，这个工部郎中为了声援杨涟，在给天启帝的奏疏中说：“陛下您有政权，有生杀大权，这些权力是不可以给臣下的，何况是那些宦官？”又说：“魏忠贤窃取了大权，生杀予夺都在其掌握中。导致内廷外朝都只知道有魏忠贤，而不知有陛下。这样的人，陛下怎么可以还留在左右呢？”

魏忠贤直接用自己的东厂特权疯狂地报复万燝，又是殴打，又是杖责，万燝坚持4天后一命呜呼。既然能杀一个，自然就可以杀更多。恰好此时，一个御史撞到了枪口上，他叫林羽翥，这名字着实取得不错：林中的鸟儿冲天而飞。据说这位御史还是首辅叶向高的外甥，他在路上看见两位宦官争斗，上前就去教训两人，让手下人狠狠地揍了他们一顿。

林羽翥一来因为自己是御史，二来估计也和叶向高的关系亲密，所以敢如此行事，但这下闯了大祸。太监是谁的人？皇帝的奴仆啊，岂是你一个朝臣就可以鞭打的？魏忠贤抓住这一条就要治林羽翥的罪，人没找到，于是一众太监就围住叶向高的府邸要人。叶向高一看这态势，分明是冲着自己来的，又觉得被一群宦官围了府邸十分羞辱，于是索性上书辞职。天启帝当然不会批准，就好言劝了一下叶向高，但魏忠贤依旧把林羽翥拖出来打了100廷杖。

廷杖，顾名思义，就是在朝堂之上，在众人目睹下，对朝臣打屁股。廷杖由来已久，至明朝发展到无以复加的地步。

万历朝的首辅朱国桢在其《涌幢小品》卷十二记载道："成化以前，凡廷杖者，不去衣，用厚绵底衣、重毡迭帊，示辱而已，然犹卧床数月，而后得愈；正德初年，逆瑾用事，恶廷臣，始去衣，遂有杖死者。"

也就是说，明朝初年，受罚廷杖的官员都穿着厚棉衣裤，还要垫上厚厚的毛巾，这样打下来当然不会太疼，此时廷杖的主要作用是羞辱。从明朝权宦刘瑾专权时开始，廷杖时不仅不垫毛巾，还要脱掉臣子的裤子。不仅如此，此时的行刑工具也发生了改变。把打人的一端削成槌状，包上铁皮，铁皮上还有倒钩。你可以理解为一根狼牙棒，唯一不同就是狼牙棒上的刺尖全部是倒刺。廷杖的刑具一棒击下去，行刑人再顺势一扯，尖利的倒钩就会在受刑人身上连皮带肉撕下一大块来。如果行刑人不手下留情，不要说60下，就是30下，受刑人的皮肉连击带抓就会被撕得一片稀烂。不少受刑的官员就死在廷杖之下。即便不死，十之八九也会落下终身残疾。

我们一般看到廷杖最高的数目是100杖，为什么没有超过100的呢？因为没人能承受住100杖，明朝最大规模的廷杖发生在嘉靖年间，因"大礼议"

事件，杨慎等130位大臣在宫门外伏地大哭，嘉靖帝大怒，派锦衣卫将多人下狱，并杖责134人，编修王相等16人直接被廷杖致死，杨慎等被贬外地。

而在张居正的夺情[①]事件中，多人受到严厉斥责，廷杖之刑当然少不了。吴中行、赵用贤各被打60杖，艾穆、沈思孝各被打80杖。这顿打下来，吴中行已经没了气息，但早就有人找好了郎中在外等待，打完刚抬出来就立即给他治疗，这才捡回一条命。而他被割掉的打烂的肉，多达数十块，大的有手掌那么大，有一条腿没有保住。张居正的廷杖并不能吓退反对者，反而有更多人站出来反对，一浪高过一浪。在张居正的夺情事件中，赵用贤被打得肉一块一块地掉，而赵用贤的妻子把掉落的肉晒干后保存了起来，这是为什么？

这又涉及另外一个问题。

《万历野获编》一书中讲道：凡被廷杖者，大多为直言上书提出不同意见者，这些人被打之后，常为士大夫们钦佩，享誉朝野。所以，廷杖刑罚虽然很重，但居然有很多人为了被打而上书惹恼皇帝。

这些故意被打的人难道不怕被打死吗？他们还真不怕，因为他们会早早地贿赂行刑人员。这些行刑人员会掌握好分寸，看上去打得狠，实际上不伤筋骨，更不会有性命之忧。那行刑人员是如何做到的呢？平日里他们都在练习呢！锦衣卫培养出来的打手是需要训练的。他们用皮革包上两个假人，往一个里面放砖头，另一个里面放纸。内轻外重的打法，是外面打烂了，纸不能烂；而内重外轻的打法，是砖头碎了，但皮革不能被打烂。所以，有些沽名钓誉的人就花钱买通行刑人员，用一些小伤来换取名声。

---

① 官制用语。古时官员遭父母丧，须去职在家守制。而朝廷要员，经皇帝批准不必去职，以素服办公，不参加吉礼；或守制尚未满期而应朝廷之召出而任职，称夺情。

最后，林羽翥在廷杖之下活了下来，为何他没被打死呢？毕竟，叶向高是首辅，魏忠贤要照顾到他的面子。但到了这个时候，叶向高也不可能再在内阁里面待了，他一连上了20多道奏疏力请辞职。叶向高辞职不仅仅是因为林羽翥，还因为东林党和阉党之间的矛盾已经不可调和。

叶向高争不过魏忠贤，只得不断营救被魏忠贤攻击的官员。给事中章允儒被廷杖，叶向高营救；御史率众被流放，叶向高营救；给事中傅魁营被贬职，叶向高营救；给事中陈良训被下狱，叶向高以辞职相救……如此等等，不能一一列举。好好的一个大明首辅，变成了一个“救火大队长”。但叶向高并不是每个人都能救，被魏忠贤打死的万爆，叶向高也曾力救过，但没能成功。

叶向高在万历朝任首辅时，面临的是万历帝怠政；在天启朝任首辅，面临的是阉党和东林党相争。在后来魏忠贤编制的《东林点将录》中，叶向高高居第二，但叶向高真的是东林党吗？叶向高虽然对阉党并无好感，但并不主张与阉党产生激烈的冲突，所以当杨涟上疏力陈魏忠贤的24条大罪时，叶向高并不同意杨涟的做法，认为这样只会激化冲突，对事情本身并无任何益处。当叶向高当不了“救火员”的时候，就是他离去的时候。

叶向高离开之后，紧接着受到打击的是吏部尚书赵南星和左都御史高攀龙。事情要从一名御史说起。

御史汪文言是捐监入仕，也就是花钱买的国子监的官。按照惯例，他是进不了官僚集团的顶层的。他虽然只是一个小小的御史，却性格豪爽、为人仗义，所以结交了朝中的许多重要人物，比如魏忠贤的前任王安，内阁首辅叶向高，还常与东林党人杨涟、赵南星、左光斗、魏大中等人来往。

汪文言这样级别的官员自然入不了魏忠贤的眼。这时，有人弹劾汪文言、左光斗、魏大中等人徇私舞弊。弹劾背后的主使人叫阮大铖，他因为没有当上吏科给事中，便怨恨左光斗、魏大中、汪文言，于是在背后暗箭伤人。这件事情本不大，主审的官员也就按照正常的流程查验、审案。但魏忠贤觉得这是一个扳倒东林党的好机会，就安排自己的亲信许显纯接管了此案。魏忠贤的目的很简单，就是利用这个案子将更多的东林党人牵连进去，然后一网打尽。说是审判，其实就是严刑拷打。汪文言虽是一个文人，但骨头很硬，受尽折磨就是不松口，还大喊：“世上哪里会有贪赃的杨涟！”

不过，这难不倒魏忠贤一党，欲加之罪，何患无辞，他们直接将认罪书写好，然后强拉着汪文言盖了手印。魏忠贤还假拟圣旨，以接受熊廷弼贿赂的名义，逮捕杨涟、左光斗、袁化中、魏大中、周朝瑞、顾大章“六君子”，与入狱的汪文言一起拷问追赃，并先后拷打至死。

魏忠贤的权势能到如此地步，当然离不开天启帝的支持。天启帝不仅任由魏忠贤独断专行，对其子弟也是大赏特赏。他不但将魏忠贤的弟弟封为锦衣卫都督佥使，还封魏忠贤的侄子为太子太保、晋升为侯，魏忠贤的头衔也是一升再升，从元臣到上公、殿爷、祖爷，最后升到千岁。

魏忠贤的这个千岁并不是虚的，而是有着实实在在的权威，巡抚、总兵见魏忠贤时都要五拜三叩，敬呼“千岁”。到最后，群臣都称呼魏忠贤为九千岁，只有魏忠贤的核心幕僚、兵部尚书崔呈秀一人可以称魏忠贤为“亲父”。一些宵小之徒，尽显谄媚，又给魏忠贤加了九百岁，称其为“九千九百岁爷爷”。由此可见，在巴结魏忠贤上，竞争也是非常激烈的。

天启六年（1626年），浙江巡抚潘汝桢给天启帝上了一封奏疏，内容大致为：东厂魏忠贤，心中以国家为念，体恤百姓。这两年浙江遭受了灾害，魏公公给浙江的百姓减免了很多杂费，沉积百年的陋习积弊一朝间全部被革除。浙江的百姓无不载歌载舞，奔走相告，感恩戴德。现在请求朝廷允许浙江百姓为魏公公建立生祠祈福。

此时的魏忠贤权势滔天，他利用掌管秉笔太监的权力下了一封圣旨，对潘汝桢立生祠的请求大加赞赏。天启帝对魏忠贤也是极度信任，对建生祠一事并不反对。此例一开，无论是朝廷还是地方上的大员，都恨自己没能抢到这个“头功”，纷纷不遗余力、争先恐后地为魏忠贤立生祠。很快，这种行为迅速演变成一股浪潮，席卷了整个大明王朝。

生祠建得极为奢华，外面盖着琉璃瓦，用沉香和紫檀为魏忠贤雕刻塑像，腹中为空，用黄金、珠宝、美玉填充。每个生祠的花费都很惊人，多者数十万两白银，少者也需数万两白银。生祠的对联也写得十分夸张，比如：至神至圣，中乾坤而立极；多福多寿，同日月以长明。

天津巡抚黄运泰建好生祠后，亲自到城外迎接魏忠贤的雕像。迎接雕像是要行大礼的，也就是五拜三叩。雕像到了生祠，要行一次大礼，雕像安放完毕后，还要再行大礼。

作为蓟辽总督的阎鸣泰又岂能落于人后，一口气在蓟州、密云、通州、涿州、河间、保定等地建了多座生祠。要知道，建生祠用的都是最好的材料，花费不菲，那阎鸣泰哪有那么多钱呢？辽东作为明朝对抗后金的重镇，军饷一直是所有明军中最高的。于是，阎鸣泰就挪用军饷来建立生祠，至于士卒们的军饷，自然就没钱发了。

除此之外，工部郎中曾国祯把生祠建到了卢沟桥。御史黄宪卿一看，心中不服，就把生祠建到了宣武门外，还建到皇帝的祖坟边上。你们这样做，那孝陵卫指挥李之才就更不客气了，直接把生祠建在孝陵前面。河道总督薛茂相则把生祠建在凤阳祖陵旁边。

这种情况下，一位叫陆万年的国子监监生，他不像那些位居要职的官员有钱有势，只能剑走偏锋。他的脑子比较灵活，经过一番思考，他想到了一个办法巴结魏忠贤。陆万年建议把魏忠贤的肖像放入孔庙，和孔子一样接受人们的朝拜。他说：“魏公公驱除邪党，重现光之圣学，功劳不在孟子之下。魏公公作《三朝要典》，犹如孔子作《春秋》。”一个读着孔孟经典长大的读书人，竟然无耻到如此地步，真是让人大开眼界。

党争和内斗

说完魏忠贤，就需要说说和他争斗不休的东林党。

在皇权至上的时代，臣僚之间结成团体自然对皇权不利，结党是君主十分忌讳的事。被称为某某党，就含有一种否定意蕴，所以东林党人一定不希望被人称作“东林党”。不过，这个叫法越来越广泛，逐渐成了一种习惯。那东林党这个称呼是怎么来的呢？

万历三十二年（1604年），因为触怒万历帝而被免职的前吏部官员顾宪成在家乡无锡，同其弟顾允成、同样被谪后返乡讲学的高攀龙和安希范等人办了个东林学会。初期，大家就只讨论学问，不过到底是读书人，自然关心时局，渐渐地国家大事也成为讨论议题，影响力逐渐扩大。他们主张改变宦官专权的朝局；反对皇帝派遣矿监、税使到各地横征暴敛；反对科举舞弊的行为；要求朝廷加强在辽东的军事力量，积极防御努尔哈赤的进攻等。显然，他们主要的倡议是符合儒家道义的，他们完美地展现了士大夫的形象。

不过，在政治斗争中，反对东林学会的人称这些人为“东林党”。魏忠贤识字不多，阉党骨干、左副都御史王绍徽就仿照《水浒传》中梁山好汉排座次的方式，编写了一个“东林党人榜”，名为《东林点将录》。其实，上这个榜的并不全是东林党人，魏忠贤把反对他的人都写上去了。魏忠贤倒台后，很多人又以上过榜而自豪。这一点和北宋的《元祐党人碑》十分相似，蔡京在写名单时，目的就是打击政敌，蔡京倒了之后，很多后人以上过此碑为荣。

所以说，谁是东林党人，谁不是东林党人，只有一个大概的范围。东林党的核心人员可以确定，如杨涟、左光斗、李三才等人，但有些人可能只是同情东林党人，或只是部分认同东林党人的政见，也被划进去，比如熊廷弼、叶向高。

古代官场拉帮结派有两条线，一是门生故吏，比如我是某某的学生或在某某的手下任职，自然就成了他的支持者；二是地域，大家都是一个地方的，会更亲近一些，这种容易形成抱团现象。当时的浙党就是以内阁首辅沈一贯等人为首，以地域之别形成的一个派系。

有一些人把东林党与士大夫阶层画等号，这就要闹笑话了。东林党只是当时朝政中的一小部分人而已，在他们之外，还有以地域之差形成的浙党、楚党、昆党等，反对他们的主要是浙党和阉党。浙党和东林党的斗争完全是为了争权夺利，而京察（对东京官员的考核）由于涉及人事安排和官职任命，成了争权夺利最好的手段，故而变成斗争最激烈的地方。

真正将东林党地位拔高的是他们与阉党的斗争。浙党见阉党势大，选择了放低姿态，避免遭受打击。而东林党人选择了一种最激烈的方式，用鲜血祭奠自己的信仰，故而才有了杨涟临刑前咬破手指血书“大笑，大笑，还大笑！刀砍东风，于我何有哉”。无论你是否喜欢东林党，你都无法否定他们的无畏和壮烈。也正是这样一种奋不顾身的精神，让之后登基的崇祯帝重新重用东林党人士。但面对晚明的乱局，面对财政危机、农民起义、外敌肆虐，东林党人亦是束手无策。人们高估了东林党，以为他们可以拯救天下，但他们并无此能力。而这种高估的光环，从来不曾给过阉党、浙党、楚党和昆党。

评价东林党是一件非常困难的事，黄宗羲在《东林学案序》中这样写道：“今天下之言东林者，以其党祸与国运终始，小人既资为口实，以为亡国由于东林，称之为两党。即有知之者，亦言东林非不为君子，然不无过激，且依附者之不纯为君子也，终是东汉党锢中人物。嗟乎！此呓语也。”

由此可见，对东林党的争议由来已久。

有一种说法是，东林党误国，他们需要对明朝的灭亡负责。

英、美汉学家崔瑞德、牟复礼在《剑桥中国明代史》中写道："东林支持者抵制任何基本制度上的或财政上的改革观点：他们认为技术性的解决办法过去不成功，也不可能成功。因为他们偏爱行政改革的空想，他们的运动在体制意义上可以被认为是倒退了一大步，是从高拱和张居正所采取的立场的重大退却。"

也有人说，东林党代表了江南工商阶层的利益，反对征税，导致明朝的税收大减，是明末财政危机的重要祸因。但是，东林党人激烈反对的是万历帝的税外加征。万历帝为了敛财，派太监到各地征税，而且专挑富裕地区和矿山、盐井等行业。这种做法激起了极人的民怨，征税的队伍被民众打死了几千人。万历帝本人也知道不对，但为了维持极度奢侈的生活，依旧我行我素。

万历三十年，沈一贯因为废除矿税一事，和太监发生冲突。沈一贯是东林党吗？肯定不是，他是浙党的旗帜性人物，但在反对万历帝横征暴敛上，沈一贯和东林党人并无差别。以东林党反对万历帝横征暴敛来说东林党造成了明末财政危机，是值得商榷的。

著名历史学家刘志琴在《我景仰东林党又痛其愚顽》中说：东林党这批人是道德理想主义的殉道者，他们身体力行，鞠躬尽瘁，为晚明的整体利益献身亡命，蒙冤受屈，然而他们又滞留在理想化的境界，在实践中表现为无能又无奈、软弱、退缩、麻木不仁，直至遭受灭顶之灾。

对于东林党激进的做法，一些身居高位的官员同样是不尽认可的。关于万历朝的国本之争，有一段对话。时任内阁首辅王锡爵曾把顾宪成请到内阁，说："我跟你说一件很可笑的事。"顾宪成说："发生了什么可笑的事？"王锡爵说："庙堂之是非，天下必欲反之。"

国本之争是一个复杂的政治问题，涉及国家的未来，又牵涉万历帝的小心思，诸多大臣为之努力多少年而不得，但着急是无法解决问题的。操之过急，反而引起万历帝的反感，会让问题更加棘手。现在因为这个问题，顾宪成等人把矛头指向内阁，认为是内阁成员的不作为导致了这个问题。所以，内阁说什么，顾宪成就反对什么。

顾宪成何等聪明，听了这话，立即回道："这种说法固然可笑，但还有更可笑的事情。"那什么事情比"庙堂之是非，天下必欲反之"更可笑？顾宪成说："天下之是非，庙堂必欲反之耳。"意思是，天下人的舆论希望怎么样，内阁、朝廷偏偏不这样，这是怎么回事？两者各自站在自己的立场唱着各自的戏，注定是谈不到一起的。

和王锡爵持相同意见的还有后来的首辅叶向高。他是断然不会同意杨涟直接上疏弹劾魏忠贤的，这种做法只会引起更激烈的冲突。叶向高仅仅建议魏忠贤自行申请离职，这是当时官员们常见的做法，但魏忠贤是太监，可不是什么官员，他对这个建议嗤之以鼻。而且即便魏忠贤要离职，天启帝也是不会同意的。

当时的局势，就是以魏忠贤为首的阉党在一众太监和官员的支持下，握着天启帝这张王牌为所欲为。而以杨涟、魏大中等大臣为首的东林党人，誓要把阉党铲除干净。而以王锡爵、叶向高等大臣为代表的官员们，同情东林党人，不齿于魏忠贤的所作所为，最终无能为力，黯然退场。

魏忠贤将朝堂中的东林党清洗殆尽后，权倾天下的日子也就几年而已，崇祯帝即位不久就开始清除阉党。按说阉党垮台了，曾经被阉党压制的官员也大多复出了，文官们就可以安心治国辅政了。但事实并非如此，朝廷很快就陷入了新的争斗之中。

崇祯元年（1628年）十一月，吏部按照崇祯帝的命令开始增补内阁成员。名单出来之后，一共有9人，但礼部尚书温体仁和礼部右侍郎周延儒均不在其内，礼部左侍郎钱谦益倒是名列其中。同为礼部官员，温体仁和周延儒对钱谦益进入候选而自己没入选很是不满，所以单单对其发起攻击。温体仁率先跳了出来，指责钱谦益在天启元年作为主官时发生了科场舞弊案。

事情是这样的，天启元年（1621年），钱谦益在浙江主考，一些考生和科场阅卷人员相勾结，把“一朝平步上青天”几个字作为每段文章的结尾，以此为识别信号，实行舞弊。这件事被发现之后，钱谦益作为主考官被朝廷罚了3个月的俸禄，几位舞弊人员也被处罚。这件事都已经结案7年了。

崇祯帝召集群臣讨论这件事。会议上，官员们大多不愿意掺和其中，大都认为钱谦益无罪。有人就问温体仁：“钱谦益这件事过去那么多年了，为何不在之前提出，这次他入了内阁候选名单，你反而来弹劾？”温体仁则回答：“入选内阁之前，他不过是在备受冷落的职位上，现在要选官入内阁，为了让皇上慎重用人，我当然要参劾他。”

讨论中，群臣们或多或少地在为钱谦益说话，但温体仁很巧妙地暗指他们是朋党，他说自己孤身一人，满朝都是钱谦益一党。崇祯帝刚从阉党专政的阴影中走出来，最怕的就是结党营私，而官员们面对钱谦益曾经的科场舞弊案，居然多有维护，这让崇祯帝心生疑窦。最终，崇祯帝将钱谦益免职。钱谦益没想到自己入阁不成，反而连原来的饭碗也丢了。

这次廷议的不公正很快就引起了言官们的不满，他们纷纷上疏指责温体仁。而温体仁的应对方法就是树立自己“孤忠”的形象，弹劾越多，越显得自己是受了朋党的攻击。因此，温体仁非但没有受到处罚，反而更受崇祯帝信任。

不久后，又发生了钱龙锡案。

天启五年（1625年），南京吏部右侍郎钱龙锡因触怒魏忠贤而被罢免，崇祯帝继位后就很重用他，让他进入内阁。己巳之变中，袁崇焕下狱，钱龙锡当初大力举荐了袁崇焕，而且钱龙锡当初在审理阉党时是出过大力的，所以阉党的一些残余力量就开始以袁崇焕一事弹劾钱龙锡。钱龙锡实属被冤枉，但以崇祯帝的性格，他又岂能幸免，最后钱龙锡被判入狱。

钱龙锡的遭遇，背后少不了温体仁和周延儒二人的暗中操作。内阁大臣们见此情况，纷纷离职，崇祯三年（1630年）三月，内阁大学士韩爌离职，内阁首辅李标辞职。不久，继任的内阁首辅成基命遭到言官们的弹劾，成基命当然知道这只是“开胃菜”，真正的“硬菜”还在后面，故而请求离职，崇祯帝再三挽留，但他还是毅然离开了这个纷争之地。在此之后，周延儒和温体仁成为内阁中的实权人物，二人又开始了漫长的争斗。

官员间不停歇的党争，严重消耗了国家的精力，崇祯帝为了他们的争议，不得不一次次召开廷议，常常至深夜二更。温体仁和周延儒二人并非无才，不然也掀不起这样的浪花，但他们在处理国家事务上一事无成，几乎将全部精力放在争斗上，对国家的影响可想而知。崇祯一朝17年，内阁大臣多达50位，大多数大臣的任职时间不过一年半载，温体仁却能入阁长达七八年时间，以孤忠的形象示人，实在是耐人玩味。

西南两大土司起事

就在朝廷官员激烈党争时，边境的问题也日益突出。

天启帝继位后，后金在辽东的攻势愈演愈烈。天启元年（1621年）沈阳一战，贺世贤、尤世功、陈策等6名总兵战死；随后辽阳一战，辽东最高军政长官经略袁应泰战败自杀。明军在辽东的防御全线崩溃，丧失了大片领土。

这种情况下，天启帝下令在通州、天津、宣府、大同募兵，不久又下令在河南、山西、陕西、浙江等地募兵。九边重镇的兵力都开始向辽东集结，但效果并不理想，很多援辽队伍还没到就溃散了，固原兵走到河北临洺就一哄而散，宁夏兵到了三河就哗变了。九边重镇的兵员可是王朝精锐，何以至此？因为大明王朝发下来的饷银被层层盘剥，士兵根本拿不到。

见此场景，天启帝下令在全国范围内募兵，基本上就是全国总动员了。兵部经过商议决定，从四川调5.4万名士卒，先期征发3万名，给安家银15万两。其中，准备从贵州水西土司调兵5000名，给安家银2.5万两，湖广调兵2万名，安家银10万两。四川永宁宣抚司土司奢崇明上疏，愿调马步精兵2万名北上辽东。

土司按等级可以分为宣慰使、宣抚使、安抚使等武职和土知府、土知州、土知县等文职。土司可以世袭，但要由朝廷给予符印，土司主要对明朝负担贡赋和征发任务，在辖区内享有很高的自治权。

从明初到天启元年的200多年间，水西安氏从遥远的西南到南京和北京上朝93次，进贡象、驼、马、地方特产等，明廷赏赐100多次。水西坚持纳赋，派兵参与明廷的军事行动有11次，屡屡建功。而四川永宁宣抚司抚奢氏，在此期间亦上朝14次，进贡14次，明廷赏赐14次，2次出兵参与明廷的军事行动。

明朝若非兵力捉襟见肘，一般情况下是不会调动土司兵力的，因为这些军队实际上是由土司控制的，明朝军方在指挥上有很多不便。对于土司，地方官员们一是多有歧视，视其为蛮夷，二是对其索贿和欺压。明朝对西南土司的策略和对女真的策略其实没什么不同，也就是谁露头就敲打谁，采取分而治之、让土司之间相互制衡的策略。这些行为自然造成了土司和朝廷之间的冲突，根据《明实录》记载，从明朝开国到天启年间，土司和明朝发生冲突的次数多达188次，几乎每年一次。

对于土司的反抗，明朝的做法是血腥镇压，也有官员对其弊端有清醒的认识。《明熹宗实录》卷十四记录了刑部右侍郎邹元标在奢安之乱之后的奏疏，他说："我杀愈多，彼恨愈深，杀机一动，势必蔓延，有开辟即有此苗，能尽血洗之乎？"他还尖锐地指出："往者，播苗之祸亦好大喜功者挑之，入其疆满载而归，不遂者恶语流传，官为所误，兵连祸结。今虽开辟疆土，然元气先受伤矣。黔最贫苦，四面皆山，刀耕火种，所取几何，协济几何？臣熟知黔事，丛棘深箐，半臣足迹，故不忍忘。”

邹元标所说的播苗之祸，就是万历三大征之一的播州之役。杨氏自唐朝末年起就世居川贵之间，被封为土司。万历年间，土司杨应龙起兵作乱，究其因，明朝官员的压迫和错误的政策要承担很大的责任。这场叛乱主要集中在贵州一省，在明廷和其他土司的合力打击下，杨应龙的叛乱失败，几个月就被平定了。在平定叛乱的过程中，贵州的水西土司得到了播州的部分土地，实力得到壮大。

明朝调土司兵去辽东的命令下达之后，永宁宣抚司奢崇明派女婿樊龙带领2万军马到重庆，准备北上辽东。土司大军到来后，四川巡抚徐可求不敢怠慢，赶紧清点人数，发现其中有很多老弱士兵，甚至还有儿童，这些不合格的老弱士兵分明是来混朝廷的安家银的。徐可求就打算将其清退，以节约粮饷。该拿的饷银没有拿到，樊龙心中不满，于是趁阅兵之际将明朝在重庆的官员全数诛杀。

奢崇明的行动极为迅速，安排人员在东面占据夔州，也就是三峡口，扼守夔门天险，然后血洗綦江，屠城，另派一队出泸州，南至遵义。奢崇明让儿子奢寅守重庆，自己则集中主力发兵成都。一路上，奢崇明的实力越发强大，到了成都城下，兵员竟然多达近10万。从奢崇明的军事部署和行动之迅速来看，很难说他没有精心筹划过。

此时，明朝在成都的守军只有2000人，天启帝赶紧安排各地援军入川作战，派石柱宣慰使秦良玉率军1万到达成都，又升四川左布政使朱燮元为四川巡抚，调派辽东经略兼山东按察使杨愈茂为四川总兵官，入川镇压。奢崇明的起事很快引发连锁反应，贵州水西土司安邦彦率领2万人在贵州毕节起兵。安邦彦的实力远超奢崇明，一路势如破竹，直取贵阳。如此一来，四川、贵州、云南三省皆乱。当时，贵阳城兵力空虚，明朝官员凭借坚城固守，等待援军，但安邦彦很快就挫败了两路明朝援军。

贵阳被围，酿成了空前惨剧。由于城池在仓促之间被围，来不及往城内运送粮食，贵阳城中有40多万百姓，粮食的消耗量很大。城中粮尽后，出现了人吃人的现象，城中的军士都以人肉为食。总兵张彦芳公开组织杀人为食，人肉四斤值银一两。知县周思稷见此状况，带着乡官数人自杀，好让军士们吃自己的肉，有力气守城。“贵阳被围十余月，城中军民男妇四十万，至是饿死几尽，仅余二百人。”（《明史·贵州土司传》）。我们都知道唐朝张巡守睢阳的惨烈，而贵阳的惨烈程度远超睢阳。40万人仅剩200人，也就意味着每2000人之中，仅有一人存活。

贵阳在被围城10个月后，明朝又调集右佥都御史王三善率军数万来援，这才解了贵阳之围。而奢崇明也没能攻下成都，正在他围攻成都之际，他的部将罗乾象暗中投降了明军，成为明军的内应，致使奢崇明大败，最终只得撤围而去。明军解了成都之围，又转过头来收复了重庆，秦良玉的军队在此战中有着出色的表现。奢崇明父子退往老巢永宁，明军集中大军攻破永宁，奢崇明逃到水西，依附安邦彦。

安邦彦在贵州的势力强大，虽经明军多次围剿，但根基未被摧损。他三次围攻贵阳，均被明军打退，但明军也没有能力将他全数歼灭。安邦彦退回水西之后，明军采取了处处设防包围的方略，安邦彦则在水西养精蓄锐，招兵买马，兵力又达10万之众。水西安氏家族从蜀汉建兴元年（223年）就开始在当地建立自己的统治，时间长达近1400年，其势力已渗入了水西每一寸的土地里，在当地人眼里，只有安氏，没有朱家。

天启二年（1622年）末到天启七年（1627年）这个阶段，官军数万集中于战事，曾解贵阳之围，收复了一些失地，但因多种因素影响，贵州的平定战争远无在四川作战那么顺利，反而屡战屡败。

到天启三年（1623年）正月，安、奢二人已联合云南土司安效良兵众数万，与明军大战，双方交战的结果为：明军总兵杨明楷兵败陆广河，死难数千人；鸭池一战，总兵张彦芳大败，尸横40余里。而明军一旦在战场上失利，当地其他土司就相继发难，再次起兵。

安邦彦又率兵再次逼近贵阳，形势又急转直下。幸亏王三善临阵不乱，调度有方，扭转了战局，天启三年夏四月，大败乱兵，安邦彦等人退保水西。六月，贵州总兵鲁钦等三路进兵，直接攻入水西。安邦彦大败，逃入织金。这期间明军获降人数众多。

到了天启四年，明军又遇到重大挫折。王三善遭诈降土酋陈其愚暗算后被杀，收复重庆的猛将秦民屏也战死，官军又陷入了极度的被动之中。到天启六年二月，安邦彦率众数万渡江，大败明军。被誉为西南大将之冠，总理川、贵湖广军务的鲁钦力御不敌，自刎而死。此后，双方又陷入了均势。

崇祯帝继位之后，决定改变各省各自为战的办法，起用朱燮元为兵部尚书，总督云、贵、川、湖、广西军务兼贵州巡抚，全权负责与安邦彦、奢崇明军作战。朱燮元用了10个月招流民，广开垦，恢复经济；据险要，立营垒，充实军伍，做好了充分的准备。在一切准备妥当后，朱燮元发动了决战。拥兵10万的安、奢大军也不甘示弱，发动了对永宁的进攻。朱燮元将计就计，首战佯败，边打边退，把双方引入明军预先设好的包围圈，安邦彦、奢崇明两人被当场斩杀，其主力基本被消灭。

万历三大征一共耗费白银1200万两，而平定这场动乱的费用远超万历三大征之和。仅天启六年一年的军费就达500万两白银，而此时辽东一年的军费也才680万两白银。从天启元年至崇祯二年（1629年），大规模交战持续了9年，死伤百余万。当时，后金兴于辽东，农民起义起于陕西，而此乱则波及川、黔、云、桂四省。大明王朝面临着这三大军事压力，还能支撑到1644年，也算是个不小的奇迹。

三、崇祯帝的奋斗

剿灭阉党

天启七年，天启帝去世了。

因为没有子嗣继位，天启帝临终时决意把帝位传给弟弟信王朱由检。天启帝没有子嗣与魏忠贤、客巴巴两人有关。如果天启帝有了子嗣，皇子和皇子生母的地位势必会上升，这对魏忠贤、客巴巴把持后宫是极为不利的，为了维持既得利益，二人就对天启帝的子嗣动了手脚。

天启帝共有三子，长子为皇后所生，却被魏忠贤一伙下手，导致早产夭折；次子是慧妃所生，不到一岁就夭折了；三子还未出生时，其生母裕妃就被魏忠贤一伙假传圣旨给幽禁了，不久后裕妃死了，胎死腹中。魏忠贤和客巴巴如此胆大妄为，天启帝却对他们极为信任。天启帝去世前，心中放不下的有三人，他嘱咐弟弟朱由检要好生照料，这三人就是魏忠贤、客巴巴和张皇后，朱由检当然全部应承了下来。

朱由检的母亲在他5岁时就去世了，他先被李选侍（西李康妃）抚养，后来又由另一位李选侍（东李庄妃）抚养。天启帝即位后，对自己的这位弟弟很是照顾，在天启二年封他为信王。在京城，朱由检切身感受到了魏忠贤的滔天权势，自己的养母东李庄妃被魏忠贤和客巴巴记恨，原因很简单——东李庄妃不愿意依附二人。所以，东李庄妃被多方刁难，受尽委屈，最后郁郁而终。

天启七年八月，天启帝病重，魏忠贤不愿皇权外落，想到了“垂帘居摄”，就是让张皇后垂帘听政，自己掌控大权。张皇后断然拒绝，魏忠贤又找来自己的心腹、兵部尚书崔呈秀，商议篡位，崔呈秀说了一句“恐有外兵”。这下，魏忠贤只得作罢。

天启帝在遗诏中令弟弟朱由检继位，年仅17岁的朱由检就这样进了皇宫，继承了帝位，是为崇祯帝。他很快就显露出过人的心智。初进宫时，他不敢吃宫中的食物，而是在衣袖里藏了一些岳父周奎做的饼，饿时充饥。当崇祯帝见到侍卫带剑守卫，遂让侍卫把剑解下来给自己观看。种种迹象都表明，崇祯帝在进宫时是十分谨慎的，他对于潜在的危险十分敏感。对于魏忠贤，崇祯帝选择按兵不动，依旧好言相待。

魏忠贤也在小心翼翼地摸索着新皇帝的脾性。崇祯帝于八月二十四日继位，魏忠贤在九月初一就递上了辞呈，请求辞去东厂提督之职。很明显，这是一个试探，崇祯帝并没有接招，他不仅不同意，还好好安慰了魏忠贤一番。但魏忠贤的老搭档客巴巴就没那么幸运了，她在天启帝在世时居住在宫内，已经是违背法理，争议颇多。由于天启帝已死，于情于理，客巴巴都不应该继续住在宫中。所以，当她呈请出宫居住之时，崇祯帝毫不犹豫地同意了。客巴巴的出宫是对魏忠贤的重大打击，但魏忠贤也无能为力，只能接受现实。

不久后发生的一件事，开始涉及魏忠贤。国子监里有人开始弹劾陆万龄，这个陆万龄就是当初要求把魏忠贤放入孔庙和孔子一起接受祭祀的那位国子监监生。这种提议惹来了舆论哗然，有人就说了，那皇帝祭拜孔子的时候岂不是也在祭拜魏忠贤？这个荒唐的提议才最终作罢。现在有人以此事弹劾陆万龄，崇祯帝无比厌恶这类人，在收到弹劾奏疏之后，就将陆万龄下狱。魏忠贤一看情况有些不妙，在九月二十五日这天，他请求停止全国为他建造生祠，崇祯帝回复说，前面已经在修建的，那就继续修，没有修的就停了。崇祯帝还补充说，之所以停下没修的，是为了成全魏忠贤的雅志。

政治嗅觉敏感的官员，开始有所动作。南京通政史杨所修上书弹劾兵部尚书崔呈秀和吏部尚书周应秋，这个杨所修一出手就弹劾了2位朝廷高官，胆子真是大。其实，他们三人都是魏忠贤一党，杨所修不满被发往南京任职，故而反戈一击。但崇祯帝没有行动，只是轻描淡写地将这件事搁置在一旁，崔呈秀被弹劾，他按惯例上书辞职，崇祯帝也没有批准。

上疏弹劾的官员没有被处罚，这本身就是一种态度。常年混迹官场的官员的政治嗅觉是何等敏锐，很快，云南御史杨维垣公开弹劾崔呈秀，这名阉党成员想把对准魏忠贤的矛头移到崔呈秀身上。而御史贾继春更是直接开骂，说崔呈秀的行为已经让人分不出他到底是人还是畜生。到了如今这个局面，崔呈秀只能不断地请求辞职。崇祯帝见时机成熟，来了个顺水推舟，也就同意了。崔呈秀是魏忠贤集团的二号人物，手握兵部尚书和都察院左都御史两个重要职位，他的离职是对魏忠贤的重要打击。

十月二十五日，吏部主事钱元悫公开弹劾魏忠贤，将魏忠贤和历史上的乱臣贼子全部作了对应，说他是篡权的王莽，是一门五侯的梁冀，是狡兔三窟的王衍，是建郿坞的董卓，等等。崇祯帝的回复很有意思，他说：“你钱元悫是个小官员，为何这么多话？暂且不追究你的责任。”崇祯帝这样回复，其实就是一种支持。

此外，嘉兴府海盐县一个叫钱嘉徵的贡生也上书弹劾魏忠贤。贡生是没有资格直接向皇帝上疏的，所以钱嘉徵把弹劾奏章交给通政使吕图南，而吕图南拿到这么一个烫手山芋，不敢往上交，就找借口说钱嘉徵的奏疏格式有问题。钱嘉徵一看，吕图南不交，那他就是魏忠贤一党，索性连吕图南一起弹劾。吕图南见火烧到了自己身上，赶紧向皇帝解释，这样钱嘉徵的弹劾奏章也就到了崇祯帝的手里。

钱嘉徵列举了魏忠贤的十大罪状，跟杨涟的二十四罪状一样，任何一条成立都可以让魏忠贤的人头落地。钱嘉徵说到激愤之处，说魏忠贤“罄南山之竹，不足书其奸状，决东海之波，难洗其罪恶”！最后又说：“新君登基如太阳当空，我们也敢站出来说话了，万死何辞！”

崇祯帝对钱嘉徵的弹劾极为满意，为何？高官弹劾，可能是政治斗争，但一个小小的贡生都参与弹劾，那说明这是民意，而崇祯帝等的就是这个。钱嘉徵的地位最低，没想到反而是他的弹劾最为致命。钱嘉徵发起弹劾之后，局势已明，群臣弹劾的奏章纷沓而至。

魏忠贤赶紧跑到崇祯帝面前跪下，痛哭流涕。当初杨涟弹劾他时，他就是这样获得了天启帝的支持，但这次，皇帝让他失望了。崇祯帝让人当场宣读钱嘉徵的弹劾奏章。魏忠贤回去之后，在十月二十九日请求辞职，崇祯帝见时机成熟，同意他辞去司礼监、东厂等所有职务。而魏忠贤的一众党羽也纷纷上书请辞，崇祯帝无一不准。

崇祯帝于八月二十四日继位，魏忠贤于十月二十九日去职，崇祯帝又在十一月初一下令，让魏忠贤去守灵。魏忠贤在出宫时用40辆马车装运珠宝，随行的骡马数百匹，随从多达千人。如此招摇过市，弹劾奏章再次纷纷向崇祯帝飞来，崇祯帝大怒之下，命锦衣卫前去逮捕魏忠贤，将他押回北京审判。魏忠贤得知后，自知死路一条，遂悬梁自尽而亡。

魏忠贤虽死，但其党羽众多，清除阉党余患成为之后重点。崔呈秀知道自己难逃一死，遂在蓟州家中上吊自杀，他在死前转移了自己的财物，官府抄家时只抄出白银7万两、黄金300两。客巴巴则被活活打死。

对于剩下的阉党分子，崇祯帝开展了“定阉党逆案”，花费了较长时间。原因很简单，阉党分子太多，涉及面太广，如何甄别、如何处罚，都是很棘手的问题，而且阉党分子为了自保又从中作梗，使得问题进一步复杂化。对于崇祯帝来说，如果过度处理，类似朱元璋在“胡蓝案”中一杀就是数万人，那势必影响巨大，但如果阉党分子处理不干净，又达不到目的。

经过和臣下反复商议和修改，崇祯帝最终确定了一份包含261名阉党的名单，并划分了不同的等级，这也意味着不同层次的处罚。对于首逆——当然是魏忠贤、客巴巴二人，首逆同谋6人、结交近侍的19人，全杀。剩余人等，分别被处以戍边、充军、削职为民等处罚。应该说，崇祯帝对于阉党处理的果断和老辣，完全看不出是出自一位十七八岁的少年之手。

不过，崇祯帝还面临一个比较棘手的问题，就是如何处理《三朝要典》。这本《三朝要典》是魏忠贤炮制、经过天启帝御批的书，其目的主要是按阉党的意思对梃击、红丸、移宫等案编纂成书，是对历史真相的歪曲。清除阉党，必然要将《三朝要典》毁去，但这书又是天启帝御批的，推翻这本书就意味着对天启帝的否定，这让刚刚从哥哥手中接过帝位的崇祯帝来说十分为难。但崇祯帝最终还是将该书毁去。

阉党虽已清除，但难免有漏网之鱼，崇祯帝对阉党集团的势力还是心有余悸。以至于到了十二月，崇祯帝选拔内阁人选时竟然用抽签来决定，被抽中的一共有6人：钱龙锡、李标、杨景辰、来宗道、周道登、刘鸿训。

崇祯帝继位时，为了尊敬天启帝，决定第二年再改元。但他在继位后的几个月内就清除了魏忠贤一党，实属难得。此时的他，踌躇满志，迎来了他的崇祯元年。

新政失败

崇祯帝在清除阉党之后，在任用人才上大力起用了被阉党压制的东林党及一大批文人。

崇祯元年二月，崇祯帝开始为杨涟等一大批遭到迫害的大臣昭雪，恢复名誉。到四月，他又将刘一燝、周嘉谟等90多人官复原职，朝廷风气为之一新。崇祯帝用人，要求才能第一，不为条条框框限制，比如此前素有“非进士不入翰林，非翰林不入内阁”的传统，崇祯帝很快就打破了这一规则，让非翰林出身的张至发入了内阁。

对于崇祯帝来讲，他急于扭转天启时期的弊政，开创新的局面。崇祯帝在一次日讲结束后，特地召集内阁和六部重臣，告诫他们：“现今大奸已除，各司人员也已经齐备，如果还不认真做事，那就是不忠于朕。首要的事情，就是要为国家财政开源节流，为了天下百姓选拔优秀人才。保护国家要以守卫为重，以民生为本。如果有人挟私坏公，不以国家为念，专门营私者，朕不时监察，如有发现，绝不轻饶。”

崇祯帝是这样说，也是这么做的。由于吏治腐败，刚继位的崇祯帝想好好地整顿吏治，拿一两个贪官出来，作为典型整治一下。崇祯帝即位不久后，他在吃元宵时随口一问：“这元宵多少钱？”太监回答：“一贯钱。”崇祯帝笑着说：“朕在藩时，每以三十文买一碗，今算一贯耶？”但崇祯还是准许给太监报销一贯钱，那些太监无不心中大震。

有一日，崇祯帝想吃米糖，太监端上来后，崇祯帝问：“多少钱？”太监回：“八两银子。”崇祯帝马上安排人去市场买，三钱银子就买了一盒，崇祯帝分给各皇子、公主，笑着说：“这需要八两银子吗？”为何崇祯帝对物价如此清楚呢？因为他当藩王时，常在市集中行走，对民间的情况很清楚。这些生活中的细节说明崇祯帝对腐败很敏感，也很警觉。

崇祯元年七月初二，户科给事中韩一良上了一道奏疏，请求整顿吏治，惩处贪腐。在这道奏疏里，韩一良给崇祯帝算了一笔细账，每个官位都是明码标价的。一个总督巡抚的职位要五六千两银子；一个道台知府的美缺，要二三千两银子；而下面州县衙门的大小官位，也都各有定价；甚至举人、监生等名号，也要贿赂才能得。县令就是行贿的主要人员，那些给事中就是受贿的主要人员，负责监察的官员被人称为“抹布”，只管让别人干净，却不管自己脏污。

韩一良还拿自己举例，说自己两个月内就拒绝了500金的贿赂，以此说明腐败已经到了触目惊心的地步。韩一良这封奏疏直击当时严重的吏治腐败，很有说服力。崇祯帝对他这道奏章很满意，第二天就通知召开最高级别的御前会议。第二日，内阁、六部、五军都护府、都察院、通政司、大理寺、翰林院等部门的主要官员齐聚一堂，讨论韩一良的奏疏。在会议上，崇祯帝让韩一良高声宣读奏疏，然后传示诸臣。崇祯帝让各位大臣发言，大臣们当然知道贪腐成风，大多都说这些现象确实该严肃处理。这就是一句空话！在场的大臣多少都不干净，害怕牵涉到自己，所以发言都是泛泛而谈。

吏部尚书王永光当时正被言官们弹劾，本想低调行事，但作为吏部尚书，官员腐败他是有责任的。所以，对这个韩一良心生不满，在发言时，他就给韩一良出了个难题，你韩一良说现在贪腐横行，那你指出一两个人来，我们来处理。崇祯帝也觉得这个提议在理，韩一良在奏章里说自己两个月内就拒绝了500金的贿赂，那就把这些送钱的人说出来。

韩一良本意是建议整顿朝廷的腐败现象，现在被要求在如此重大的会议上说出人名，被说出之人必定死路一条，如此与人结仇，韩一良自然不肯。崇祯帝再三逼问，韩一良都坚决不肯说出人名。那些大臣们一看，赶紧煽风点火，让韩一良说出人名。最后直到散会，韩一良也没有交出行贿人，崇祯帝让韩一良五日之内把名单交上来。韩一良傻眼了，没想到矛头最终集中到自己身上，他只能硬着头皮把周应秋、阎鸣泰等人报上去，这些人是阉党分子，早就被抄家了。

崇祯帝不依不饶，不久后再次就此事召群臣讨论。会上，崇祯帝一再要求韩一良说出具体的人名，这次韩一良始终以“言官原许风闻言事”之说来回应。所谓“风闻言事”，就是监察官员可以根据传闻进谏或弹劾官吏。崇祯帝大为恼火，本来已经任命韩一良为都御史，现在直接将他削职为民。韩一良本意是反腐，没想到第一个受处罚的却是自己。

从这件事中，崇祯帝太过心急的心态暴露无遗。太想解决问题，用力过猛，最终导致过犹不及。裁撤驿站也是一例。

驿站原本是中央与地方联系的关键所在，提供食宿和交通工具，以便公差人员的往来。随着时间的推移，驿站被滥用，朝廷原本规定50多种事项可以使用驿站，这已经让驿站的压力不小，而一些事根本不在使用事项之内也被人来使用，就给国家带来了沉重的负担。

给事中刘懋就上疏说这件事情，他以自己的家乡举例，说一匹马一年的工食银要花160两。崇祯帝一听，吓了一大跳，问为何花了这么多钱。刘懋说，别的县还有一匹马花300两白银的，全是差驿的任务过多所致。这样看来，驿站的弊病确实不少。崇祯帝与大臣们商议此事，大臣都知道这些问题，但要清除弊病，哪有那么容易？所以表态时都含含糊糊。最终，崇祯帝还是大力支持刘懋，让他改任兵科给事中，专管驿递整顿事务。

在整顿实施过程中，刘懋以朱元璋当初制定的“祖宗之法”为准则。朱元璋的规定已经过去200多年了，早就不合时宜，但刘懋没有办法，他要是不以祖制为护身符，执行起来恐怕更难。最终，刘懋为国家节省了68.5万两白银，这个数字并不小，但他触动了各方利益，引来一片骂声，他不仅没有加官晋爵，反而在一片唾骂声中被迫以养病为由辞官了。

驿站的裁撤导致大量人员失业，后来著名的农民军首领李自成于早年间也被裁撤，因此很多人认为驿站的裁撤导致了李自成失业，致使他参加了起义，最终推翻明朝。但李自成被裁掉之后，并没有立即起义，而是回到了县里，后来因为欠下高利贷，地主把他送官，要置他于死地，李自成才造反的。把李自成的起义归咎于驿站的裁撤，未免失之偏颇。

在当时对驿站进行改革无疑是正确的，但真正的问题出在崇祯帝身上。驿站改革这样重大的事情，他却让一个正七品的给事中刘懋去处理。要知道，这件事涉及兵部、户部、吏部、工部、都察院等重要部门，还牵涉地方，更重要的是触及了体制改革，波及各方利益，牵一发而动全身，岂是一个给事中就能办好的？所以，崇祯帝自身的责任最大。

从韩一良和刘懋这两件事，我们基本可以看出崇祯帝存在的问题了，这些问题，当时的人也看得很明白。一个御史上疏给崇祯提了5条意见，大意是崇祯帝太过严苛，又急于求治，对大臣们斥责太多，不利于新政的推行。崇祯帝阅后很是生气，在批示上说："年来权奸窃夺权柄，百度废弛，此时不矫枉振颓，太平何日可望？"寥寥数语，崇祯帝急于求成的心态跃然于纸上。

很多官员也看到了崇祯帝身上的问题，左都御史刘宗周就是其一。刘宗周是大儒，也是一名比较正直的官员，以敢于直言著称，在魏忠贤当政期间，他因弹劾魏忠贤、客巴巴而被削职为民。崇祯帝登基之后，重新起用了他。刘宗周经过一段时间的观察也发现了崇祯帝的问题，什么问题呢？就是崇祯自视甚高、刚愎自用，认为自己英武神勇。

这有例子可以证明。一个臣子把崇祯帝比作汉文帝，汉文帝在历史上是有名的节俭之君，是"文景之治"的创造者，历史地位很高。这个臣子本来是想拍马屁，哪知崇祯帝听了很不高兴，他认为汉文帝算不上最优秀的皇帝，比不过自己。还有一次，一位辅臣提到了唐太宗，崇祯帝说：“唐太宗扫荡群雄，我自愧没有那样的才能；但要说到闺门无序、家法败坏，我羞于与唐太宗相提并论。”崇祯看不上汉文帝，又认为唐太宗不完美，这心气得有多高。

刘宗周在上疏中说：“恃一人之聪明，而使臣下不得关其志，则陛下之耳目有时而壅矣！凭一人之英断，而使诸大夫国人不得献其可，则陛下之意见有时而左矣！”你一个人再聪明，再神勇，那也只是一个人而已，凭一人就可以治理天下吗？刘宗周的话可谓一针见血，道出了最核心的东西。刘宗周在后世备受推崇，也是因为他成功地预言了后世。

明朝设立了言官制度，就是为了让君主能听到刺耳之声，但崇祯帝恰恰听不得这个。刘宗周的这次上疏，引来了崇祯帝的不快。见自己的意见没有得到重视，刘宗周再次上疏，而且言语更加直接，这样的行为有很大的风险。在奏疏中，刘宗周劈头就是一句反问：“您恨天下找不到贤才可用，天下之大，难道就没有一个人足以让皇上您相信吗？”这话的意思再明白不过了，到底是天下没有贤才，还是皇上您不会用人。

这并不是刘宗周一个人的意见。崇祯元年七月，出任内阁大学士的刘鸿训，因一些政见与崇祯帝相左，私下发了一句牢骚：“主上毕竟还是个孩子。”刘鸿训的话当然不妥，但这只是一句牢骚话，崇祯帝却记恨在心。

还是这一年七月，惠安伯张庆臻被任命为总督京营，但诏书中有“兼辖捕营”四字。京营是在京的主要军队，巡捕营主要的职责是抓捕盗贼和巡逻，也就是负责京城的治安。为了避免军权过于集中，明朝规定总督京营者不能兼辖巡捕营。张庆臻的这个任命，显然不符合规定。

崇祯帝知道后很生气，要追究责任。圣旨是皇帝下的，他刚继位不久，不清楚这些规定很正常，但内阁在票拟时应该很清楚这件事，所以崇祯帝要找内阁的麻烦。内阁就把中书舍人拿出来挡枪，但中书舍人也只是一位负责起草诏令的官员，责任很明显不在他。最后，矛头指向了刘鸿训。

崇祯帝要置他于死地，幸亏多位大臣力救，刘鸿训才侥幸逃过一命，于十月被革职查办，流放代州（今山西代县）。不然，他就是崇祯帝杀死的第一位内阁大臣。这并不是一件大事，刘鸿训的确在工作中出了差错，但这个差错并没有引起严重后果，改正过来，稍加训诫就行了，为此就将一位内阁重臣如此严重地处罚，很显然崇祯帝是在报复。

重典御下和用人之失

崇祯帝力图中兴大明受阻，就将责任推到了一众大臣的身上，其人又薄情寡恩，遂以重典御下。

国家战事频繁，内忧外患之际，兵部尚书这个职位无疑肩负重任，但也面临着极大的风险。崇祯朝一共有10多位兵部尚书，结局大致可以分为几类。孙承宗、袁崇焕、洪承畴等人曾任兵部尚书，但那是荣誉加衔，并没有实际出任兵部尚书，可以不算在内。

首先是被杀的：崔呈秀和阎鸣泰是阉党，崔呈秀被杀，阎鸣泰被发配边疆而死；其次是失职、渎职被革职查办的：王在晋、申用懋、熊明遇、傅宗龙、张国维、张缙彦；最后是被崇祯帝处死或是自杀的：王洽、梁廷栋、张凤翼、杨嗣昌、陈新甲。

其中，王洽的死能很好地说明崇祯帝重典御下的态度。崇祯帝继位之后，对很多曾经被魏忠贤打击的官员给予了重用，王洽就是其中之一，他是有真才实学的。在罢免兵部尚书王在晋之后，崇祯帝想物色一位优秀的人才来担起兵部尚书的重任。为此，他召集大臣一起廷议，王洽在此次廷议中脱颖而出，得以任职。

当上兵部尚书的王洽，面对内忧外患的局势，首先给崇祯帝上了一道奏疏，说明自己要干一系列的事情："严债帅，修武备，核实兵，衡将才，核欺蔽，惩朘削，勤训练，厘积蠹，举异才，弭盗贼。"崇祯帝听后，当然是对其嘉奖了一番。

有一件事能看出王洽的能力。宣大总督王象乾与大同巡抚张宗衡在对蒙古是战是和一事上起了争执。王象乾戎马一生，历经四朝，对外族入侵一贯主张以招抚为主，而张宗衡作为边将则主张武力征讨。崇祯帝就此召开了廷议，在王洽的支持下，王象乾的计划得到了批准。从当时局势来看，王洽的决策是正确的，化解了这次争执。此时，努尔哈赤起于辽东，明朝再去对蒙古用兵，无疑会让时局更加艰难。

王洽对辽东的局势有着深刻的认识，认为要想解决辽东的问题，就得解决粮饷的问题，而辽东的粮饷耗费巨大，依靠关内各省输入，国家的负担沉重，不能解决根本问题。所以，他认为解决的办法是开展军屯，主要的田地来源是辽东、永平、天津、登州、莱州等地区的海荒地，还有宝坻、香河、丰润、玉田、三河、顺义诸县的闲田。实行七成人员守边，三成人员屯田的措施，打算通过自力更生来解决辽东的粮饷问题。不仅如此，王洽还淘汰了一批无所作为的武将，向朝廷推荐了大批人才，其中就有杨嗣昌、梁廷栋等人，他们都在日后大放光彩。

不幸的是，崇祯二年（1629年）十月，皇太极率领10万大军兵临北京城下。面对这种重大变局，王洽也无法击败皇太极的大军。此时圣眷正隆的礼部侍郎周延儒就弹劾王洽，说现在的结果都是因为王洽调度无方，又说当初嘉靖帝杀了兵部尚书丁汝夔，将士们震悚，连强敌都宵遁了。周延儒的意思很简单，就是要让皇帝对王洽开刀，震慑诸位大臣。崇祯帝遂把王洽下狱，王洽此时已经61岁了，哪里经得起监狱里的苦日子，不久就病死了。但崇祯帝还是没有放过他。即便王洽已经去世了，还是给他判了个死罪。

这些兵部尚书中最幸运的就是那几位被革职的人。相比于其他人，兵部尚书熊明遇的遭遇就要好很多。崇祯五年（1632年），皇太极带兵到宣府一带，意图劫掠，宣府巡抚沈棨与太监王坤遣使与皇太极议和，给了皇太极很多财物，皇太极就退兵了。这件事让崇祯帝很生气，他召集群臣商议此事，熊明遇居然上前为沈棨辩解，遂被崇祯帝免职。这也让熊明遇逃过一劫，得以善终，直到大明灭亡5年后，他才去世。

病故的也算兵部尚书中比较幸运的，比如，冯元飙当兵部尚书时已经病重，他上任后一件事没干，不久就去世了。之所以这么说，是因为被杀或自杀的兵部尚书竟占到了全部人数的一半左右。

张凤翼担任兵部尚书5年，是崇祯朝任职最久的兵部尚书，《明史》本传说他“工于趋利，巧于避患”，也就是说他做官很圆滑，善于趋利避害。当初魏忠贤得势时，趋炎附势之徒都热衷于给魏忠贤修生祠，崇祯帝继位不久，那些修建生祠的人开始被清算，已升至右佥都御史兼兵部右侍郎的张凤翼也被御史弹劾。他赶紧上疏请辞，崇祯帝没有同意，然后他又以生病为由请求辞职，暂时逃过一劫。

第二年，张凤翼又被复用，而且担任蓟辽总督的重任。此时，后金在关内夺取了遵化等四城，张凤翼收复了这四城，得以升任兵部尚书。崇祯九年（1636年），后金军侵昌平，张凤翼束手无策，而朝内弹劾不止。张凤翼无奈，只能向崇祯帝申请亲自出战，崇祯给他尚方宝剑，都督诸军出战。但张凤翼哪里敢跟清军硬碰硬，他深知自己不敢作战，必定会被崇祯帝事后处理，干脆每日食用大黄，大黄具有泻下攻积的功效，药性峻猛，通常被用作泻药。他日日服食取泻，不久便死了。

与张凤翼一起食用大黄的还有前兵部尚书梁廷栋，此人当时任职宣大总督，与张凤翼一起抗清，一起束手无策，一起吃大黄，一起死去。其实，梁廷栋的死一点也不冤枉，他任兵部尚书时干了两件事，一是力主崇祯帝加赋税，每亩加3厘，合计加赋165万两白银；二是卖官受贿，遭到了言官的弹劾，最后梁廷栋贿赂太监，才得以仅受免职的处罚。但该来的跑不掉，清军来了，崇祯帝又让他带兵作战，他最终就只有一条死路可以走了。

再来说说深得崇祯帝信任的杨嗣昌，他当兵部尚书没有任何意外，还入了内阁。杨嗣昌设计了十面张网的剿贼计划，意图一举消灭农民军。起初，这个策略确实起了作用，高迎祥被杀，李自成带着仅剩的十八骑逃入大山之中，张献忠、罗汝才投降。但好景不长，仅过了大半年，农民军又死灰复燃，杨嗣昌只得亲自上战场。然而，部将左良玉桀骜不听命令，贺人龙也阳奉阴违，杨嗣昌虽然心思缜密，却根本无法歼灭农民军。反而是张献忠攻破了襄阳，李自成拿下了洛阳，两位王爷被杀，杨嗣昌惊惧之余，最终自杀身亡。

杨嗣昌常常被称为奸臣，但实际上，他是明朝当时少有的具备战略眼光且能拿出全局方案的大臣，他一死，明朝的局势更加不可收拾了。而兵部尚书傅宗龙和孙传庭的死，则更显悲壮。

傅宗龙此人生性刚直，不会拐弯抹角。他当上兵部尚书出自杨嗣昌的推荐，因为他在平定西南的奢安之乱中立有大功。傅宗龙作为一名前线主将是没有问题的，但担任兵部尚书还是有所欠缺。他说话太直，经常得罪同僚，崇祯帝也多次被他顶撞。后来，因为一些小事情，傅宗龙被下狱。

杨嗣昌死后，朝廷实在没人可用，崇祯帝只得起用他去打李自成。此时，李自成军队的兵力超过了50万，傅宗龙带着三总兵率4万人去打。战斗才开始，几位总兵拔腿就跑，只有傅宗龙死战到底，最后被活捉。农民军想用傅宗龙来骗开城门，哪知傅宗龙大喊让城上做好防御，最终被杀。

与傅宗龙同样悲壮的是孙传庭。崇祯十六年（1643年），孙传庭在河南被李自成打败，带着数万残兵败将退回潼关，李自成率军紧追不舍。部将高杰劝孙传庭退回西安，利用城墙防守，但孙传庭坚决要在潼关布防。孙传庭明白一个道理，自己活不了了——要么死于李自成之手，要么死于崇祯帝之手。在李自成攻打潼关的过程中，孙传庭主动出击，最终战死。孙传庭死后，尸骨无存。比较讽刺的是，孙传庭十月初六战死，崇祯的圣旨在两天后的初八也到了，他夺去了孙传庭督师及兵部尚书的官衔，让其戴罪立功。孙传庭死后，朝廷也没有给抚恤。

当明朝如履薄冰时，很多人还在为国家想办法，作为兵部尚书，陈新甲是其中一位。陈新甲是举人出身，这样的出身能做到兵部尚书，在整个大明朝实属罕见。可见，崇祯帝用人颇有不拘一格的意思。陈新甲眼见大明王朝内忧外患，就建议与清廷和谈，崇祯帝同意了，同时要求陈新甲对此事严格保密。但陈新甲这个人粗心大意，看完皇太极的来信之后，居然随手把信放在书桌上，被仆人当成普通军事情报发给了各个部门，这下明朝与清廷和谈的事就曝光了。

于是，言官们纷纷弹劾陈新甲。陈新甲知道自己被弹劾时，并没有多大的惊慌。有两个原因，第一点是他与司礼太监王德化关系亲密，多次化险为夷。第二点，也是最重要的一点，陈新甲与清廷和谈是按照皇帝的命令进行的。皇帝都同意了，陈新甲还有什么好害怕的呢？陈新甲一点也不惊慌，他甚至认为自己有功。但事情接下来的发展，完全出乎了他的意料。他很快就被下狱了，这时他才有点害怕，赶紧让家里出钱，收买那些言官给自己求情。一时间，为陈新甲求情的奏疏又如雪花般飞向崇祯帝。虽有多人求情，但崇祯也没有放过陈新甲，于崇祯十五年（1642年）九月二十二日将其处死。

纵观整个明朝，皇帝杀首辅的情况并不多见，而崇祯帝一人就杀了两位，分别是薛国观和周延儒。周延儒自幼聪颖，学识渊博，连中会元和状元，这样的人才是要被朝廷所用的。崇祯帝让周延儒入阁担任首辅，但内阁大臣温体仁与周延儒争权，闹得朝廷鸡飞狗跳，崇祯帝不胜其烦，最终让周延儒和温体仁先后离任。但周延儒走后，崇祯帝又念念不忘，不久重新起用周延儒为首辅。对于这次复起，周延儒说了一句意味深长的话：自知再来必祸，而不敢不来。当时的明朝，亡国之势已经很明显了，周延儒此时出任首辅，自然能隐约预料到自己的结果。

再任首辅后，少了温体仁的掣肘，周延儒是想做些实事的。他常年为政，深知朝政弊端所在，又在进京途中做好了详细的规划，所以见了崇祯帝，讲起他的施政纲领时头头是道。首先，他请求释放那些拖欠漕粮（通过漕运由东南地区运至京师的税粮）之人，又请减去民间累积的欠税，还建议那些兵荒马乱之地减去两年赋税。苏、松、常、嘉、湖诸府发了大水，周延儒请求皇帝允许用明年的夏麦代漕粮。这些政策都是减轻农民负担的，皇帝很是认同，一律准予实行。

除此之外，周延儒又说："老成名德，不可轻弃。"意思就是那些老成持重、有德的人应该重用起来。于是，崇祯帝命郑三俊出任吏部，刘宗周掌都察院，范景文掌工部，倪元璐佐兵部，这些大臣之前都被免职了，这次又被复用。其他的，如李邦华、张国维、徐石麒、张玮、金光辰等人，都得以出任重要岗位。应该说，周延儒的眼光还是不错的，他推荐的大多是可用之人。而且，狱中的傅宗龙等人都被释放，已经去世的文震孟、姚希孟等人也被追赠了荣誉。这些举措一出，朝野上下无不称赞周延儒。

崇祯帝对周延儒也十分满意，称他为"先生"而不直呼其名，这曾是张居正的待遇。而且，崇祯帝还频繁地给周延儒赐座、赐膳，他呈上的文件，崇祯帝当天就认真地批复，偶尔遇到突发情况延至第二天批复的，还会说明延迟的原因。皇帝甚至有些动情地写道："朕倚先生如左右手，不可以朕一言一事之失轻弃朕。"

好一幅君臣和睦的景象，若这景象出现在明朝万历、嘉靖等朝，必定是一段佳话。周延儒请倪元璐出山，倪元璐婉拒并回了一封信，其文鞭辟入里：

> 帝求旧德，天欲治平明甚，薄海歌舞之象，比于宋之再相温国，物情则有然者。顾其势会微似不同，何者？熙宁弊政罢之而已，但一举手立致欢呼。若在今日，灭灶更然，先须措薪钻火。即如一日见上，为上言者，一及宽政，上必先责之足用；一及宥过，上必先责之致功。足用致功，非一日可副之责，而天下之以宽政宥过望老先生者，似不可须臾而待也。（《倪文正公年谱》卷三）

倪元璐的意思是，当初司马光复起后，想改王安石的变法，只需一道命令就能改弦更张。但你周延儒现在面临的情况是灶膛的火已经完全熄灭了，要重新点燃灶火，就得钻木取火。而你一旦给皇帝讲减免，皇帝就要问你如何能保障粮饷够用；你一旦给皇帝讲宽容，皇帝一定会要你先建功。但无论是对外建功立业还是对内保障粮饷足用，都不是短时间就能完成的。天下已如此凋敝，都希望你能宽政宥过，让天下黎民有喘息的机会。也就是说，皇帝要你迅速建功立业，而天下苍生要你休养生息，这本就是个不可调和的矛盾，所以你注定不会成功。事实也正如倪元璐所言。

当时，兵部尚书陈新甲建议与清军议和，此事关系重大，崇祯帝询问周延儒的意见。周延儒虽支持议和，但议和又意味着割地赔款，这可不是小事，后面如果问罪，只怕自己在劫难逃，所以任凭皇帝如何问自己，周延儒都拒不表态。这样一来，周延儒开了一个极坏的先例——用沉默来回应皇帝的询问，此后的首辅陈演、魏藻德等人皆用这种方式来回应崇祯帝提的棘难问题。

崇祯十五年十一月初四，清军越过长城墙子岭，再次入塞大掠。明廷束手无策，这也是明朝的一贯表现。除了第一次的己巳之变，明朝打得有声有色，之后清兵数次入关，明军无不望风而逃，消极避战，少数像卢象升那样死磕清军的，也大多有去无回。面对如此局面，崇祯帝也束手无策，他心中愤懑难忍，在廷议中怒说自己要亲征。内阁大臣们一听，都纷纷跪下请求代帝出征，周延儒赶忙跪奏："臣愿代皇上。"崇祯帝不表态，只是抬首，频频摇头。大臣陈演、蒋德璟都表示愿去督师，崇祯帝都摇头。周延儒似有所悟，再次跪请督师，崇祯帝这才冷笑道："先生既果愿去，朕在宫中让人算过奇门遁甲，正在此刻，一出朝门，即向东行，慎勿西转。"

周延儒不得不谢恩领命，第二日就从北京城开拔。周延儒不过是一介文臣，从未上阵杀敌，让他出征纯属赶鸭子上架。到了阵地，周延儒哪里敢和清军交手？他带着一众总兵在通州城内好吃好喝，并伪造大胜，向崇祯帝伪报军情。这些事情当然瞒不过皇帝，崇祯帝大怒，将其革职，崇祯帝并没有杀他，而是把他打发回原籍了事。

那最后周延儒是怎么死的呢？原来，周延儒在任内管不住自己的人，一些下属贪赃枉法被言官弹劾，在查案的过程中就牵扯出了周延儒。崇祯帝令人把周延儒押到北京，不久就命其自裁。周延儒的死，崇祯帝总体上并没有错判，消极避战、谎报军情、贪赃枉法这些足以致其死罪。但周延儒被杀后，人才更加凋零，后面接任周延儒的首辅一个比一个无能，但他们都学会了周延儒的一大绝技——沉默。

到这里，我们还能想起刘宗周在崇祯二年上疏时说的那句话："天下恨不得贤者而用之，然岂无一人足以当皇上之信？"您恨全天下找不到贤才可用，但天下之大，难道就没有一个人担得起皇上您的信任吗？

任用宦官

崇祯帝朝令夕改，用人随意，一遇到问题就推诿为臣下误我。既然如此，那崇祯帝任用太监来监督百官就不足为奇了。

继位初期，崇祯帝对任用太监是非常谨慎的。一是因为天启朝时魏忠贤专权的殷鉴不远，二是因为朱元璋的祖训，在《皇明祖训》中，朱元璋明确规定：“太监不得兼内外文武衔，不得御外臣冠服，官无过四品，月米一石，衣食于内廷。”据说，朱元璋还在宫门内立下一块铁牌：“内臣不得干预政事，预者斩。”

在阉党尚未完全清除之际，崇祯元年正月，崇祯帝下了一封诏书，大意是没有皇帝的命令，太监们不得出宫。为了不让太监出宫，专门下一封诏书，说明崇祯帝对这件事很重视。

不过，随着时间的推移，崇祯帝的态度发生了变化。崇祯帝先是重用袁崇焕守辽，但在崇祯二年（1629年）皇太极率10万大军兵临北京城下，如入无人之境。崇祯帝震怒之下，于次年连杀蓟辽督师袁崇焕和兵部尚书王洽，罢免次辅钱龙锡。而且辽东危急之时，陕西、山西等地民众纷纷揭竿而起，陕西三边总督、杨嗣昌之父杨鹤主张以招抚来平乱，但最终农民起义愈演愈烈，崇祯帝将杨鹤下狱。

崇祯帝继位后，随着局势急速恶化，他对时局的不满转化为对朝臣的不满，以至于最后对官僚群体产生了极大的不信任。为加强对军队、财政、政治等方面的控制，他开始大量委派太监来监控群臣。但这样做也需要一个说法，因为朱元璋明确规定太监不得干政。崇祯帝的说法就是遵循明成祖的做法，因为朱棣在位期间就让大量的太监参与到政事中。

崇祯四年（1631年）九月，崇祯帝派王应朝、邓希诏等太监去关、宁、蓟等地监控兵粮和对士卒的封赏，又让司礼太监张彝宪总理户部和工部的钱粮。给事中宋可久等人相继上书，历论前朝任用宦官乱政之弊，都被崇祯帝回绝。到了十一月，崇祯帝又命太监李奇茂去陕西监军，派吴直监视登岛的兵粮和海禁。这种做法同样遭到大多数臣下的一致反对。

不久，崇祯帝在文华殿召集大臣们商议国事，群臣集体向皇帝请求罢免派出的监军太监，崇祯帝说了一句意味深长的话：“诸臣若实心任事，朕又何须此辈？”这句话的意思简单明了，崇祯帝认为臣下们没有实心任职办事，所以要派太监来监督他们。

崇祯四年（1631年）孔有德、耿仲明等皮岛旧将叛变的吴桥兵变之后，崇祯帝对将领们的猜忌愈发严重。崇祯六年（1633年）五月，他派太监陈大金等分别监视曹文诏、张应昌、左良玉、邓玘等将领，又派太监高起潜监视宁远、锦州的兵饷，派太监曹化淳提督京营。

崇祯帝对文官集团的极度不信任，最终让他偏向了信任宦官的极端。其间虽多有反复，他曾一度召回太监，但很快又再次派遣。崇祯帝派出的这些太监到底有没有起作用呢？有几个例子能很好地说明这个问题。

崇祯帝继位后，召回了明朝罕有的理财高手毕自严，让他主政户部。毕自严中进士时年仅23岁，入仕时很年轻，所以履历极为丰富。他在刑部、工部、兵部都任过职，之后又到地方担任按察使、布政使，再次调回朝廷后在兵部主管马匹，不久调任右佥都御史，因能力出众，很快调任户部侍郎，又兼天津巡抚，专饬海防，修战船、治兵器、建水军，还镇压了河北的白莲教起义。但毕自严因反对魏忠贤，被迫去职。这样一位为官30多年、熟悉国家各项事务的老臣，实在不可多得。

崇祯帝登基后，大明王朝每年的财政赤字高达130万两白银。户部实际上已经破产。更严重的是，户部累计欠下九边军饷高达968万余两，这对当时的明朝来说是一个天文数字，而且欠饷引发了各地此起彼伏的兵变。没钱和欠饷对整个明朝已经造成了极其严重的危害，必须立刻解决。

崇祯帝当然知道解决财政危机的迫切性，所以在处理完阉党事宜后马上致力于化解财政危机。崇祯帝问毕自严：“昔年兵马几何？钱粮几何？今日兵马几何？因何不足？”（毕自严《度支奏议》）要求户部说明并提出解决方法，毕自严都一一做了回答。

经过毕自严的努力，户部系统地提出了12条解决财政困难的措施，包括增加盐引、令商人运粟实边、裁汰冗兵冗役、检查军饷虚冒、开发天下水田、清查天下隐田、兴办军屯等。为了杜绝地方官侵吞赋税银两，毕自严主持编订了赋役清册，颁行天下，严格监督审核，使贪污的现象受到控制。明代移民垦边，大兴屯田，即由官府组织军民开垦屯种。此时原来的官屯田因年代久远皆被大家豪族侵占，赋税收不上来，毕自严不畏困难，亲自主持核查，清丈了官屯地亩，明令按亩收赋税，增加了财政收入。如果按照这个节奏下去，不说完全解决明朝的财政危机，至少能起到一些效果。

不过，事情哪有那么简单。崇祯帝起用袁崇焕收复辽东后，袁崇焕狮子大开口，要求足够的军粮饷银，皇帝咬牙一一准许。到了崇祯二年，己巳之变爆发，皇太极率领10万铁骑绕过关宁锦防线，借道蒙古入关，包围京师。崇祯帝下令勤王，一时间大明近40万军队云集京畿，粮草和军饷的消耗达到顶峰。毕自严的12条财政改革措施全部失灵，但毕自严也算是个奇才，硬是拼到口吐鲜血，勉强解决了这次勤王军队的开销。

毕自严确实是一位能人，他在明朝财源枯竭、入不敷出的情况下，精心协调、精打细算，支撑明朝的财政近10年之久。但就算毕自严再厉害，也无法彻底解决明朝日益严重的财政危机，随着时间的推移，崇祯帝对他愈发不满。崇祯四年，崇祯帝派太监张彝宪总理户部和工部的钱粮，这可不是去监督的，而是去实际管理。张彝宪的职位在尚书之上，处理政务时，他坐在中间，尚书坐两旁。郎中这个级别的官员想见张彝宪要先致书，之后才能见他。

张彝宪的任职遭到毕自严和工部尚书曹珖的一致反对。曹珖也是一名入仕30多年的老官员，同样曾因反对魏忠贤而被迫去职，在崇祯朝复出，为官颇为清廉。曹珖哪能同意与太监一起处理部务，他多次上疏请求辞职，未得批准。不久，山东巡抚刘宇烈上疏弹劾在镇压孔有德的反叛时，工部没有如数供给银、铅等原料。这事也不能怪曹珖，因为巧妇难为无米之炊，他手里没有这些原料，当然不能如数供应。张彝宪借这件事大做文章，逼迫曹珖下台，曹珖无奈之下又多次上疏请辞。

毕自严也遭到了打击，因为下属的一位县令没有按时收到足够的赋税，牵连到毕自严，毕自严被崇祯帝下令入狱。一个县令没有收够税收，在当时是一件很正常的事情，很多县甚至欠了两三年的税款，因为这样一件不大的事就将户部尚书下狱，说明皇帝对毕自严的不满已经累积很久了。

张彝宪只是一个太监，总管天下钱粮和物资，自然是力有未逮。张彝宪给崇祯帝上了一道奏疏，请求催缴1700万两白银的税赋。因为明朝官府多次加赋，很多地方根本没有能力缴纳，欠税的地方越来越多，所欠税金也越滚越大。张彝宪见户部、工部没钱，就请求崇祯帝下令，严格催缴1700万两白银的欠税。此时，各地逼税已经严苛到导致各地起义蜂起，如果再次严加逼税，大明王朝只会亡得更快。

这样的建议遭到了众多大臣的反对。崇祯帝也明白张彝宪这个建议不妥，但他见大臣们都极力反对自己委派的太监，觉得脸上无光，反而训斥了大臣。但崇祯帝也不敢真的去逼这1700万两白银的税，后来就把张彝宪发到南京去任职了事。此时，崇祯帝想重新起用曹珖，但曹珖对朝廷失去了信心，加上他已年近70岁，所以严词拒绝了。但此人颇为忠心，明朝灭亡后，他在80岁的高龄绝食而亡。崇祯帝又让毕自严官复原职，但毕自严也已年近70岁，又加上入过狱，身体也不行了，任职没多久就去世了。

以上是内政上的情况，边关军事上的情况也大抵相似。

崇祯帝派太监邓希诏去蓟州、辽东监军，此时任蓟辽总督的是曹文衡，为人很是正直。当有监军前来时，前任总督都是出城迎接并设宴款待，但曹文衡并不效仿。当下属们劝他照老规矩办时，曹文衡面带怒色说："在魏忠贤那样专横的太监面前我都不屈服，我会惧怕他邓希诏吗？”由此，邓希诏对曹文衡产生了怨恨，两人互上奏章达50疏指控对方。崇祯帝也知道曹文衡的为人，所以态度含糊，不予明断。于是，曹文衡便请求辞官回乡养老，多次请求后，崇祯帝无奈之下只好许可。曹文衡遂于崇祯五年十月辞官还乡，离任时，除把军饷如数交给继任总督傅宗龙之外，还将自己的俸禄全部捐给了边关将士。

接任的傅宗龙又于两年后被罢，丁魁楚、张福臻均短暂任蓟辽总督，崇祯十年（1637年）继任的吴阿衡就“聪明”多了，他对邓希诏俯首帖耳、言听计从。崇祯十一年（1638年）九月，清睿亲王多尔衮、克勤郡王岳托等率领清军兵分两路，一路从墙子岭突破，从青山口突破入关。墙子岭位于北京密云东40公里，是守卫京师的最后一道天然屏障，位置极为重要。但清军大军到来时，明军虽有天险，却没有任何准备。而且，明朝的主将们也没有在前线，他们去哪里了呢？原来，邓希诏过生日，蓟辽总督吴阿衡和总兵吴国俊带着一众武将为邓希诏庆生。饮酒大醉之下，听闻清军逼近，吴国俊赶紧奔赴前线，但已经来不及了，清军大队人马已经到了，吴国俊的军队一触即溃。

吴阿衡在紧急之中调各路军兵不至，身边只有区区数百名亲兵。他跃马挥刀，固守墙子岭山堡，怎奈援兵不至，兵尽粮绝，力竭被俘。清军逼降，吴阿衡还算有气节，大骂清兵，誓死不降，清军恼羞成怒，将他的膝盖砍掉，齿击落，舌拔掉，吴阿衡被残忍杀害。但对整个时局来说，吴阿衡的个人表现是没有用的，根本无法阻挡清军，清军入关大肆抢掠，最远达江苏，占领了山东济南府。

崇祯帝听闻后气愤至极，一口气杀了30多名要员，其中包括山东巡抚颜继祖，总兵倪宠、祖宽等，监军邓希诏、孙茂霖等也在其内。这也从事实上说明，崇祯用太监来监军的策略已彻底破产。但这并没有终结崇祯帝任用太监来干政监军的安排，即便是到了明朝快要灭亡的崇祯十七年（1644年），当时李自成大军向北京进发，崇祯帝还在派高起潜、杜勋等10多个太监去监视诸边及京畿要塞的军队。但太监们并没有像崇祯帝想的那样起到监军的作用，他们往往是第一个打开城门投降的。当李自成大军到达居庸关时，守关主将唐通领军出关战斗，太监杜之秩却打开居庸关向李自成投降，导致唐通腹背受敌，不得不降。

崇祯帝在太监任用上的反复，反映了他急于求治的心态，失败后又对文官和武将们失去信任，转而利用太监们来监督大臣，结果事与愿违，非但没有拯救大明，反而加速了它的败亡。

缺饷致兵变

明朝的军制是耕战结合。朱元璋实行军民不同籍的管理办法，编为军户的世代为兵，政府将他们按照卫所编制起来，不仅如此，士兵们的家人也跟着来到卫所。朱元璋的想法很明白，卫所就是士兵家的所在地，士兵势必会尽力作战，因为这样既是在保卫国家，也是在保卫家庭。

为了保障粮食供给，政府给每个士兵分50亩土地和耕牛，在边境地区是七成人员耕种，三成人员守城，关内是八成人员耕种，两成人员守城。耕种产出的粮食，士兵留下12石，剩下的都上交。这种办法实际上与北周宇文泰实行的均田制有很多相似之处。这样做的好处是国家不需要付军饷，朱元璋甚至有些得意地说："吾养兵百万，不费民间一钱。"（《明季北略》卷五）但要达成这个目标是有前提的，那就是要保证每个士兵真的得到了50亩土地和耕牛。在朱元璋时期，人口尚不多，朱元璋本人也强势打击腐败，而且当时朱元璋的子孙人数不多，士兵的土地分配尚能勉强满足。

然而，随着社会的发展，这种制度就濒临崩溃。原因很简单，士兵根本不可能拿到50亩土地。其中的因素有很多，边境地区常年作战，有些土地被用来安置外族降兵，而有些土地被外族夺走了。而且，军队的腐败也开始滋生，很多军官和豪强夺走了士兵们的土地。不仅如此，到明末时朱家子孙竟然超过数万，他们占有了大量田地，军屯的土地自然是越来越少。而且到了明末，整个社会的人口增加了，士兵们根本无法得到所说的50亩土地。事情变成这样，国家不得不开始给士兵们发饷。

一个士兵成为军户后，正常情况下是不能转户的，这种户籍要一直被子孙继承下去，子子孙孙都成为军户。而一个士兵的收入是整个家庭的收入来源，如果没有饷银，不仅是士兵一人没饭吃，全家都没有饭吃。所以，士兵缺饷是一个严重的军事问题，同时会引发社会问题。

明朝后期的兵变无不是围绕着“饷银”二字展开，同时党争的弊端也开始显现。

万历二十三年（1595年），蓟州发生了一次规模不大的兵变，掀起兵变的是戚继光遗留下来的南兵。蓟州是九边重镇之一，也是戚继光的驻地，有常驻雄兵10万，以卫京师，而戚继光手下的南兵就在其中。戚继光去世后，这些部队中很大一部分人参与了前往朝鲜的对日作战。当初，朝廷为了让这些士兵出国作战，承诺他们拿双倍饷银。按照常例，每个士兵一年大约能拿到18两白银，而参加朝鲜作战，各种奖赏加到一起，每个士兵可以拿到白银43两之多。但朝鲜战争结束之后，朝廷并没有兑现这个承诺。于是，蓟州石门寨的南兵一起鼓噪，总兵王保采取诱骗的方式杀了大量士兵，平息了这次兵变。

按理说，戚继光的兵尚不至此，这些士兵在朝鲜战争期间，朝鲜人（郑琢《龙湾见闻录》）记载道：“丁酉（万历二十五年，吴惟忠）来驻忠州，性清严，与士同甘苦。前后出来将官无不克减饷银，而独无所取。在岭南，多露处野中。故能得军心，号令明肃，所过不折一草。虽瓜菜之微，必出其价而买之。岭南一路皆立碑颂之。沿路之民避大兵于山上，闻吴军之来，则必下来尽力供顿。”

看来这些戚继光留下来的部队，在吴惟忠的带领下，在朝鲜作战期间军纪严明，那为何又会兵变呢？因为戚继光本为张居正所重用，张居正倒台之后，戚继光在政治上也失势，其麾下的南兵又在异乡遭受各种不公平的待遇，双倍饷银一事只不过是最后的爆发点而已。

饷银当然是兵变发生的重要原因，但更深层的原因是不公平的待遇。当初占领平壤，第一个登城的是南兵，吴惟忠所部在朝鲜战功赫赫，在明军中却多受排挤，这才是最根本的原因。朝廷内派系林立，政治斗争的结果就是画线站队，最终波及军队，造成了重大影响。

天启年间，朝廷虽缺饷银，但这时明朝财政尚未至最困难的时候，而到了崇祯年间，随着财政的严重吃紧，兵变爆发就如家常便饭。

崇祯元年，也就是崇祯继位的第二年，宁远的士兵发动了兵变。原因很简单，朝廷4个月没有发饷银了。士兵们把辽东巡抚毕自肃、总兵朱梅等主要将领抓了起来，又搜了毕自肃的府邸，却没有搜到想要的银子，愤怒的士兵把毕自肃、朱梅等人抓到城楼上，用刀架在他们的脖子上，让他们拿钱，还对二人拳打脚踢。

有一种说法是，因为当朝户部尚书毕自严是辽东巡抚毕自肃的哥哥，所以士兵们认为逼迫毕自肃就能拿到钱。实际上，兵变发生时，毕自严还在从山东到北京的上任的路上，所以这种说法站不住脚。毕自肃作为辽东的最高长官，对于欠饷也十分着急，竭尽全力地催饷，前后9次上疏请求发饷。朝廷给辽东的饷银是专款专用的，但执掌户部的左侍郎王家祯把辽东的专款拨给了其他地方。这也不能怪王家祯，钱只有那么多，每个地方都在催钱，他

皇帝，让大部分葡萄牙人返回了澳门。

不过，即便最后只有20多名葡萄牙火炮手到达山东，仍大幅提升了明军的火炮技术。在孙元化等将领的努力下，一批西学炮术专家云集登州，其中，有《远西奇器图说》的作者王徵，任山东按察司佥事，监辽海军务；还有《西洋火攻图说》的作者张涛，任中军副将，登莱副总兵。明军火炮已经在宁远大捷、宁锦大捷、己巳之变，以及己巳之变后收复被后金占领的四城中发挥了巨大作用。在明军炮兵和后金骑兵的对决中，后金骑兵的威力大大受挫。

崇祯四年八月，皇太极率后金兵攻大凌河城，围明将祖大寿、何可纲等人于城内。明廷下令各镇派兵援救，孙元化就派孔有德率本部从海路抄皇太极的后路，从辽河的三河口登陆。孔有德去后不久就回来了，说遇到了大风浪，没办法按预期登陆。孙元化大怒，让孔有德带着这800人走陆路，从山东半岛赶往辽东。

孔有德抵达山东吴桥时，有一个士兵强拿了当地人的一只鸡，这户人家来头不小，是在朝为官的王象春的家，王家也是山东望族。王家人找到孔有德讨说法，孔有德将那位士兵绑起来示众，整肃军纪。那名士兵受到惩罚，心中不忿，夜里溜出军营，杀了告状的王氏家仆。这下王象春的儿子不干了，跑到军营闹事，要求查明真相，弄得孔有德下不了台。此时，恰好孙元化派去塞外购马的参将李九成回来了，他把孙元化的买马钱花光了，为了逃脱处罚，李九成、李应元父子鼓动孔有德叛变，孔有德竟然同意了。

孔有德为何仅带领800人就敢发起兵变？一是去往辽东必定是送死，之前他说的风浪大，从海上无法成行，就能说明他的想法；二是他们这些毛文龙曾经的手下将领，对毛文龙的死愤愤不平；三是突发事件和李九成的煽动成了直接导火索。吴桥兵变发生后，崇祯五年正月，孔有德率兵攻打登州，城内耿仲明等人直接打开了城门，任其占领了登州，孙元化自刎未遂被俘。

登州是明朝在山东的军事重镇，是明朝的总后勤基地之一，南方运来的很多重要物资都从登州转去辽东。所以，孔有德此战就虏获了7000名兵员、3000匹马、10万两饷银、20余座红夷大炮、300座西洋炮。

占领登州的孔有德派人四处联络散布在各处的毛文龙旧部，旅顺副将陈有时、广鹿岛副将毛承禄等原东江旧将相继来归，一时间实力大增。就连朝廷派来平叛的官军中，很多将士都是毛文龙东江镇旧部，也纷纷倒戈。在这样的形势下，孔有德的实力越来越强大。孔有德遂命大军四处攻击，前来围剿的朝廷大军中，东江镇总兵黄龙与孔有德部诸多将领有私仇，所以攻击起来不遗余力。双方打了几仗，孔有德就率军退回了登州。

作为孔有德的老上级，孙元化原本想招降孔有德，但朝中支持和反对孙元化的政治势力发生了激烈的冲突，崇祯帝最终下令将孙元化下狱。明军不断增援，固守登州的孔有德想渡海北逃，投奔皇太极。然而，此举早就被黄龙预料，于旅顺展开截杀，孔有德部遭受了重大损失。最终，孔有德投奔皇太极的人马大约只剩1万多人，但他带来了后金急需的舰船、红夷大炮及工匠，对提升后金的实力发挥了巨大作用。

孔有德投降后金后很快就引发了连锁反应。孔有德投降后，带领后金军攻破旅顺，明朝大将尚可喜正驻防海上，家人数百口全部遇难，总兵黄龙战死。黄龙战死后，尚可喜继续率军驻守广鹿岛。接替黄龙出任岛帅的沈世魁与尚可喜有仇，企图诱杀尚可喜，但被尚可喜识破，他一怒之下在崇祯七年（1634年）正月率部渡海投降了后金。

吴桥兵变的爆发，给明朝造成了巨大损失，明廷丧失兵力数万人、良将十多员、战舰、大炮、粮钱不计其数。更重要的是，登州和莱州本是大明王朝的战略后勤基地，负责支援辽东和京畿地区，经此一乱，山东损失重大，毛文龙所创建的军镇东江镇（又称平辽镇，天启二年所设，驻师皮岛，辖区包括辽东、渤海各岛、旅顺堡、宽奠堡以及朝鲜境内的铁山、昌城等大片区域）更是在不久后沦陷，明军想从海上威胁辽东的可能不复存在。

吴桥兵变上可追溯至袁崇焕杀毛文龙，下可深刻影响晚明乃至整个南明史。事实上，当时，明朝是有机会用和平手段化解兵变的。作为孔有德的上级，孙元化被俘虏后，曾成功劝说孔有德反正，孔有德回心转意了，请求招安。朝廷也同意孙元化戴罪招抚，但巡按王道纯坚决反对，将诏书藏匿起来。孔有德部长时间求招安不得，再次叛乱。王道纯的理由很简单，之前多次招抚过孔有德部，孔有德部却以招抚为幌子不断壮大力量。之后，孙元化又说服孔有德，让他回朝廷说明真相。但就在孙元化返京之际，王道纯率军袭击孔有德部，导致乱事扩大。而且，吴桥兵变发生后，朝中群臣多言孙元化已反。三月，孙元化被逮至京师镇抚司，被政敌陷害，在狱中被严刑拷打。

朝中指责孙元化的声音很多，暗中也有攻击大学士周延儒和废止东江、登州两镇的声音。而另一边，朝中东林党人和支持孙元化的一派，则力主招抚叛军。朝廷举棋不定，山东局势的恶化与朝中此番内斗不无联系。周延儒想救孙元化却未能成功，最终孙元化被崇祯帝处死。

纵观明末兵变，缺钱是个大问题，但激烈的党争更加剧了事情的严重性。基层军士靠着饷银养活一家老小，没有军饷，不仅仅是士兵饿肚子，一家人都没饭吃。卢象升在任宣大总督时，视察所辖军队，把自己的见闻上疏给崇祯帝，请求发饷。他刚到城门，见到士兵们都毫无生气，士气极为低落，原因是士兵们竟然长达数月没有领到军饷。他们一看到卢象升，纷纷下跪请求发饷银。

当时正值寒冬，卢象升身上穿着裘衣，仍觉得天寒，手脚僵硬，有随从被冻得掉下马来。但跪在雪地上的士兵们仍然穿着单衣，此等场景让硬汉卢象升也目不忍睹，潸然泪下。卢象升请求支付饷银的奏疏一一石沉大海。士兵都落到如此悲惨的境地，明朝兵变四起也就不足为奇了。这更是削弱了明军的战斗力，明军在战场上一败再败的主因是内在的。

说了这么多，我们也明白晚明的兵变为何如此之多，也知道这些原本护卫国家的利器为何会调转矛头对准自己人。究其根本原因，还是政局腐败，漠视士兵利益，让他们连生活都极度困难，这实际上和李自成等人起事的原因大致相同，都是活不下去了，不得已而为之。

江南和皇权

说完兵变，再来说说晚明江南士人们的奢靡生活。随着明朝中后期社会经济的不断发展和商业的繁荣，经济对政治、生活、文化的影响越来越大。

在朱元璋时期，农民缴纳赋税的方式是实物交付，也就是交粮食。这就存在一个问题，农民需要自己把粮食运到缴税点，但由于古代交通不便，粮食的运送成本很高。不过，官府这样做有个好处，就是减少腐败，如果一个官员贪污100两白银，谁也瞧不见，但要是贪污价值100两的粮食，那可接近20吨，非常难隐藏。后来，清朝的乾隆帝为何在捐监上一直坚持不收银子，只收粮食，就是这个原因。

但是，只收实物不符合经济发展规律，所以后来就改了。而在江南，白银逐渐成为货币。不过，这种改变并非朝廷有意为之，而是随着经济的发展和商业的繁荣，自然而然形成的。这种改变节省了大量的运输费用，有利于经济发展。后来张居正实施的一条鞭法，更是加快了这一转变。

明朝在丝绸、瓷器贸易上有着无可比拟的优势，白银源源不断地流入，但朝廷却出现了财政困难，一个合理的解释就是大量的白银流入民间，并逐渐形成了一股奢靡之风。而在江浙一带，社会分工进一步细化，雇用工人的商人比比皆是。明中期文学家何良俊《四友斋丛说》卷十三这样记载了当时的情况："昔日逐末之人尚少，而今去农而改业为工商者，三倍于前矣。昔日原无游手之人，今去农而游手趁食者，又十之二三矣。大抵以十分百姓言之，已六七分去农。"

也就是说，在手工业发达的地区，造就了一大批富裕的商人。商人们有钱了，自然就有了诉求。朝廷缺钱，于是就允许富人捐义民和官带，也就是一些荣誉称号。但后来富人不答应了，有两个山东的富人就说，我们该捐的都捐过了，如果再要我们捐，我们就要国子监身份。国子监是当时明朝的最高学府，国子监的监生直接可以跨一级考试参加科举，相当于进了官僚系统。

这个方案上报后，户部很高兴，终于有钱了，而礼部则愤怒不已，这样做，大明的脸面往哪里搁？最终的结果是面子比不过银子。这就直接导致明朝的进士、举人大多出于江、浙、闽等地，为何？因为这些地方有钱啊！富人可以越过穷人数年的寒窗苦读，直接进入最高学府。而且，这些前期的投入是有巨大回报的。

而中国古代封建王朝始终有意识地贬低商人的地位。朱元璋在建国初期就对富人进行打击，看到大户就让人搬家，这本质上和汉武帝打击豪强的行为是一致的。但令朱元璋万万没想到的是，当国家缺钱的时候，大明王朝最终被迫以这种方式迎接了富人的白银。

我们知道，东林党、浙党和楚党都不同意对商业征收重税，这就是商业和政治结合在一起后，政治对商业的保护。这种保护有时甚至能对抗皇权。天启六年，魏忠贤派人捉拿苏州的前吏部官员周顺昌。消息传开后，苏州各地的读书人行动起来，数千人涌向衙门向天启帝请愿，并将魏忠贤派来捉拿的官差打死。最后虽没能改变结果，但生员们的力量得到了凸显。他们以此为基础，逐渐扩大影响力，最终形成了一个影响力巨大的联盟。这个具有政治和文学双重属性的社团，以"兴复古学"为号召，故称复社。

复社并非要反对皇权，他们要维护自身的利益。例如，文震孟是一位敢作敢为、颇为正直的官员，和复社交往密切。他对温体仁在内阁的所作所为大为不满，但仅凭他一人，断然不可能扳倒温体仁，所以他想找一个内阁成员与自己形成合力。他选择的就是进入内阁后就拒绝参与党争的钱士升。但当文震孟在皇帝面前弹劾温体仁时，钱士升一言不发，最后文震孟被革职。

钱士升并非不参与争斗，只是不参与和自己无关的争斗。文震孟去职之后的几个月，面对日益困难的财政，有人建议朝廷向富庶的江南增加赋税。在朝堂上，钱士升激烈地反对此法，并说这个做法必定会引起江南的反叛。虽然最终钱士升被革职，但对江南的加赋也不了了之了。

由此可以看出，在行政和军事上，朝廷仍然牢牢掌控着权力，但在经济、文化以及社会意识上，江南更具优势。江南并非没有钱，只是反对朝廷从他们身上搜刮银两。

这里来看一个小片段：

> 秦淮中秋日，四方同社诸友感姬为余不辞盗贼风波之险，间关相从，因置酒桃叶水阁。时在座为眉楼顾夫人、寒秀斋李夫人，皆与姬为至戚，美其属余，咸来相庆。是日新演《燕子笺》，曲尽情艳。至霍华离合处，姬泣下，顾、李亦泣下。一时才子佳人，楼台烟水，新声明月，俱足千古。至今思之，不啻《游仙》枕上梦幻也。（冒襄《影梅庵忆语》卷二）

这是文人冒襄在中秋节与友人在南京相会的场景，好一片歌舞升平。可惜这是崇祯十五年的中秋，此时李自成、张献忠率百万大军正在中原纵横驰骋，清军多次入关劫掠，大明亡国就在旦夕之间。如此奢靡的江南，对比河南、陕西的境况，感觉根本不在同一个国家。

然而，这样奢靡在江南已是常态。当时的人，没有重大的事情也要设宴请客，一个月请好几次。席上的水果都是来自远方的珍贵品种，当地产的一些常见或者稍差的水果都不敢拿出来，害怕得罪了客人。请客吃饭都要看歌舞戏，为了尽兴，还要从远地方调来，比如南京。能调来最好的歌姬，主人就会很有面子。

著名的传教士利玛窦亲身经历过当时江浙的宴会，《利玛窦中国札记》一书中这样记载道："有时候，桌上摆满了大盘小盘的各种菜肴。他们的鱼和肉不像我们那样要遵守一定的上菜次序。菜一端上桌子，就不再撤去，直到吃完饭为止，所以饭没吃完，桌子就压得吱嘎作响。碟盘子堆得很高，简直会使人觉得是在修建一个小型的城堡。"

而且，江南的人们吃饭是讲究情趣的，只在家里吃略显单调，于是就有了在船上宴请的活动，利玛窦是这样记载的："一个官员的游艇大到可以容纳他的全家人，他们和在家时一样自在。开支全部由官府支付，船上设有厨房、卧室和起坐间，看起来更像是阔人的住宅而不是游艇。有时候，他们在船上宴会，在湖上或沿河泛舟取乐。"此外，一些盛大的活动也层出不穷，比如鳌山会，制作的假山高达数丈，张灯结彩，以金玉装饰，几日内就耗费过万两白银，但举办者在所不惜。

在江南，人们穿衣服的方式也发生了变化。我们都知道一句宋诗："遍身罗绮者，不是养蚕人。"罗绮，就是丝绸制的衣服。但明朝末年，普通丝绸制的衣服根本入不了富人们的眼，万历《通州志》卷二《风俗》记载了他们在选材上要求远方吴绸、宋锦、云缣。这些都是丝绸中的顶级品种，产量少而价格高昂，但富人们不在意这些，连袜子都是这些顶级丝绸所制。

人们居住的条件也发生了变化。万历时期，浙江参政徐廷禄的官虽不大，却是个大富豪。徐府占地200亩，院内的奇石曲池、华堂高楼美不胜收。很多人都慕名来参观，一来二去，徐府竟成了一个旅游景点，一些邻居也在附近开了酒肆，招揽客人，热闹非凡。这样的富豪在当时的江浙并不少见。

陈瓒，是一名祭酒，也是个小官。但他修建的宅邸，仅花园就有100亩。园中有一块高1丈（明朝时的1丈大约等于现在的3.2米）、宽3丈的太湖石尤为壮观。当时发现这块奇石后，陈瓒赶紧让人用船运回，船却被奇石压沉于太湖之中。于是，陈瓒命人筑堰壅水，调来100多辆水车，连续工作几个月把水运走，才得到这块奇石，放置在自己的园中。

富豪们如此，底层人们的生活方式也出现了变化。万历年间，松江有人用黄草制鞋，销量很好，一时间鞋店多了起来，竟多达数百家。很快，这些鞋店开始打价格战，最终导致很多鞋店都倒闭了。在当时繁荣的商业环境下，开始出现一些不好的手段。市场中的鸡贩在售卖前都会给鸡的嗉囊中塞入石子，以增加重量。

不仅如此，欺行霸市也经常出现。社会分工不断细化，出现了一些新行业，手工业和商业发达，运输工成为一个新职业。随着不断地有人加入，运输工们渐渐形成团体，欺行霸市，若是不用他们的人搬运，即遭多方刁难，有些运输工甚至直接将货物丢进河里。

商业的发展也带来了新的生活方式。明朝出现了一类职业打工人，据王士性《广志绎》卷四记载，他们为商业服务，但没有任何积蓄，挣了钱之后，他们都在享乐，到酒肆一醉方休，第二天酒醒后，又开始为生计奔波。

江南的富人们有钱了，也有权了，当然要把生活质量提上去。

首先说房子，明朝对民间住房的规定是三间五架，用数量限制了屋顶结构，也就限制了房屋的规模。但这条规定在明朝中晚期早就被抛到九霄云外了，人们对九间十架都习以为常。而更有钱的官僚阶层，开始建更高端的园林了。

我们今天的四大园林中，承德避暑山庄、颐和园是皇家园林，而剩下的拙政园和留园都是明朝官员修建的。营建园林可谓是一个花钱的大窟窿，爱享乐的宋徽宗就是园林的忠实粉丝，最终亡了国。

叶向高作为晚明正派的官员，他的豆区园有不少楼台亭阁，时至今日也是风景宜人。叶向高贵为首辅，一年的俸禄为1044石米。俸禄虽然不少，但是修这样的园林肯定不够。

明朝的有钱人比拼的并不是纳了几房小妾，而是文雅之好。《万历野获编》卷二十六这样说：

> 玩好之物，以古为贵，惟本朝则不然，永乐之剔红，宣德之铜，成化之窑，前价遂与古敌……故以近出者当之，始于一二雅人。赏识摩挲，滥觞于江南好事缙绅，波靡于新安耳食，诸大估曰千、曰百，动辄倾囊相酬，真赝不可复辨。以至沈（周）、唐（寅）之画，上等荆（浩）、关（仝）；文（徵明）、祝（允明）之书，进参苏（轼）、米（芾），其弊不知何极。

富人们品玩的是永乐年间的剔红漆器、成化时期的瓷器、宣德年间的铜炉，文徵明、祝允明等人的书画也是一物难求，很多人倾囊相购，以至于市场上出现了很多这些画作的赝品。

昆山有一位富豪名叫周六观，为了给母亲庆祝90大寿，决定大办一场以显孝道。他重金请尤擅仕女画的丹青名家仇英到家里，为母亲绘制《子虚上林图》。招待仇英的宴饮之丰盛甚至超过了宫廷，每个月周六观还为仇英张灯，请女伶歌宴数次。这幅画花了6年才完成，个中花费自然不菲。

经济和商业不断发展，人们的思想也发生了转变，对钱的态度发生了变化。当时有一首《山坡羊·钱是好汉》广为流传：

> 世间人睁眼观见，论英雄钱是好汉。有了他诸般称意，没了他寸步也难。拐子有钱，走歪步合款；哑巴有钱，打手势好看。如今人敬的是有钱，蒯文通无钱也说不过潼关。实言，人为铜钱，游遍世间；实言，求人一文，跟后擦前。

金钱的魔力，让传统的伦理纲常受到了前所未有的冲击。一些思想家如王艮也开始对思想的禁锢发起冲击，比如："天理者，天然自有之理，才欲安排如此，便是人欲。"以此来肯定人对自己欲望的追求，开放思想。晚明时期，随着社会经济的发展，物资丰盛，很多地区都富裕起来，富裕后迎来的却是一个充满欲望的社会。江南如此奢靡，与辽东、河南、陕西等地的战乱格格不入，最终也难逃厄运。

松江有一个官员叫钱岱，他修宅子需要很多砖，于是他让很多人帮他取砖。有一个老头，取砖很慢。钱岱很生气，就责怪他。

老头说："这砖取自于一黄姓富豪的坟墓，路途很远，所以迟到了。"

钱岱更生气了，说："你拿坟墓的砖给我干什么？多晦气。"

老头说："黄某墓中的砖，也是当年他取自其他人的旧冢之中。"

老头的回答是什么意思呢？你钱岱修这么豪华的宅子，也住不了多久了，你住过之后，自会有他人来住。今日的繁华，也会成为他日的凄凉。正如《桃花扇》中所唱："眼看他起高楼，眼看他宴宾客，眼看他楼塌了。"明朝江南社会的奢靡之风并不能长久，待清军到来，便是一片血雨腥风。

四、绝地求生

缺钱的皇帝

晚明的财政危机到了崇祯朝就更严重了。崇祯帝有多缺钱呢，看看一场廷议就清楚了。

崇祯元年的宁远兵变爆发之后，袁崇焕虽然暂时平定了事端，但要解决根本问题，还是要补发欠饷。朝廷在山海关内外积欠军饷银达74万两，另欠太仆寺马钱和抚赏银4万两，合计78万两白银。袁崇焕给崇祯帝上疏，请求立即解决欠饷问题，不然会影响军队的士气，最后会影响他的平辽大计。

关于欠饷，兵部认为，军饷之所以短缺，关键在于士兵太多，使得饷银“太浮”。所谓“太浮”，就是军饷有问题。言官们则认为，近年来，军饷中的腐败已达极点，必须先清理兵籍，就是清理和淘汰那些虚假的兵籍，核实吃空饷的情况。这些议论触及了当时军队中的一些顽疾，但要解决绝非易事。

崇祯帝收到袁崇焕的奏疏后，十分重视，于十月初二在文华殿召开御前会议。一开会，崇祯帝就让翰林院的官员大声宣读袁崇焕请饷的奏疏，读完后，让大臣们发表意见。

内阁辅臣李标说："宁远前线缺饷，袁崇焕所请，确实十分危急，请求皇上允许发饷。"李标这句话等于啥都没说，因为谁都知道要发饷。

崇祯帝说："宫内府库财货不足，户部有各地新收来的银两，为何不发？"

崇祯帝将矛头指向了户部，户部尚书毕自严回答道："每年新收的银两不满400万两，每月仅30万两白银上下。现在要补近百万的欠饷，实在办不到啊！前面已经发了73万两白银，这用得也太快了吧，前一个月欠饷还没有付清，后一个月的又来了。我们刚刚把七月的8万两白银发出去了，现在还欠八九两个月的饷银，但十月的又来了，所以总共还拖欠着三个月的饷银。"

崇祯帝问："关内和关外，每月要花费多少饷银？"

毕自严答："关内花费8万两白银，关外花费14.5万两白银，合计22.5万两白银。"

崇祯帝又问："关内外都有多少兵？"

这个问题属于兵部，兵部尚书王在晋站出来答道："关内4万兵，关外8万兵，共12万兵。"

崇祯帝问："袁崇焕之前说要淘汰一些冗兵，可以减饷，那为何饷银还需要那么多？"

兵部尚书王在晋答："淘汰兵员，是从今年才开始执行，要明年才能真正见到效果。"

崇祯帝一看情况比较棘手，就向其他部门询问，看能不能弄点钱出来，就问："刑部缴获有多少赃银？"

刑部尚书乔允升没想到崇祯帝还惦记刑部那点银子，慌忙中赶紧回答："有收到张凌云的赃银4万两白银，其余零星的有4万两白银，共计有8万两白银。"

一旁的刑部侍郎丁启睿赶紧上前补充说："我们实际收到的赃银只有5万两白银，剩下的一些实际都还没有到账。"

崇祯帝一看，不行，还得找户部，问："户部现在有多少现银？"

毕自严硬着头皮回答："库内现存只有1.1万两白银。"

这个数字让崇祯帝大吃一惊："为何只有这么一点？"

毕自严答："各地送来的银两都是随到随发，所以只有那么多。今广东来的6万两白银快到了，库银尚有2.6万两白银，我准备凑齐10万两白银一起发给辽东。山海关内外一月需要24.5万两白银，两个月就是49万两白银，还希望皇上从内帑中拿出40万两白银来凑够这笔钱。"

崇祯帝一看，本来是要解决问题的，最终却把问题全部推到了自己身上，所以很不高兴地说："朕在宫中极力节省，内费尚且不足，今金花银尚未到，哪有那么多钱？"

辅臣刘鸿训一看，赶紧打圆场，说："臣等一起商议过，如果有30万两白银也可以解决问题。"

崇祯帝哪里会松口，说："内库早已空虚，30万两白银谈何容易！"

辅臣周道登站出来说："现在边兵思变，而户部匮乏，只能希望皇上慷慨一些，用内帑以救危疆。"

臣下们你一句，我一句，说来说去，就是要崇祯帝拿钱。

辅臣钱龙锡说："皇上此时发帑币，欠饷士兵听了，必定欢欣鼓舞。"

但兵部尚书王在晋在旁边说起了风凉话："臣昔日当督师的时候，军士如家人父子一般，没想到现在的情况竟恶化至此！"

崇祯帝也愤愤地说："带兵者如果真能如家人父子，自不敢叛，不忍叛。不敢者，畏其威；不忍者，怀其德，哪会有哗变之事！"

又接着说："内库外库都是万民脂膏，是用来以保封疆安社稷的，若发下去真的有用，朕岂会吝啬？"

群臣连连说："袁崇焕是忠肝义胆之人，其在边疆，将妻子和孩子都带在身边，素有清廉的威名，肯定不会冒领和滥用而辜负了陛下的恩典。"

毕自严也赶紧表态："陛下是为了社稷着想，发此帑金，我们这些当大臣的哪敢不体谅陛下的圣意呢？等各地银两送到来，户部就一一偿还。"

毕自严为了让崇祯帝拿钱，真的是什么话都敢说，户部以后偿还崇祯帝拿出的钱，这谁都知道不可能。

礼部侍郎周延儒是个善于察言观色的角色，这位未来将两次担任大明首辅的官员此时站了出来。按理说，这次大会谈论的钱跟礼部的关系不大，况且礼部尚书都还没说话他就开口，于情于理都不合适。但他看出了崇祯帝被孤立，这对他来讲是个难得的机会，他要在这个时候支持崇祯帝，以增加崇祯帝对自己的好感。

周延儒说："国家最紧急的事当然是守住国门，但昔日只防外虏，如今还要防着兵变。宁远哗变了，就发饷给他们。如果各边镇都效仿宁远，以哗变来逼饷银，那何时是个头？"崇祯帝一听，还有一个人支持自己，就追问他有何建议。

周延儒答："臣不敢阻止皇上发帑币，此时情况危急，紧急情况下先治其标，可以把帑币发给他们。但这绝对不是长久之计，今后还望皇上让廷臣们从长计议，筹措一长久之计。"

崇祯帝很欣赏周延儒的说法，说："你的说法很有道理，一旦有事就请发帑币，各边都如此，这内帑又不是不会干涸的泉水，如何能全部保障？"周延儒的观点看似有理，实际上毫无意义，因为还是没有提出根本的解决之道。

从御前会议的君臣对话就可以看出大明的财政确实非常困难。崇祯帝对户部尚书毕自严非常恼火，不久就派太监监控户部，再后来，干脆把毕自严丢进了监狱。但毕自严绝非庸才，实在是难为无米之炊。最终，这次会议不欢而散，迫于无奈的崇祯帝从内帑中拿出了20万两白银，也就是群臣所请数量的一半，发往辽东。

这是崇祯元年君臣关于辽饷的一次博弈与争斗。而这一年，是崇祯朝17年里财政状况最好的一年，往后的日子里，大明面临内忧与外患，身陷泥潭而无法自拔。崇祯帝和群臣在辽东战事、镇压起义、宦官监军、财政危机、人事选拔等方面不断拉锯、博弈和争斗。皇帝不满大臣的无能为力，大臣们恐惧崇祯帝的冷漠薄情，双方就这样一步一步将大明推向深渊，万劫不复。

其实，大明的财政并非一直都这样困难。万历年间，大明的财政还是很宽裕的，仅太仆寺的马价银（明初规定各地蓄马以供边备，后因为南方不产马而改征银，称作马价银）就有1000多万两，但各部以借取为名，分33次借走了，多年积蓄为之一空。当努尔哈赤在辽东发难，明朝决定反击，也就是发动后来的萨尔浒之战，打仗要花钱啊，预计这场战争要花300万两白银，而辽东的饷银当时一年不过65万两白银，意味着有235万两白银的缺口，户部经过努力汇集各部的现银，凑了160万两白银，但还差75万两白银，那怎么解决这个问题呢？

实际上，万历帝的内库还有不少银子，但他不肯拿出来，群臣也没有办法。最终，大家商议后决定加饷，从农民身上拿银子。朝廷决定除贵州因有苗变之外，以两京十二省700万顷土地为基础，每亩加3厘5的饷，合计加饷银200万两。然而，萨尔浒一战明军大败，辽东的军情更紧，熊廷弼、姚文宗等将领再次要求加饷，每亩再加3厘5，到第三年，每亩再加2厘。3次合计加饷银520万两。

那支出方面呢？朝廷原本预计辽东一年的支出是300万两白银，但万历四十八年有官员报告，已经发下去了400万两白银，现在还有安家、行粮、衣家器械、马匹等支出约100万两白银。也就是说，辽东一年的军费开支就已高达500万两白银，这钱是怎么花的呢？

辽东经略熊廷弼在万历四十八年算了一笔账：现在用兵18万，每名士兵的饷银为一年18两，一年军饷就是324万两白银；9万匹马，每匹马一日需要豆子3升、青草1束约重15斤，合计需要大约100万两白银。也就是说，只是18万士卒和9万匹马一年就需要424万两白银，这还不包括军械等开销。而且，军费开支是持续的。从万历四十六年闰四月二十五到天启元年十二月二十六日止，三年内发往辽东的饷银就达到了惊人的2018万两白银。

崇祯元年，辽饷的实际支出为513.5万两白银，而辽饷的加派收入只有390万两白银。前面不是说每年加饷有520万两白银吗？又怎么只有390万两白银了呢？因为西南地区的奢安之乱，湖广、四川、广西等地的加饷都用于平叛。而且，一些有灾荒和军情的地方，饷银也有一定的减免，所以加派收到的辽饷就只有390万两白银了，但农民身上的负担还是那么重。

崇祯二年，己巳之变爆发，辽饷的开销已增至870万两白银。第二年，朝廷只能再次加饷，每亩加派3厘，由9厘变成了1分2，新旧赋税和杂项相加，朝廷能得到838万两白银的岁入。

崇祯八年（1635年），辽饷收入为680万两白银，支出却是786万两白银，入不敷出成为常态。

然而，辽事未定，关内农民战争又起。

崇祯十年（1637年），在杨嗣昌的要求下，练兵12万，加饷银280万两。到了崇祯十二年（1639年），又加练饷780万两白银。后来，实在加无可加，只能另想他法。

崇祯十一年，明朝放开福建海禁。到了崇祯十三年（1640年），朝廷加关税20万两白银。

崇祯十五年，明朝开赎罪银。也就是说，犯人犯了罪，可以花钱减免刑罚。

不过，这些都无济于事了。实际上，增加的饷银并非小数目，却总是入不敷出，有很多原因，其中之一就是损耗和运输费高。万历四十七年，有官员在巡查边务后上疏道：运送粮草需要新增加7.4万头牛，3.7万辆车，合计大约要花136.5万两白银。这还只是陆上的运输成本，没算海上的运输费用。海上风浪大，运输的风险更大，运粮官若能保证七八成的粮食顺利运抵，就能被朝廷记功。

入不敷出还有一个重要原因就是腐败，吃空饷就是其中之一。

天启七年，朝廷按照士卒约11万名、马骡约5.4万匹给辽东发放粮草，但不久就有御史报告，实际只有约9.3万名士卒、4.3万匹马骡，其中的差额自然是被各级吃了空饷。崇祯五年，蓟辽总督傅宗龙上报密云把总马凤仪的川军所辖川兵1200名，其中400名查无其人，或者以老弱抵数。辽东战事本就十万火急，明朝已经疲惫不堪，而关内的农民起义如火如荼，又需要大军镇压。更严重的是，国家官僚系统腐化严重，更是加重了财政危机。如此一来，国家已是不堪重负。

马匹亦是如此，有的是朝廷给了钱，却迟迟不见马匹，有的以羸马抵数，很多马匹买来不久就死亡。以至于熊廷弼感叹：如果照这样下去，再买18万匹马，也不抵用。

而粮食运输过程中的腐败更是常见。以崇祯年间的一些事件为例，宁远委官阎栋等人自崇祯元年起，三年间侵吞宁远粮所的米豆约4.5万石。崇祯二年，海运厅书役王昌等人共冒领约6000石支米、2万石豆、2万束草、700两白银、3.2万文钱。崇祯五年，委官董夔、叶有光等人侵没8000余石米豆。崇祯三年，户部尚书毕自严就气愤地说："分岛粮饷司的饷道已经报告的是15万多，实际收到的却只有8万，其中侵没的几乎达到一半，法纪何存？"

入不敷出的原因可能还有辽东的物价远远高于关内。熊廷弼上报说，在辽东，一两银子的购买力只相当于关内的二钱，要求朝廷将更多的实物送到辽东。当时，新兵每月的饷银大概在一两五到二两之间，这还是在确保全额发放饷银的情况下。袁崇焕说，士兵每月有二两饷银，虽然很丰厚，但辽东物资紧缺，二两银子只相当于关内数钱，很多士兵因此逃亡。

以上说的是崇祯朝的财政危机，那崇祯帝本人是不是也像万历帝那样奢侈腐败呢?

其实，崇祯帝是一个非常节俭的皇帝。他即位后，首先就停了苏杭织造。苏杭织造主要为皇家制造和供应丝织品，自隋唐起就一直存在，直到宋元明三朝。明朝建立的第一年（1368年），朱元璋就迫不及待地下令在苏州设织染局。整个苏杭地区为皇家服务的人员就有10万人以上，自然是花费不菲，劳民伤财。崇祯帝登基后，很快就下令废止延续了千年的苏杭织造。

还有，过去皇帝所穿的冠、袍、鞋、袜，都是每天换一次，而崇祯帝一个月换一次，平时穿洗过的衣服、鞋子、袜子的边缘都用布来缝。玉熙宫平日里养着一个皇家戏班，约有300多人，他下令全部遣散。不仅如此，宫中有将金银豆撒在地上让宫人争抢的习惯，崇祯帝下令将金银改成枣、栗。宫中的月宴、时宴及外戚、公主家定时进献的甘果，他也全部叫停。如此种种，举不胜举。但崇祯帝自己节俭没用，并不能解决国家的财政危机。

陕西原任通政使马鸣世向崇祯帝上书：“若非亟增大兵，措大饷，为一劳永逸之计，恐官军惊于东，贼驰于西。师老财匮，揭竿莫御，天下事尚忍言哉！”（谷应泰：《明史纪事本末》）他就是想让崇祯帝赶紧筹钱，一劳永逸地解决问题。但崇祯帝根本解决不了这些问题，遇到清军入关，他就下令，你们都赶紧来勤王，至于军饷、粮草，一概不过问。迟了就免职，出事了就下狱，一次又一次把明朝的军队推向农民军的阵营。

此言绝非危言耸听，己巳之变时，崇祯帝下令勤王，甘肃的参将王国带领部队向京师进发。这支勤王的军队缺饷已达数月之久，而士兵们通常是一个家庭的支柱，长期缺饷引发了士兵们极大的不满。当队伍途经甘肃金县时，士兵们不想走了，他们每人负重数十斤，跋涉数千里赶往京师，却还要自带粮饷。他们聚集起来和参将谈判，要求很简单，就是发饷，但参将王国坚持克扣不发。士兵们遂发动兵变，杀了王国和当地的县令。这一群士兵杀死主将后，大多加入了农民军的队伍。

此外，缺钱也严重影响了朝中各部的正常运行。

有一次，崇祯帝问兵部尚书张缙彦："真定城丢了，你是否知道？"张缙彦答："不知道。"崇祯帝火了："我都知道了，你怎么还不知道？！"张缙彦答："兵部一文钱没有，派不出信使，我就收不到军事情报，所以城丢了我也不知道。"堂堂一国的兵部，竟连派一个信使的钱都没有，真是令人汗颜。

崇祯帝在解决财政危机上花了大量的心血，自己生日这天还要求下面的官员上报财政数据，但这些都没什么用了。辽事之急，民变之多，导致财政情况根本没有好转的可能，陷入了一种死循环——辽事起，大量用兵则增加军费，加饷则民变，再加饷、平民变，民变更加汹涌。

而且，缺钱对辽东局势的影响很大。

崇祯十五年，皇太极派阿巴泰率领满蒙联军合计10万人马入关抢掠，明朝各路援军共计30多万却不敢应战。首辅周延儒束手无策，建了一个大法道场，安排100多个僧人诵读《法华经》，希望以此退敌。之后，周延儒代替崇祯帝出征，却不敢与清军交战，躲到城里喝酒，并向崇祯帝谎报军情。清军这次入关长达8个多月，攻占了88座城，俘获人口约37万，抢掠白银约22.5万两。

面对如此危局，兵科给事中曾应选给崇祯帝上书说，敌人的大军进入我国腹地，那我们可以造船3000艘，派6万大军从登、莱两州跨海去辽东，攻打清军的老巢，清军必然回援，到时我们的危机就能解除了。周延儒一听，这个主意好啊，赶紧也上书称赞这个计划。

崇祯帝听了也觉得不错，就下令工部造船。工部一听立即抗议，你们兵部打仗，怎么就只让我造船？于是，崇祯帝就让工部和兵部分摊，各造1500艘船。但工部和兵部都没钱，两部一合计上报皇帝，称这种船只有广东和福建两省能造。

广东省和福建省一听，祸从天降。他们哪有钱造船，赶紧找各种借口，几个奏折来回的时间，几个月就过去了，清军也撤走了。两省赶紧上书说，清军走了，船就可以不用造了。崇祯帝只回了一个字：是。

朝廷没有钱，是不是等于所有人都没钱呢？

那自然也不是，富人还是有钱的。崇祯帝没有钱，不代表朱家没有啊。老朱家封在各地的藩王，哪一个不是肥得流油？李自成、张献忠先打南直隶的凤阳，这是老朱发家的地方，财富自然不少。后来，张献忠和李自成还因战利品分配不均发生了矛盾，最终分道扬镳。

到了崇祯十四年（1641年），李自成攻陷洛阳，活捉了福王朱常洵。福王是万历帝最疼爱的宝贝儿子，为天下巨富，这下李自成的战利品自然是数不胜数，高兴之余他还开仓放粮。当时归德府少年郑廉正好被掳至李自成军中，几十年后他在《豫变纪略》一书中记录了一个让他终生难忘的场景："远近饥民荷旗而往，应之者如流水，日夜不绝，一呼百万，而其势燎原不可扑。"自此，李自成的队伍已达数十万之众，源源不断有人加入。明朝末年，各地藩王的财产让李自成的力量得以壮大，其中有两次飞跃，分别是攻打凤阳和洛阳之时。

除了李自成，就连明朝的将领也开始打藩王的主意。明将左良玉在武昌时没钱没粮，想让当地的楚王拿点粮饷出来，楚王不答应。左良玉一怒之下，让士兵掠夺漕粮和盐舶。有了钱粮，左良玉的部队一下子就发展到了20万人。有大军支撑的左良玉把武昌当作自己的地盘，把楚王晾到一边，凭借武昌和长江行道的资源，将军队发展到80万之巨。

加饷

财政困难的情况下，藩王们的宗禄米竟也无法得到有效的保证。比如，庆王在崇祯六年（1633年）才领到万历二十六年（1598年）的宗禄，代王的一些子孙有8年没有领到宗禄，而灵丘王的部分宗禄竟缺了近50年。这怪不得别人，谁让朱家人越来越多呢？要富养规模庞大的宗室人口，国家承担不起。

宗室如此，军队缺饷就是家常便饭了。天启年间，固原、延绥、宁夏三边缺银极为严重，有些边远的诸堡甚至缺饷达3年之久。到了崇祯元年，陕西镇竟累计欠饷多达30个月。崇祯二年，延绥、宁夏、固原欠饷多达36个月。

为什么欠饷最严重的总是西北的数个边镇呢？因为其他军镇更要紧，如宣府、大同这些军镇都靠近北京，而辽东战事紧张，当地更不能欠饷，若辽东欠饷银几个月，士兵就要闹哗变了。农民军为何能在与明军的交战中打得有声有色？就是因为很多被西北数个边镇欠饷的士兵加入了农民军，他们的加入大幅提升了农民军的战斗力，故而能与明军长久地作战。

没钱的问题总是要解决的，没军饷的话清军可是要打到北京来的。明廷的解决办法就是加饷。

万历朝时，内库还有银两，但万历帝不允许支用。明朝的财政收入比较分散，主要在户部太仓、工部光禄寺、兵部太仆寺等部门，但这些部门已经没有钱了。萨尔浒之战前夕，朝廷下令加辽饷，到了万历四十八年（1620年），合计加饷约520万两白银。到崇祯四年（1631年），钱又不够用了，兵部尚书梁廷栋又请加饷，每亩加3厘，加上之前所加，合计加饷约667万两白银。根据《明史·杨嗣昌传》记载，崇祯十年（1637年），杨嗣昌请求加“剿饷”。崇祯十二年（1639年），杨嗣昌又请求加“练饷”，每亩一分，合计约730万两白银。

这些钱真的都收上来了？当然没有，这么大的负担，农民哪能全部承受。就拿万历朝加的辽饷来说，名义上是520万两白银，实际收上来的只有350万两白银。天启年间朝廷虽然没有大规模的加饷，但提高了关税对通过国家设在陆路关卡、道路要隘及国境交界等处所设关卡的行商所收及杂项的征收，每年也能收到240万左右两白银。

那加饷有没有增加国家的收入呢？当然是有的。加饷的效果十分明显，万历四十五年（1617年），太仓岁入389万两白银，第二年的收入就高达600万两白银。崇祯三年，太仓岁入913万两白银，第二年的收入就高达1225万两白银。到了崇祯十年，太仓岁入1670万两白银。崇祯十二年，太仓岁入更是突破了2000万两白银大关。

不过，这里需要说明明朝的支付手段。朱元璋时期，赋税都是实物交付，农民交税是直接交粮食，朝廷给官员的俸禄也是按粮食来计算的，这种方式并不符合经济和商业的发展。朝廷虽发行了货币，但是已被白银替代。白银实际承担着交易的核心职能。这就造成明朝无法通过增加朝廷债务的方式来缓解巨大的财政压力，意味着每亏空一两银子就是真的亏空，无法转嫁。

对于大明来说，欠饷是没有办法的事，因为军饷的支出实在太大了。加饷无疑是饮鸩止渴，就没有人站出来反对吗？当然有。明朝大儒刘宗周曾上疏，他说辽事很重，天下此时已经三空四尽了，而朝廷还在竭尽天下之力去养军队，军队却越来越骄横。朝廷集天下之力养军队，希望一战就解决问题，但战事遥遥无期，这是急功近利的表现。崇祯帝在加饷的时候也说，暂苦我百姓一年，实际上是苦到明朝灭亡为止。

催捐助饷

没有钱的崇祯帝，此时能想到的办法已经不多了，但必须弄到钱，不然大明王朝就亡了。

明朝的达官贵人们还是很有钱的。李自成进京后，对权贵和官宦们进行了大规模的拷打追饷，不给就往死里打，最终得银约7000万两。明末清初的学者彭孙贻在《平寇志》里这样写道：“（大顺军）其所得金，大约侯门十之三，宦寺十之三，百官十之二，商贾十之二，共七千万两。宫中久已如洗，怀宗减膳、布衣，酒扈器具之金银者尽充军饷，内帑无数万之藏。贼淫刑所得，扬言获之大内，识者恨之。”

这说明大明虽然国库空虚，但财富却牢牢攥在权贵和官宦的手中。那就有一个问题了，崇祯帝为何不找他们拿钱呢？崇祯当然有这个想法，不光他有这个想法，首辅薛国观也有。薛国观说：“陛下，百官我这边来处理，没问题的。但是，皇亲国戚那边我哪敢啊，得皇上您来。”

崇祯帝一听，觉得有道理，那就找一个人开刀。恰好，有人撞到了刀口上，此人正是武清侯。武清侯一家因家产分割不均窝里斗，一直吵到崇祯帝这里来了。武清侯是世袭的侯位，第一代武清侯是万历帝的外公，现在这一代武清侯李国瑞自然也和崇祯帝是亲戚关系。李国瑞当了武清侯后，庶出的哥哥要求分一半家产，就是20万两白银，李国瑞不答应，两人一直吵到了崇祯帝面前。李国瑞的哥哥一怒之下，要把李家全部的家产40万两白银捐给崇祯帝做军饷。

崇祯帝一看，原来你们家有这么多钱呐。崇祯帝对李国瑞说，这钱算朕借你的，以后国家富裕了就还给你。李国瑞哪里肯答应，哭天喊地说自己没有那么多钱，他又是卖房子，又是卖家当，演了一出好戏。崇祯帝见李国瑞不答应，大怒，派太监们去搜查，并褫夺了李国瑞的武清侯位，还拘了他的家人。就在这个节骨眼上，李国瑞竟然死了。《明史·薛园观传》载“国瑞悸死”，可见他在很大程度上是被崇祯帝逼死的。

太监们此时也感到了危险，因为他们手中的钱并不比权贵们的少，连皇帝的亲戚都被逼死了，自己还有活路？于是，他们就开始想歪点子。此时，崇祯帝5岁的儿子朱慈焕病倒了，不久后就死了。临死前朱慈焕还说，九莲菩萨来看他了。而万历帝的母亲李太后，也就是第一代武清侯的女儿，死后宫里都尊称她为九莲菩萨。崇祯帝十分迷信，一听就吓坏了，觉得自己得罪了李太后的后人，李太后来找他算账了。崇祯帝立即下令停止追缴，恢复武清侯的名位，并安排厚葬。至于首辅薛国观，崇祯帝在心里恨透了他，而这个薛国观是个贪赃之徒，后来被多人弹劾，崇祯帝将其处死了。

但国家没钱确实很难啊，崇祯帝还是只得向各位权贵和宦官开口要钱。于是宫里的太监成为崇祯帝的重点追索对象，有3个太监都捐了3万两到5万两白银，其中就有后来陪葬崇祯陵寝的王承恩。当时，最富的太监当属王心富，崇祯帝亲自把他叫到面前，对他晓之以理，动之以情，让他捐款，但这个王心富也就捐了1万两白银。皇帝找太监要钱，这是历史上罕见的一幕。而李自成进京后拷打王心富，得银15万两。

崇祯又把希望寄托在国丈周奎身上，想让他做个表率，带头为朝廷捐款5万两到10万两白银。他派太监徐高屡屡去劝周奎拿钱出来。但周奎说，我哪有那么多钱？徐高见劝说无效，愤然而起，说：“老皇亲如此鄙吝，大事去矣，广蓄多产何益？”几经讨价还价，最终崇祯帝给周奎下的任务是2万两白银。周奎表示没钱，只愿出1万两白银，周皇后很生气，把父亲叫过来教训了一顿，变卖了首饰得5000两白银，让老爹去捐。最后，周奎私吞了2000两白银，把周皇后的3000两白银捐上去，然后自己多少捐一些了事。

首辅魏藻德捐了500两白银，大学士陈演哭穷，一分没捐，但京城有一个普通市民都捐了300两白银。为了让崇祯帝相信自己没钱，一时间，朝臣们都把自己的宅子挂出来售卖，故意穿破旧的衣服去上朝，还由之前的坐轿子改为步行上班。官员们集体给崇祯帝演了一出大戏！

李自成进入北京后，哪管那么多，直接拷饷。国丈周奎成了首要目标。但此人真是爱钱如命，妻子、儿子被打死，都说自己没钱，直到自己被打得只剩最后一口气了，才说出藏钱的地点，最终被搜出53万两白银。而此前一文钱没捐的大学士陈演主动向李自成献上了4万两白银。最后，李自成通过拷饷一共搜罗得7000万两白银。这实在是个天文数字，要知道，万历三大征一共才花了1200万两白银。

权贵们为何眼睁睁看着大明灭亡，就是不愿意把钱拿出来呢？他们都是依附明朝而生，若明朝灭亡，他们都将灰飞烟灭，这个道理他们难道不懂吗？权贵们当然懂，但天下是你们老朱家的，凭什么让我拿钱来救？那他们不怕老朱垮了，会失业？但老朱不当皇帝，还有老李啊，老李不行还有关外的皇太极啊。

崇祯帝依旧不甘心，还想方设法地筹钱。当时，北京城有很多租房的生意。崇祯帝下令，北京城所有要交租的租客，你们这个季度的租金不交给房东，全部交给朝廷。这个钱算是大明朝借各位房东的，有钱了再还。崇祯帝通过这个方法弄到多少钱呢？一共约50万两白银。

除了收租，崇祯帝还下令让监狱里的犯人赎锾，也就是花钱免除坐牢，这和后来乾隆弄的“议罪银”是一个办法。但这也弄不到多少钱，因为有钱人家的子弟很少有坐牢的，坐牢的都是一些拿不出钱来赎罪的人。最后，崇祯帝无可奈何之下，将宫中的自万历以来所储的辽参全部拿出来，卖得了数万金。由此可见，崇祯朝财政之困难，竟到了如此地步。

崇祯帝如此筹钱有用吗？当然没用了，这点钱什么也干不了。官员和权贵们为何不拿钱呢？如果真对大明有感情，愿意与大明共患难，拿出自己的钱来帮大明，会有什么样的结果？

我们都知道水中救人的道理，有人落水，如果你要救他，千万不能让他的手抓住你，因为他在惊慌之下抓到任何物品都不会松手，甚至会拽着你一起沉入水底。同样的道理，你给崇祯帝拿钱，崇祯帝只会不停地向你索要，直到你家破人亡。

殿试和罪己诏

大明的问题太多了，崇祯帝自身的问题也不少，这些问题都需要解决。对于大明的问题，崇祯帝找不到解决之道时，就将其抛给了殿试的学子们。而自己身上的问题，他也有反思，这就有了罪己诏。

崇祯七年，大明王朝正处于水深火热之中，崇祯帝在殿试上向天下英才们抛出了一堆问题，全是当时明朝面临的困境，崇祯帝急切地想得到解决办法。据李逊之《崇祯朝野纪》记载，崇祯七年的殿试，内阁成员请示考试题目，崇祯帝对所拟题目不满，亲自手书，题目大意如下：

> 所与共治天下者，士大夫也。今士习不端，欲速见小。兹欲正士习以复道，何术而可？
>
> 东虏本我属夷，地窄人寡，一旦称兵，而三韩不守，其故何欤？目今三协、关宁以及登、津等处，各宿重兵，防敌也。敌不灭，兵不可撤，饷不可减。今欲灭敌恢疆，何策而效？
>
> 且流寇久蔓，钱粮阙额，言者不体国计，每欲蠲减。民为邦本，朝廷岂不知之，岂不恤之？但欲恤民，又欲赡军，何道可能两济？
>
> 即屯田盐法，诚生财之原，屡经条议申饬，不见实效，其故何欤？至于漕粮为三军续命，马匹为战阵急需，折截挂欠，遂失原额原制，何

道可复？

今虽东虏猖獗，河套有可复之机，边外尽可作之事。但难于东虏窥伺，朝野匮乏，近降夷继至，作何安插？插套连合，作何间破？

流贼渐逸郧广，海寇时扰浙闽，剿灭不速，民难未已，兼之水旱频仍，省直多故，作何挽回消弭？

又唐、宋曾以武臣为中书令、枢密使，文武似不甚分。我太祖高皇帝曾以直厅为布政，典史为佥都，今奈何牢不可破？

尔多士留心世务久矣，其逐款对答毋讳。

朕将亲览焉。

崇祯帝的这些问题归纳如下：

1.与朕共同治理天下的是士大夫们，但这些人品行不端，有什么办法可以让他们回到正道上来？

2.女真原是我大明的属国，地寡人稀，为何一旦来犯，我大明都守不住？今天我们在辽东、登州、莱州都设有重兵，消耗很大，有什么办法可以消灭敌人，恢复疆土？

3.国内流寇蔓延，大臣们都不考虑国家情况，动辄让朕减税。百姓为国家之本，这个道理朕难道不知道吗，不想抚恤他们吗？只是又要抚恤百姓，又要养军作战，有什么办法可以解决这两难？

4.屯田和盐税是生财之道，为何朝廷在这上面花费颇多心血却看不到成效？漕粮为三军续命，马匹为战争急需，但现在十分欠缺，有什么办法可以恢复供应？

5.虽然女真很猖獗，但河套地区的蒙古有心与大明联合，朝廷没钱，蒙古的降兵该怎么安置？而且，后金也在拉拢蒙古，该怎么破解？

6.国内流寇四处流窜，海寇在东南沿海肆虐，一时无法剿灭，又有水灾旱灾，老百姓生活在水深火热之中，应该如何破解？

看了以上这几个问题，第一感觉就是崇祯帝虽然才23岁，但对国内的问题，他一清二楚。崇祯帝像扔了一串连珠炮，一口气将所有问题都抛给了殿试的学子们，希望他们能为他解答。

崇祯帝把士大夫品行不端作为第一条，高于辽东战事和关内平叛，可以说是一针见血，说明他看出了朝廷内部的问题才是最核心的问题。崇祯帝在生命最后的日子里曾说过，文臣人人可杀。站在他的角度，似乎确实是这样。

就拿首辅周延儒来说，崇祯帝不直接叫名字，尊称先生，但就是这样一位重臣，为明哲保身，常常逃避责任。当朝堂上讨论与清军和谈时，他拒不表态；让他去阻击清军，他却躲在城里喝酒，伪造捷报。这样的文臣该不该杀？当然该杀！崇祯一朝，杀的大臣已经不能再多了，崇祯十二年，一天就杀了30多名大臣。

整个官僚体制已经崩坏，远非靠杀戮就能解决问题。文官们在朝堂上激烈党争，却忘了国家利益。东南税赋收不上，官吏腐败成为常态，民不聊生。崇祯帝不是没有想办法解决这些问题。

锦衣卫指挥佥事王世德在《崇祯遗录》中回忆崇祯帝时说，皇帝刚继位时，贪诈之风盛行，官员都贪图享乐，不问民事。皇帝诛灭宦官后，看到自己周边无一人可用。于是，他破格提拔人才，但浙党和东林党争权，都为党派牟利，选拔的人才也无用武之地。后来，皇帝心急了，就连杀大臣。最后，王世德感叹道：“辗转相循，贼实日炽，天子孑然孤立，彷徨无所措，而宗社随之。”这是一个多么孤独且凄凉的景象。

崇祯帝的第二个问题是问辽东战事，如何能平叛，如何能恢复疆土。杨嗣昌在这个问题上曾给崇祯帝的建议是：攘外必须先安内，要想解决外患，必须先平定关内的叛乱。崇祯帝同意了，在全国加“三饷”，花费数百万两白银，镇压农民起义。最终的结果是农民起义愈演愈烈，杨嗣昌身死。为何如此？因为农民起义的土壤没有根除，苛捐杂税没有废除，老百姓没饭吃，饿殍遍野，只能走上反抗的道路。

这种情况下，最重要的还是要让老百姓有饭吃。还真有人这么建议崇祯帝，杨嗣昌的父亲杨鹤就是这么做的。杨鹤说，这些叛乱者都是没饭吃的老百姓，只要给他们田和牛，让他们回归农耕，有了饭吃，就可以解决问题了。但这个方案需要钱啊，崇祯帝东拼西凑给了杨鹤10万两白银。面对数百万难民，这笔钱自然是杯水车薪，而且还被各级侵吞，到难民手中的就更少了。

那崇祯帝的钱去哪了？国家不是有财政收入吗？不是加了辽饷吗？实际的情况是，明朝的财政早就入不敷出了。各地藩王们的消耗已是一个天文数字，而且崇祯三年以前，平定西南奢安之乱的军队多达10万，这已经是一笔大开支了，辽东的军费就更是一个天文数字。更重要的是，官僚系统早已腐朽不堪，贪污横行，各项支出还没出紫禁城，就已被各级克扣。崇祯元年，国家的亏空高达130万两白银。

崇祯帝提的这些问题，挑任何一个出来，都是超级难题。更要命的是，这些问题都相互依存，牵一发而动全身，要解决其中一个，就必须解决所有问题。自全国各地来殿试的精英学子们对此自然是手忙脚乱。

不过，一位叫刘理顺的考生提出了应对策略。他提出破格用人，建议崇祯帝在用人上仔细考察，久任其职，勿轻易调动；在军事上核实抑冒，精选严练；在对清军的作战方略上，以守为战；对于流寇，则主动进剿。

其实，刘理顺的回答并无新奇之处，还是老生常谈，每一点都曾有大臣向崇祯帝进谏过。但刘理顺的答案深得崇祯帝赞赏，他被钦点为状元。刘理顺的策略并不能拯救大明，10年后北京城破，他唯一能做的就是自杀以谢大明。

大明早已日薄西山，崇祯帝做了很多努力，终究无济于事，最后只能写罪己诏责怪自己。罪己诏自古有之，汉武帝晚年反思自己的行为，就曾写下著名的《轮台罪己诏》。明朝皇帝下罪己诏更是成为一种常态，比如，在天灾、战争失利等情况下，皇帝就会下罪己诏认错，以平息民怨和“上天的不满”。

当这种做法已经成为惯例，如果皇帝自己不主动下罪己诏，官员们也会提醒皇帝。比如，万历二十五年六月十九日，皇极殿等多处发生火灾，这对当时的人来说，显然是上天对万历帝执政不满，故而降罪。群臣十分惊慌，大学士张位请求面见皇帝，万历帝不许，于是又请万历帝下罪己诏。七月，万历帝下了一道罪己诏。不过，明朝还没有哪位皇帝下的罪己诏的数量能超过崇祯帝，这也很好理解，毕竟崇祯朝是大明时局最艰难的时候。

崇祯帝的第一道罪己诏是在崇祯八年正月下的。张献忠等人率领农民军攻取中都凤阳，朱家的祖陵惨遭损毁。崇祯帝得知消息后忧愤交加，十月，他便向天下臣民颁布罪己诏，在诏书中深表自责。他说：“朕没什么德行，侥幸继承了大统，没想到所用非人，导致大军徒劳无功，百姓颠沛流离，不断的征兵让国家凋敝，连续的军饷加派老百姓生活困苦，每每在夜里，朕想到这些都又愧又愤。今年正月，皇陵遭到了侵犯，祖庙和百姓都遭受了创伤，实际上都是朕的责任。”

崇祯帝第二次下罪己诏是在崇祯十四年二月，此时的农民军已经壮大，他深感多年来农民起义和吏治腐败导致百姓生活得极为窘迫，深表愧意，在诏书中引咎自责。他在罪己诏中说自己“凉德寡闻，明不足以辨奸，德不足以格物，诚不足以动天，信不足以孚人”。

在这之后，崇祯帝下罪己诏就更密集了。崇祯十五年闰十一月，崇祯十六年六月，崇祯帝都下了罪己诏。到了崇祯十七年，李自成大军向北京出发，崇祯帝更是在二月和三月连下两道罪己诏。

其实，从罪己诏里也可以看出崇祯帝心态的变化。

在崇祯八年的罪己诏中，崇祯帝在自我检讨后，说自己要搬到居住条件次一些的武英殿去住，并减少膳食，以表自己与百官、将士们同甘共苦之意，还告诫官员们要审视自己的过往，创造一个更好的将来。在崇祯十四年二月的罪己诏中，崇祯帝采取的办法是减少刑狱，大赦天下，那些犯下重罪的人都减轻刑罚，罪行较轻的人则直接释放。

然而，在崇祯十五年闰十一月的罪己诏中，崇祯帝说自己在宫中祷告神灵，戴罪视事，并没有给出任何实际措施。很显然，此时的崇祯帝觉得老天爷更靠谱一些。在崇祯十六年六月的罪己诏中，崇祯帝的主要措施是减免钱粮、劝课农桑等，这些当然都是一些空话。到崇祯十七年，崇祯帝在两道罪己诏中对文武百官一顿痛斥，然后提出招抚流民、减免钱粮、微服私访、爱惜人才等一系列办法，这个时候，估计连他自己都不相信自己说的话了吧。

最后的抉择

崇祯帝把能想的办法都想了，但皇太极和李自成的势力就是一日更比一日强，尤其是李自成，已朝北京进军了。面对李自成咄咄逼人的攻势，崇祯帝束手无策，又心急如焚。在朝会上，数日不食、日渐消瘦的崇祯帝对大臣们哀叹："朕非亡国之君，事事皆乃亡国之象。祖宗栉风沐雨之天下，一朝失之，何面目见于地下！朕愿督师亲决一死战，身死沙场无所恨，但死不瞑目耳！"（《明史·李建泰传》）

皇帝都说自己死不瞑目了，大臣们又岂能不表态？内阁大臣们按照排序依次出列，表态愿意代替皇帝出征。无论是出于演戏还是真心，这都是一个惯例，总不能说，皇帝出去打仗，大臣们在北京城守着吧。但大臣都被崇祯帝拒绝了，直到刚入内阁不足两月的李建泰上前，崇祯帝立即就答应了。大臣们这才恍然大悟，原来皇帝心中的人选早就定好了。

为什么选择李建泰呢？李建泰是山西曲沃人，而李自成的兵锋直指山西，李建泰为保家必定全力而战。更重要的是，李建泰家是山西巨富，家产足以支付数万大军的开支，这又解决了军饷问题。因此，崇祯帝对李建泰寄予了极高的希望，为他举行了一个盛大的宴会以饯行，武将坐九桌，文官坐九桌，皇帝坐一桌。宴会上，崇祯帝拿出了祭天用的酒杯，亲自为李建泰递酒三杯。崇祯帝还准备了一朵纯金制作的花，给李建泰戴在胸口。著名的传教士汤若望也被崇祯帝派给李健泰，专门负责火器。

就这样，李建泰带着500名士兵出了北京的正阳门，但他根本不知道如何应对李自成的百万大军，只好带着队伍缓慢前进，每日只行30里，还没走多久，500名军士就逃了大半。更要命的是，沿途的城镇都拒绝让李建泰入城。因为李建泰需要自行筹措军饷和兵员，说白了就是抢。城镇中的官民早就熟悉了这套流程，所以根本不让他们进城。到了定兴，县城里的官民不开门，李建泰勃然大怒，尚方宝剑在手，尔等胆敢如此。于是，他们直接攻打定兴县城，最后才得以入城。

李建泰出征后，崇祯帝时时关注军队的动态。当时消息混乱，有人上报说，李建泰已经在真定城为国捐躯了。崇祯帝赶紧找来兵部尚书张缙彦询问，而张缙彦也不知情。其实，即便张缙彦派出探子也没用，以前派出的探子都有去无回，很多探子就利用外出机会投敌。

李建泰并没有为国捐躯，他待在保定不走了，因为他听说自己的老家已经被大顺军攻陷了，既然家都没了，那自然不用去了。但李建泰还是给崇祯帝上了一道奏疏，大意是：陛下您就不要指望我了，赶紧往南迁吧！等大顺军打过来时，待在保定城内的李建泰被俘，崇祯帝赏赐给他的尚方宝剑之类的宝物，全部成了大顺军的战利品。李建泰的代帝出征就此结束，在整个出征过程中，他就只攻下了一座城池，就是地方官害怕他进城抢掠的定兴县城。

既然李建泰不行，勤王的军队也指望不上，还有一个好办法就是李建泰曾经的建议——南迁。这个建议最先由左中允李明睿提出，他把路线都选好了：有两条是旱路，一路是经河南，一路是经山东；还有两条是水路，一条走运河，一条走海路经过登莱南下。李明睿力劝崇祯帝早下决心，不然悔之晚矣。

李明睿并非一时兴起，他早就做了周密的计划：首先，要求崇祯帝拿出内库的银两赏赐士卒，这样才能保证南下途中不会发生兵变之类的意外；第二，在沿途各地安排人员接驾，尤其是最为关键的济宁、淮安两处，由二品以上的官员带兵担此重任；第三，北方各关门的兵力并不全部撤掉，让他们阻击农民军，给崇祯帝留南下的时间。

崇祯帝听完李明睿的方案后大力支持，但和当初对兵部尚书陈新甲一样，要求李明睿千万不可泄露此事。李明睿不久后就公开上疏，要求崇祯帝南下“亲征”，奏疏一上，驸马巩永固也赞同。但两人官轻言微，需要重臣站出来支持，内阁首辅陈演却不支持南迁。这就奇怪了，眼看李自成大军就要打到北京来了，北京守不住是尽人皆知的事情，难道陈演就不怕李自成吗？

其实，陈演是怕李自成的，但更害怕崇祯帝。当初，陈新甲因为主张议和被崇祯帝杀了头。现在放弃北京，产生的影响更甚于当初的议和，如果此时自己站出来赞同南迁，保不准以后也会被崇祯帝当成替罪羊杀掉。而且，即便李自成打进了北京，陈演还可以投降，继续做李自成的幕僚。

所以，当崇祯帝把陈演找来，明确希望他促成此事时，陈演并未以实际行动支持南迁，不仅如此，他还暗中授意兵科给事中光时亨反对南迁。于是，在朝堂上光时亨激烈地反对南迁，并直言不杀李明睿不足以安定民心。光时亨反对之激烈，以至于很多人认为他已经暗中投降了李自成。就这样，崇祯帝南迁的念头被阻止了。

大臣们一看皇帝不走，就建议让太子南下，好给大明留条血脉。这次提出建议就是重臣了——左都御史李邦华。但崇祯帝对这个抛弃自己的方案大为恼火，愤怒地搬出了北京城的百万百姓和祖宗十二陵，说南迁后这些怎么办？又说，事情一旦恶化，国君就应该为国而死。皇帝都这样说了，支持南迁的大臣们自然都不敢再言，南迁一事，就此罢休。

既然不南迁，就说说如何守卫北京城吧。此时明朝最强大的军事力量就掌握在两人手中，一是宁远的吴三桂，一是武昌的左良玉。吴三桂的部队在于兵精，左良玉的部队在于人多，但左良玉早已尾大不掉，真正靠得住的还是吴三桂。然而，在调吴三桂进京勤王一事上朝廷又出岔子了。吴三桂进京勤王，意味着要放弃关外大片国土，崇祯帝让首辅陈演负责此事，但陈演害怕丢弃国土被崇祯帝追责，就不表态。在逼问之下，陈演表示宁远兵不可调。兵部尚书张缙彦早就暗中准备投降李自成了，所以对此事也表示反对。

崇祯帝一看不行，催促陈演赶快拟旨，让吴三桂进京。陈演却故意拖沓，要求此事必须蓟辽总督王永吉、总兵吴三桂等人拿出具体实施方案后，才可行动。但此时李自成的大军已到了山西，离北京只有一步之遥，气得蓟辽总督王永吉直接上奏疏，力请崇祯帝杀了陈演。陈演见势不妙，赶紧把吴三桂的老爸吴襄推出来，让他与崇祯帝商议此事，自己则主动申请离职。崇祯帝问吴襄，吴三桂进京要花多少银子，吴襄狮子大开口说要100万两。

直到崇祯十七年三月初六，经过多方拉扯，崇祯帝终于下令各路军马勤王，特让吴三桂进京勤王。之前崇祯帝就对其他各路武将如左良玉、唐通、黄得功、曹友义、刘泽清、刘良佐、高杰、马岱、马科等发出勤王诏书，但这些被征召的将领大多阳奉阴违、拒不奉诏。比如，山东总兵刘泽清离北京近在咫尺，收到勤王诏书后却带着兵马往南跑。

崇祯帝为了让左良玉参战，许诺让左家世代镇守武昌，但左良玉对此毫无兴趣，武昌就在自己的手上，根本不需要皇帝的诏书。左良玉拥军20多万，就在南边隔岸观火。最终，只有唐通带着8000人马到了北京，崇祯帝大喜，让他带着人马去守北京的门户居庸关。然而，李自成的大军一到，唐通和监军太监杜之秩就火速投降了。

由于李自成大军速度太快，勤王诏书下得太迟，吴三桂的军队没能在李自成到北京之前赶到。人们常说吴三桂是个反复无常的小人，但在崇祯帝征召的勤王部队中，只有吴三桂一人老老实实地执行命令，往北京进发。后来背叛大明的吴三桂，竟然是明朝灭亡前最忠心的武将，这不得不说是一个巨大的讽刺。

如此境地下，北京城将不得不独自面对李自成大军。

崇祯十七年，三月十九日，已是春天，细雨夹杂着雪花洒在北京城。太监曹化淳打开了北彰义门，北京外城陷落。大明王朝276年的历史，终于走到了尽头。这是大明王朝的最后一天。焦躁不安的崇祯帝被告知北京城已经失陷，内侍们劝他赶紧走。崇祯帝心下狐疑，李自成三月十七日才到北京城外，两天时间就已攻下外城和内城了？

崇祯帝带着心腹太监王承恩跑到北京城的最高点——煤山上瞭望，见到整个北京城火光冲天，确信已陷落。他明白，自己最后的时刻要来了。他先是跑回宫里，让周皇后自尽。周皇后临终前说："妾事陛下十八年，卒不听一语，今日同死社稷，亦复何恨？"（《明史·后妃传》）说完就与3个儿子诀别，在坤宁宫上吊自尽了。崇祯又下令让后宫嫔妃和懿安张太后自尽。

张太后是崇祯帝的哥哥天启帝的皇后，天启帝临终前将其托付给崇祯帝。天启帝说："中宫配朕七年，常正言匡谏，获益颇多。今后年少寡居，良可怜悯，善事中宫。"如今看来，崇祯帝是不能善事张太后了。懿安张太后个性严正，甚有威望。她见到外面火光冲天，想用剑自刎，但下不去手，就想悬梁而死，宫女们不忍，将其救下，送到侧室休养。张太后苏醒后，就在侧室自缢身亡。但此时李自成大军已经冲进皇宫，又把她救了下来。到了晚上，张太后再次上吊自杀，这一次终于得偿所愿了。

另一边，崇祯帝赶紧让人把3个儿子即太子、定王、永王叫过来，亲自为他们三人换上了旧衣服，对他们说："王城破，即小民也，各自逃生去吧！"又叮嘱三人："万一得全，来报父母仇，无忘我今日戒也。"情况紧急，崇祯帝也来不及说太多，就让人赶紧送他们走了，还喊了一句："尔三人何不幸而生我家也！"说完这句话，崇祯帝哽咽不已。

送走了3个儿子，崇祯帝回到坤宁宫，见周后已死，连说："好，好！"此时，15岁的长平公主在周后身旁，因为母亲的死正伤心痛哭。见父亲过来，失魂落魄的长平公主拉着崇祯帝的衣裳继续痛哭。崇祯帝长叹一声："汝何故生我家！"（《明史·公主传》）竟挥剑来砍公主，长平公主的左臂被砍断，当即昏死过去。崇祯帝以为她已死，匆匆离去。所幸长平公主并没有死，5日后才苏醒过来。后来，大清占领北京，她请求顺治让她出家，未得到允许。过了两年，长平公主因过度思念父母而死，年仅18岁。

崇祯帝砍完长平公主后，就来到昭仁公主的昭仁殿。此时的昭仁公主年仅6岁，正是天真烂漫的年龄，却被父亲一剑杀死了。做完这些，已是十八日的深夜，崇祯帝在王承恩的陪伴下，来到了煤山。明初，朝廷在景山堆煤，以防元朝残部围困北京导致燃料短缺，因此景山又称"煤山"。每到重阳节，皇帝必到此登高远眺，以求长生。煤山上并不是光秃秃的，建有楼台亭阁，崇祯帝就在寿星亭附近的一棵大树下上吊自杀了。王承恩也随之上吊，后人把他葬在崇祯帝的思陵内，以追其忠。

李自成进入皇城后，发现了周皇后等女眷的遗体，3名皇子也被太监出卖，成了俘虏。崇祯帝的遗体直到二十日才被发现，被运至东华门外，与周皇后的遗体放在一起，前来哭拜者约30来人，只拜不哭的约有60人，其余的都看了两眼就离开了。李自成用较好的棺材收殓了崇祯帝后的遗体，于四月初三日埋入田贵妃墓中。

第二章

辽东败局

一、女真崛起

努尔哈赤的策略

在前面的章节里，我们讲了晚明时期明朝内部的问题，但从宏观来看，晚明也面临着严重的外患，主要就是在辽东崛起的女真。

从明朝建国之初起，北部边防就成了一个大问题，正所谓：终明之世，边防甚重。为了增强防卫，明朝在北部边境先设立了辽东、宣府、大同、延绥四镇，之后又相继设了宁夏、甘肃、蓟州三镇，而后又设太原和固原两镇，合称“九边”。后来，明朝不断增设边镇，多达14处，但还是按照惯例称为“九边”。

大明王朝不仅在北部边境设了“九边”，又在辽东布有重兵，严防蒙古和女真坐大。然而努尔哈赤一步一步崛起，直到拥有数万大军，对明朝发动了攻击，这时大明才发现努尔哈赤已经如此强大。震惊中的明朝赶紧组织大军剿灭努尔哈赤，却在萨尔浒之战中惨败。那明朝早些时候干什么去了？努尔哈赤又是如何强大起来的呢？

努尔哈赤这个名字，根据满文专家的考证，意思为“野猪皮”，其弟舒尔哈齐的名字意思为“小野猪皮”。为何会如此取名？因为当地民族有以幼时所穿兽皮之衣为乳名的习惯。而且，许多努尔哈赤的后人的名字也与动物有关，比如努尔哈赤第十四子多尔衮的名字意思是獾，杜度的名字意思是斑雀。

在努尔哈赤生活的年代，女真共分为建州、海西、东海、黑龙江4块，每一块又分为若干小部。比如，海西女真又分为哈达、辉发、乌拉、叶赫等部。女真的南面是明朝，东面是朝鲜，西面是蒙古，处于在夹缝中生存的形势。女真各部落之间，都是用实力说话，强大的部落不仅想统一本部，甚至想一统女真，但均因明朝的干预而未能实现。

明朝对女真采取的是羁縻政策。“羁”就是靠军事和政治的压力加以控制，“縻”就是给予经济和物质利益抚慰。明朝承认女真的首领在本族和本地区中的政治地位，让他们自己管好自己的事，但又要求女真在政治上隶属明朝，在经济上承担朝贡义务。而且，为了防止某一方势力坐大，明朝的态度很清晰：分而治之——谁冒头就打谁。女真出过很多枭雄，都是刚冒头就遭到了明朝的打击。

最典型的例子就是成化犁庭事件。

早在明朝永乐年间，女真的胡里改部迁至原渤海故地，大致位于今绥芬河流域。不久，女真的斡朵里部也迁至该区域，后又经过不断迁移，最终在浑河上游的苏子河流域定居下来。在不断迁徙过程中，女真人口逐渐增加，明朝采取的措施就是最简单的分而治之。永乐年间，明朝设立建州卫，后又设立建州左卫，到正统年间又增设了建州右卫。

不过，建州三卫居住在一个区域，力量逐渐增强，开始对外掠夺，于是明朝和朝鲜都成了骚扰的对象。成化三年（1467年），明朝联合朝鲜，派大军共计5万余人，分5路合围建州。此时，建州的女真虽有一定的实力，但尚不能与大军抗衡，所以遭到了毁灭性的打击。

这一战被称为成化犁庭，又称丁亥之役。犁庭则指这次战况惨烈到像整个土地被犁过一样。建州女真损失惨重，630多人被斩首，240多人被俘虏，450多个寨子被攻破，房屋全数被烧毁，多年的储藏尽数被摧毁。也许有人会疑惑，不到1000人的损失，怎么会称遭受了毁灭性的打击？因为当时建州的人口并不多，近千人的损失已经是个很大的数字了。建州女真首领李满柱和他的儿子被朝鲜军队斩杀，建州右卫的首领董山（努尔哈赤的五世祖）也被明军斩杀。

建州女真虽然损失惨重，但后来又在首领王杲的领导下逐渐恢复了元气，不断骚扰明朝的边境。这么做的主要原因是想获得他们急需的物资，比如铁、粮食、盐等。这些都是女真部落强大的必需品，女真与明朝虽有互市，但互市本质上是明朝压制女真、让女真臣服的工具。女真若听命，就放开互市，若不听命，就关闭互市，进行经济封锁。当女真部落无法通过正常途径获取物资时，抢掠就会成为最直接的选择。

明朝这边，辽东最有名的明军将领非李成梁莫属。在明朝边防废弛的情况下，他镇守辽东30年，率领辽东铁骑先后取得大捷数十次，边帅武功之盛为200年来前所未有。在李成梁守辽期间，明朝成功地压制了女真，但凡有女真势力想出头，就会遭到李成梁的军事打击。

比如，女真的王杲部一度强大。王杲是努尔哈赤的外祖父，建州右卫首领。万历二年（1574年），王杲联合鞑靼大举侵扰明朝辽东重镇辽阳、沈阳，李成梁督兵进剿王杲所在的古勒寨，斩首1000余级。此役努尔哈赤与其弟舒尔哈齐被俘，为李成梁收留，充当仆役。

王杲之子阿台又与明朝作对，于是李成梁提军围攻了阿台的老巢古勒寨。而阿台的妻子正是努尔哈赤的祖父觉昌安的孙女，觉昌安和儿子塔克世（努尔哈赤的父亲）进入古勒寨劝说阿台投降。李成梁通过诱降攻入古勒寨，进行了血腥屠杀，觉昌安和儿子塔克世均被误杀。加上之前的战役，李成梁合计斩首约3000级。

祖父和父亲被误杀，努尔哈赤的愤怒可想而知，明朝也觉得理亏，就给了努尔哈赤一个龙虎将军的封号，又给了30匹马，算是补偿。努尔哈赤就以这30匹马和父亲留下的13副铠甲起兵。13副铠甲虽不算多，但对于缺乏各类铁、铜金属的女真来说，这13副铠甲作为一种重要的军事装备，并不算少。努尔哈赤的矛头当然不敢对准明朝，就对外宣称找建州左卫苏克苏浒河部图伦城主尼堪外兰报仇。

尼堪外兰也是女真的首领之一，但他是明朝的傀儡，为明朝通风报信，在李成梁攻破古勒寨之战中起了很大的作用，所以努尔哈赤就将怒火发泄到尼堪外兰身上。努尔哈赤此时的力量很小，攻打尼堪外兰的图伦城时，仅带了百余人。这些人都是努尔哈赤家族的成员，其中祖父的兄弟6人，子辈22人，父辈的兄弟5人。这样的亲属队伍，让努尔哈赤的队伍具备了强大的战斗力，而且努尔哈赤作战亦是十分勇猛。在一次战斗中，努尔哈赤单骑追击40余骑，身上受创30多处，一人斩杀8人，其勇猛可见一斑。就是这样百余人的队伍，居然打得有声有色，打下了三座城寨，部队也发展到了数百人之多。

那明朝为何不干涉努尔哈赤部队的壮大呢？道理很简单，努尔哈赤起兵矛头直指尼堪外兰，而明朝乐于见到女真人自相残杀。最终，尼堪外兰战败，明朝见其已经失去利用价值，就将尼堪外兰交与努尔哈赤。杀了尼堪外兰，努尔哈赤和明朝的关系暂时得以缓和。努尔哈赤就将目标对准内部，他要整合整个建州女真。在这个过程中，努尔哈赤的势力迅速扩张，比如费英东带了500户来归顺，大约有2000人左右，这是一个不小的数字。原董鄂部首领何和礼也归顺了努尔哈赤，史书记载他带了5万人，这肯定是夸张之词，但即便只是几百人，也能极大地增强努尔哈赤的实力。最终，努尔哈赤统一了建州女真各部，这是200年未见的壮举。

努尔哈赤常年征战，与汉人、蒙古人常年接触，通晓蒙古语，也能说汉语，颇有谋略。此时，为了降低明朝对他的戒备，他选择加强和明朝的关系，长期对明朝进贡。于是，很多明朝官员认为努尔哈赤很恭顺，所以明朝也准许他互市，这又增强了努尔哈赤的力量。努尔哈赤表面上对明朝的顺从带来了巨大的好处，女真得以在抚顺、清河等地与明朝贸易，获取牛、布匹、铁器等必要物资。这是努尔哈赤从先祖那里吸取的教训，对明朝俯首称臣真的对自己有太多好处。

此时的明朝是张居正为相，戚继光守蓟，李成梁镇辽。努尔哈赤要在这种情况下对明作战，无疑是自寻死路。所以，他对辽东的最高指挥官李成梁十分恭敬，而李成梁仗着曾经的功绩，且已年老，骄傲懈怠，喜欢下属的逢迎，在努尔哈赤实力壮大这件事上睁一只眼闭一只眼，没有过多地找麻烦。如果仅仅是这样，努尔哈赤虽有部众万人，但想对明朝作战，难度还是比较大的。不过，到这一时期，万历帝已多年不上朝，官员们想见皇帝一面都很难。辽东军备松弛，士兵长期缺饷，缺乏训练，杀马为食、倒卖武器的现象屡见不鲜。士兵的刀生锈了，以至于杀牛都要数刀才能杀死。这种情况下，明朝在辽东的管理实际处于最薄弱的时期。

不仅如此，此时还有一个机会从天而降。自万历二十年起，日本的丰臣秀吉两次入侵朝鲜，明朝都大力援助朝鲜，并作为与日作战的主力。朝鲜战争分为两次，第一次是1592年到1595年，明军4万兵马入朝作战；第二次是1597年到1598年，14万日军侵朝，明朝派大军入朝作战，最多时超过10万人。朝鲜之役爆发时，辽东的精锐被抽空，大量的军资被消耗，杨镐、刘綎等后来萨尔浒之战中的主要将领都参与了朝鲜战争。这给了努尔哈赤空前的发展时机。

但努尔哈赤的发展也并非一帆风顺。

努尔哈赤统一的建州为女真族的其中一部，此外，女真还有多部，如哈达、乌拉、叶赫等，而建州的女真部与这些部落有着重重矛盾。万历二十一年（1593年），在明军与日军在朝鲜大战之际，女真的叶赫、哈达、乌拉、辉发等部联合蒙古的一些部落，合兵3万对努尔哈赤所在的古勒寨发动总攻。这些女真部族为何要联合攻打努尔哈赤呢？还是因为努尔哈赤的上升势头太迅猛了，仅用几年就统一了建州三卫，并积极对外扩张。所以，叶赫、哈达等较强的女真部族就联合其他部，意图用军事手段来抑制努尔哈赤的发展。

不过，联军虽多，但都是拼凑起来的队伍，而且此战是山地战，联军要攻山寨，却因地形险要而其优势兵力得不到发挥。联军统帅之一的叶赫布赛是一名勇将，率军带头仰攻，不慎跌落，被当场斩杀，而联军的另一统帅纳林布禄见兄长被杀，竟当场昏倒在地。这两名联军统帅临战的糟糕表现，顿时动摇了军心，联军全线后退，努尔哈赤哪里会放过这样的好机会，立刻全线出击，最后大获全胜，斩杀4000多人。

这一战之后，努尔哈赤要做的就是统一女真。为此，努尔哈赤采取了远交近攻、分化瓦解、各个击破的策略。为了达到目的，努尔哈赤继续向明廷表示臣服，一共8次前往明朝进贡，平均每3年就去一次，这种行为给了明朝一个信号——努尔哈赤是值得信赖的，明朝的认同对努尔哈赤的发展至关重要。此外，努尔哈赤还与朝鲜、蒙古友善交往，又逐渐分化海西女真，重点拉拢势力较强的叶赫、乌拉二部，先灭掉了哈达和辉发两部。

此时的女真中实力强悍的两部是叶赫部和努尔哈赤统领的建州，哈达部已经处于下风。这种情况下，明朝官府并非毫无作为，而是重新分配了

1500道敕书：哈达501道、叶赫499道、建州500道。三个部落的敕书相差无几，明朝想用这种方式让女真各部继续保持均势。所谓“敕书”，就是明朝颁给女真部落首领的“委任状”，将部落首领委任为明朝的地方官，向他们颁发诰敕、官印。其中，诰敕就是敕书，上面写明官员的官职和等级，女真首领凭此可以进献贡品和接受赏赐。有了敕书，女真部落才可以进入马市互市，而互市意味着巨大的经济利益，对女真十分重要。

所以，敕书如何分配，是明朝羁縻政策的重要组成部分。但努尔哈赤很快就灭掉了哈达，令明朝十分恼火，威胁要免去努尔哈赤的龙虎将军，并一度扶持哈达复国。然而，此时哈达的势力已经衰落，在叶赫和建州两大强敌环伺之下，已经无力回天，最终灭亡了。哈达的灭亡意味着明朝和建州女真的蜜月期结束了。

努尔哈赤接着就是要灭掉乌拉部。乌拉部首领布占泰勇猛有谋，部众达数万之多。双方一度打得难解难分，最终，努尔哈赤笑到了最后。不过，为了消灭乌拉部，努尔哈赤一共花了10余年，由此也可以看出乌拉部的强悍。明朝并没有出手干预这场战争，因为双方互有胜负，而且旷日持久，对交战双方都是一个巨大的消耗，对明朝来说，坐观成败无疑是最好的选择。而且，此时正是明朝国本之争最激烈的时候，万历二十九年到三十四年的首辅沈一贯想见一眼万历帝都无比困难，万历三十四年到三十六年的首辅朱赓更是一年都见不到皇帝一次，就更无心来管几个女真部落之间的混战了。

此时，65岁的李成梁也被解任，因为他自恃功高，多有不法行为，甚至杀良冒功，遭到了言官们的弹劾。李成梁离任后，辽东的总兵如走马换灯般，短短10年间就换了8位总兵。根源在于李成梁在辽东的影响力太大了，是让李成梁系人员继续主政辽东还是另选他人，朝廷上吵得不可开交。最终的结果是，8位总兵中有4位是李成梁的人，其余4位则不是。

而且，此时辽东的情况已经非常糟糕，称为糜烂亦不为过。万历三十年（1602年），御史何尔健巡按辽东，到职后花一年多走遍了辽东25卫2州和各地的马市，所见可谓触目惊心，遂如实奏报朝廷。

在《按辽御珰疏稿》中何尔健描述了一群妇孺拦路向他倾诉的情景：路途中，一群衣衫褴褛的妇孺老幼拦路，在地上号啕大哭，高声喊冤，场景甚为悲切，让人不忍见，不忍闻。臣赶紧停下问其原因，他们答道："我们是边军的家属，是朝廷的赤子，边境土地贫瘠，往年不纳矿税尚且度日困难。近年来，每个人除了屯田、科粮、帮军、买马、修城、贴驿、排车、号头等这些正项杂差的负担之外，还要包矿税，多者二三两，少者一二两。不仅如此，还要让我们承担一些根本就没有名号的差事，多到无法统计。导致富者日渐贫困，贫者只能逃走，逃走的人就再也不回来了，而那些派往辽东的人也跟着逃亡。若您不为我等做主，我们要么死，要么逃，再也没有出头之日。"

同时，何尔健巡视沈阳还有一个重要事项就是巡察军队。何尔健是初三到的沈阳，第二天就在校场上检阅士卒操练。这种阅军三年才举行一次，所以沈阳城中的重要官员全数到场。然而，何尔健带着官员们出场后，没见到金戈铁马，见到的却是一幅混乱不堪的景象。

军士们见到何尔健，纷纷下跪痛哭，哭声震天，似乎连山谷都在震动。这场面让何尔健有点蒙，赶紧派官员们安抚他们，很久后士卒们才稍微安定下来。他们这才说出其中的缘由："我们都是穷苦的军士，每月的饷银只有四钱，就这点钱，还都被太府派官员以各种理由拿走，将官不敢言，司府不敢问，今三年一次的阅军，全靠您救援，若您不为我们做主，大家都只能逃到女真或者蒙古去了。"何尔健阅军的结果就是收了45份士卒们的请愿书。

朝鲜战争之后，明军在辽东的军力大不如前。万历二十八年（1600

年）三月，辽东总兵马林上疏朝廷，坦陈辽东的情况：辽东驻军的定额是9.5万人，但现在可以参战的士卒只有4万人，马匹的定额是7.7万匹，但现在能用的只有2万匹，饷银和粮草都十分短缺。4万军队和2万匹马，还要分散在辽东数千里的20多个卫所里，每地的兵马就更少了，不要说对女真形成威慑，就是自保都成问题。

李成梁二次守辽时，明朝在辽东的实力已经大幅减弱，年迈的李成梁不可能再带兵冲杀，所以他对咄咄逼人的建州女真采取了离间策略，任命努尔哈赤的兄弟舒尔哈齐为建州右卫都督，还与舒尔哈齐结为亲家，想借此分裂建州。苍蝇不叮无缝的蛋，李成梁这么做，自然是知道二人之间出了问题。

这个手段并不高明，但起了作用。在建州女真内，舒尔哈齐是仅次于努尔哈赤的人物，手中也有兵权，但他对自己的地位十分不满，有了明朝授的官职，舒尔哈齐决定自立门户。不久，努尔哈赤设宴邀请舒尔哈齐，将其囚禁。舒尔哈齐有两名心腹勇冠三军，努尔哈赤就将二人腰斩。之后，被囚禁的舒尔哈齐也被杀。但努尔哈赤还是留了一支舒尔哈齐的血脉，让他的儿子阿敏进入核心决策层。

李成梁想用辽东那点兵力对抗努尔哈赤无疑是困难的，此时努尔哈赤有3万人马，而且已经拒绝向明朝朝贡。李成梁采取的举措是从宽甸六堡（今属辽宁丹东）撤军，这块地方是他曾经拓展而来的，现在明军的实力下降，已无力防守。之前在万历元年（1573年），明朝为了加强对建州女真的控制和防御，采纳了李成梁的建议，开始修筑宽甸六堡。六堡位于鸭绿江以西，毗邻建州女真，是明朝防御女真的前哨，战略地位十分重要。六堡建成后，李成梁又以此开市，和少数民族做生意。这样做，首先是缓和了当时明朝与少数民族的矛盾；其次，开市带来的可观收入给辽东士兵带来了很大的好处。李成梁修筑宽甸六堡使大明开拓了疆土，自然得到了朝廷的奖赏。

但到了万历三十四年（1606年），李成梁以宽甸六堡孤悬于外很难守住为由，将其舍弃，把那里的6.4万余户老百姓迁到明朝控制的区域内，那些老百姓依恋家室不想离开故土，李成梁就以大军驱赶他们，发生了很多流血事件，导致很多人死亡。李成梁通过放弃土地，暂时缓和了与努尔哈赤的矛盾，推迟了明朝和努尔哈赤发生直接冲突的时间。之后，努尔哈赤再次上贡。

李成梁的选择无疑是无奈之举，但放弃国土是件大事，必定会遭到言官的弹劾。于是，万历帝将李成梁免职，这不是对他的处罚，恰恰相反，这是对他的保护，如果李成梁继续坐在这个位置上，他将不得不面对明朝各级官员们愤怒的炮火。炮火最猛的要数熊廷弼，他直言李成梁应该被处决。万历帝当然不会这样做，李成梁守辽日久，支持者并不少，而且李成梁家族的势力依旧强大。

熊廷弼是辽东极为重要的人物，李成梁是两次守辽，而熊廷弼是先后三次入辽。他为人清廉、性格刚直，多少有些书生气。熊廷弼在辽东要求努尔哈赤退回占领的宽甸六堡，努尔哈赤当然不会同意，意识到问题严重的熊廷弼开始往抚顺、开原、清河等前沿重镇增兵。熊廷弼同样参劾了李成梁的继任者杜松。而杜松虽勇猛却劣迹斑斑，比如贪墨、杀良冒功等，于是被免职了。在辽东如此重要的军事阵地，明朝依旧没有一位能统帅全局的人物。

到万历四十三年，努尔哈赤从四旗中分出四镶旗，根本原因是女真人口增多了，这是女真实力增长的重要标志。第二年，努尔哈赤开始建国，此时的他拥有239个牛录。所谓“牛录”，是当时女真的一种军事组织，每个牛录有300人，说明这时努尔哈赤的兵力已经超过了6万。女真人口增长带来了一个问题，就是缺粮。每当遇到灾荒，女真就缺粮，比较现实的解决办法是向南部发展。这个时候，努尔哈赤和明朝的矛盾实际上已经不可调和了。

万历四十一年（1613年），努尔哈赤集中4万兵力对叶赫城发动进攻，明军派1000兵马进驻叶赫城，努尔哈赤仍未想好是否和明朝撕破脸，只能退兵。明朝和努尔哈赤的矛盾日益激烈，到了万历四十三年，明朝派人给努尔哈赤送信，警告他不要再扩张。

万历四十四年四月，广宁（今辽宁北镇）总兵张承胤致书努尔哈赤，让他退出柴河、三岔、抚安三路之田，并且不许努尔哈赤收割这三地的粮食。这引起了努尔哈赤的极度不满，他回信说："如果发生了战争，并非我们一国遭殃。你们自持大国兵多，动辄欺凌我。但你们可知大可以变小，小也可以变大，这些全凭天意安排。在每座城池屯兵一万，你们也做不到。如果每城屯兵一千，那城中的军民都会成为我的俘虏。"努尔哈赤虽然不满，但还是退了田。这并不意味着努尔哈赤顺从了，相反，这只是他在欲擒故纵而已，他正在积蓄力量和明朝决战。

万历四十四年的正月初一，努尔哈赤正式建国，国号大金，年号天命，这一年努尔哈赤58岁。建国是件大事，努尔哈赤做了充分的保密工作，并未让明朝得知。对于明朝来说，你在边界上不安分可能还只是小事，但你要跟万历帝一样称皇帝，那就是另外一回事了。建国，意味着努尔哈赤已经准备好和明朝摊牌了。

萨尔浒之战

万历四十六年，努尔哈赤发布了著名的《七大恨》。第一条说明朝杀了努尔哈赤的父亲和祖父，其余几条讲了明朝阻止努尔哈赤兼并哈达部、叶赫部以及明朝和女真在边境上的一些纷争。

关于第一条，明朝的确是努尔哈赤的杀父仇人，但这件事已经过去很多年了，而且在漫长的日子里，努尔哈赤对明朝一直是恭顺有加，在朝贡上也是女真首领中做得最好的。事关杀父之仇，努尔哈赤当然恨明朝，但此时拿出来说事，不过是个借口，根本原因在于：随着努尔哈赤势力的壮大，下一步要发展，向北是叶赫部，向东是朝鲜，向西是蒙古，向南是明朝。努尔哈赤当然想兼并已经势穷的叶赫部，但这必定会和明朝发生激烈的冲突。

不过，《七大恨》发表之后，努尔哈赤并没有首先攻打叶赫部，而是选择了抚顺。抚顺的富庶是叶赫部所不能比的，而且后金的将士对这座城再熟悉不过了，因为他们常年在此互市，城中的明军和后金军也多有往来。明军在战前已经加强了抚顺的守备，但仍显不足，也没有想到努尔哈赤的胆子居然这么大。

努尔哈赤事先往城中派了奸细，里应外合，当后金大军来到抚顺城下时，明朝的游击将军李永芳在城楼上正准备抵抗，城中的奸细开始发难。李永芳见大势已去，于是剃发投降。他是明军中第一个向后金投降的重要将领，之后为后金攻城略地贡献不少。攻破抚顺后，后金缴获了前所未有的财富，俘获人畜30余万[①]。因为俘获太多，后金6万人马分了5天还没分完，只好带回家再分。

此时，后金的哨兵发现一支明军朝抚顺而来。这是明朝总兵张承胤带着1万余人的队伍来营救抚顺了。抚顺战事起时，张承胤的身边根本没有多少兵力，明朝在整个辽东不过6万多兵力，还分散在各地，一时要集结也十分困难。但碍于上司不断催促，张承胤只得紧急援救。一路上每到一地，张承胤就将当地的士兵紧急编入队伍，就像贪吃蛇一样，一路北上，队伍也越拉越长，到了抚顺，终于形成了一支1万多人的部队。

努尔哈赤收到明军驰援的消息后说了一句话："他们不是来和我们打仗的，他们是想诈称把我们的兵驱逐出境，以欺骗他们的皇帝。谅他们也不敢

① 后金统计战果时，是人畜一起计算的。

等待我兵之来！”努尔哈赤与明朝打了数十年的交道，早就是个明朝通，对明朝的人情世故、官场状况、军队实力早已了然于胸。正如他所料，这支明军是临时拼凑的，后金军的兵力远超明军，这场战斗从一开始就呈现出一边倒的态势。最后，1万多明军被全歼，生还者只有100多人，张承胤等300多名将领战死。对后金来说，这场战斗的收获很大，俘获了9000多匹马、7000余副盔甲。

不久，后金又发动了对清河的攻击，同样大胜。清河5万军民，除少量被俘获为奴之外，全数被杀。努尔哈赤对打下的城池并不占领，而是掠走所有的战利品，回收战线，等待明朝的进攻，这无疑是一个正确的选择。抚顺、清河两城本就是明朝遏制后金的前线，这两座城一丢，沈阳就暴露出来了，这是明朝绝不可能接受的。

经过抚顺、清河两战，明朝如梦方醒，才意识到后金骑兵已达6万之众，而明军在整个辽东的全部兵力加起来也才6万，还分散在数十个大大小小的城里，若努尔哈赤继续带着他那6万骑兵南下怎么办？一时间连北京城都惊慌起来。这种担心可不是多余的！攻掠抚顺、清河后，努尔哈赤确实和诸贝勒商议过攻打沈阳，只是担心侧翼被叶赫部攻击，而且明军已经在增兵，这才作罢。

明朝这边，万历帝虽然怠政，但面对如此重大的军情，也开始部署应对措施。万历四十七年，万历帝起用离职居乡的前辽东巡抚杨镐为辽东经略，命他奔赴辽东前线。杨镐在朝鲜战争的表现并不突出，但因其常年在辽东，熟悉辽事，所以被推为主帅。这个人事安排在当时就引起了争议，但明朝政府只可能派文官为主帅，这是明朝的惯例，而文官中最熟悉辽事的非杨镐莫属。打仗需要钱，户部前后三次奏请加辽饷，第一年加200万两白银，第二年加200万两白银，第三年加120万两白银。此番加饷，本意只是临时增加，哪知道辽事自此就一发不可收拾，加饷成为常态。

在关内调兵遣将的同时，明朝也向朝鲜发出调兵的要求。朝鲜战争期间，明朝前后出兵10余万为其作战，此番明朝发出要求后，朝鲜也立即应承，派姜弘立为元帅率1.3万人出军。但此时的女真已非成化年间可比，所以朝鲜的重点要求就是要与明军合兵一处，不独自抵抗女真。明朝名将刘綎因与主帅杨镐不和，被派去与朝鲜军合为一军，游击将军乔一琦则作为明军在朝鲜军中的联络人。叶赫部也出兵2000相助明朝，其实叶赫部的实力远不止于此，明朝本意是让其出兵1万，叶赫部虽与努尔哈赤有世仇，此时想的却是去占领努尔哈赤因收缩而放弃的土地。所以，经过讨价还价后，叶赫部只出了2000人。

明朝与日本连续鏖战数年，损失极大，导致辽东兵力不足，防务空虚。现在要对努尔哈赤作战，只得从川、甘、浙、闽等地调兵遣将。备战的过程并不轻松，出兵的日子一推再推，经过10个多月的准备，明朝10万大军云集辽东，大战一触即发。

辽东经略杨镐拟定作战计划，兵分4路，共图后金军的老巢赫图阿拉（今辽宁新宾永陵镇）。杨镐为何要兵分4路呢？因为在成化三年（1467年）对女真作战中，明军曾经派兵5万分5路并进，最终取得胜利。而杨镐在朝鲜与日作战时，在蔚山之战中的打法也是如此。

这4路分别为：西路，以总兵杜松为主将，以总兵王宣、赵梦麟为副帅，从沈阳出发，兵力约3万人；北路，以总兵马林为主将，从开原出发，兵力约2万人，再加上叶赫部2000人，合计2.2万人；南路，以总兵李如柏为主将，从清河出发，兵力约2万人；东路，以总兵刘綎为主将，从宽奠出发，这一路有朝鲜军1.3万人的加入。这四路中，西路和北路是主力，这两路靠得很近，能够迅速会合，两路加起来兵力超过5万，与努尔哈赤的总兵力旗鼓相当。东路和南路的部队主要负责策应。

杨镐作为最高统帅，坐镇沈阳。明军的总兵力约在8.9万人，加上朝鲜的1.3万人，叶赫部的2000人，总兵力超过了10万。对各路出发的具体时间，杨镐并没有规定，只是约定三月初三四路大军在赫图阿拉会合，各路主将根据自己的距离自行安排出发时间。

明朝对这次作战寄予了极高的期望，想一战就剿灭努尔哈赤，而且大军耗费甚巨，首辅、兵部尚书等人连续发令，催促杨镐出战。从排兵布阵就可以看出杨镐对此战有着必胜的信心。杜松这一路是这4路中的主力，因为他的兵力最雄厚，其他3路都是一位总兵统率，而他这一路竟然有3位总兵坐镇。不仅如此，杜松军从沈阳出发，也能得到更多的物资和后勤支持。

杜松人称“杜太师”，这是塞外民族也就是明朝的敌人给他取的绰号。这个绰号可不是凭空而来的，而是杜松身经大小百余战搏杀出来的。杜松最开始的绰号是“杜黑子”，他刚参军时是差役，从差役一步一步做到了参将，因双臂黝黑，交战时勇猛无比，挥起大刀就乱砍，敌人颇为忌惮，遂取名为“杜黑子”。从差役到“杜黑子”，再到“杜太师”，这是杜松一身军功的写照。

万历三十二年，辽东总兵李成梁被免，杜松接任。但杜松与副使马丞不和，在辽东处处受掣肘，竟闹起了脾气，对边境事务一律不管不问。杜松一介武将，靠打仗走上总兵高位，自然不懂政治。朝廷见状，就直接罢了他的官。杜松回到榆林老家后没待几年，河套地区就有蒙古人入侵，朝廷没办法，又重新起用了他。万历四十五年，辽东局势不稳，朝廷新设山海关总兵，至于总兵人选，环视军中，还得是杜松。

这次出征杜松颇为自信，想抢功，所以行动极为迅速，二十八日率军离开沈阳，当日就夜出抚顺关。在行军途中，杜松喝了酒，花白的胡须随着飞雪而舞，他卸下甲胄，裸着上身，身上满是箭伤和刀伤后留下的疤痕，一层盖着一层，竟没有一块好肉。部下都劝杜松披上甲胄，杜松哈哈大笑说："穿着盔甲作战，并非好汉。我成年就从军，现在老了，从来不知道盔甲有多重。"

努尔哈赤经历了近40年的征战生涯，没有谁比他更熟悉这片土地。所以明朝的4路大军一出发，探哨就将他们的行踪探得一清二楚。明军主帅杨镐居然送来一份明军行动计划，将明军的布置稍作改动后交给了努尔哈赤。很显然，杨镐是想通过秀肌肉让努尔哈赤不战而降，只是这样的想法未免太幼稚。

根据明军的情况，努尔哈赤很快做出了应对策略——任你几路来，我只一路去。努尔哈赤首先要打的就是杜松，因为这支部队是主力，而且进军速度最快。而对南路和东路，努尔哈赤分别派了500人和200人，主要任务是堵塞道路、监视其动向。

杜松军一路疾行，直抵浑河边。众将劝杜松宿营休息，杜松哪里听得进去？见水不深，要求立即渡河。努尔哈赤早就命人在上游截住水流，等杜松军过河的时候，突然在上游放水。水位大涨，一些将士被水流冲走淹死。不仅如此，杜松的部将龚念遂率领的战车营、枪炮等辎重也没有办法过河，而这是明军的重火力，在两军对垒时发挥的作用不可小觑。

杜松的军队刚一过河，就被埋伏在附近的女真骑兵猛烈冲击，队伍很快就被一分为二，仓促间一部跑到萨尔浒（在今辽宁抚顺东浑河南岸，满语意为"木橱"）山顶扎营固守，一部由杜松带领作战。杜松军本就只有3万人，这样一分为二，兵力更加分散。而此时，后金军的主力也已经赶到，努尔哈赤亲自指挥，亲率6个旗约4万人猛攻萨尔浒山。萨尔浒山上的明军虽占地形优势，但后金军在兵力上占绝对优势，骑兵纵横驰骋，所向披靡，最终萨尔浒山上的明军全军覆没。

后金军转头攻击杜松军一部，杜松虽指挥无方，但无愧一男儿，此时收拢部队，持火把夜战，死命拼杀。最终，杜松、王宣、赵梦麟3位总兵皆战死，杜松军除了未过河的车炮部队，全数被歼。因为萨尔浒这一战最为激烈，故而整个战役被称为“萨尔浒之战”。杜松军的失败是最可惜的，其军力最强，若全军稳扎稳打，和其余几路会合，虽不敢说取胜，但努尔哈赤想赢也需付出极大的代价。

初二，后金军覆灭杜松后第二天，努尔哈赤开始对北路军马林部发动攻击。而北路军的主将马林能坐上总兵之位，全靠其父马芳。马芳小时候被蒙古人抓去当奴隶，之后逃回明朝，成了一名边兵，凭着军功一步一步走上总兵的位置。马芳戍守边关40余年，到最后蒙古军中无人不识马芳，以至于蒙古军进兵，马芳脱了甲胄出前，蒙古兵看见是马芳即自行奔走，不敢上前。马林坐上总兵之位后，得罪了太监高淮，被降职。等到努尔哈赤兴于辽东，攻占抚顺和清河时，大明要进攻努尔哈赤，亟需将才，又赶紧让马林官复原职，带兵出征。

大战开始后，马林率领2万多人从开原出发，走这条路并不难，但他有意放慢行军速度，让杜松打头阵。马林到尚间崖（在今辽宁抚顺北，尚间在满语中意为“白色”）时，坏消息传来，杜松一路被歼灭。马林虽然不是一名出色的将才，但毕竟在沙场上摸爬滚打多年，对战争的敏锐度还是有的。所以，噩耗传来后，马林立刻命令部队原地扎营驻守。营地旁有一座小山叫裴芬山，是一个制高点，明军必须抢到手。不然一旦被后金军占据了，从上面往下冲杀，明军要吃大亏。马林令部将潘宗颜带兵驻守裴芬山，与马林的大营形成犄角之势。此时，杜松部龚念遂的车营因辎重众多，没有及时渡河而逃过一劫。龚念遂赶紧向马林的方向靠拢，以图合力自保。但惧怕努尔哈赤来攻，自己又还没有做好准备，遂在距离马林数里的地方结营自守。

马林在大营内也没有闲着，外面用辎重和战车阻拦后金军，并设有兵力阻击，又赶紧在大营周围挖了3道战壕，壕内撒有扎马钉等锐器以阻后金骑兵，还命营内的骑兵全部下马，以阵营固守。这种战法是把自己打造成了一个带刺的乌龟壳，但同时也兼具巨大的缺陷——明军始终在防守，战场的主动权握在进攻方的手中。

马林的战法是明军的常用战法，这种战法是戚继光传下来的，虽然戚继光后期比较落寞，但他的战法得到了明军的认可。这种战法讲究的是步、骑、车混合使用，利用相互配合和阵型，发挥出每一个兵种的优势，起到扬长避短的效果。不过，戚继光作战前期主要对付的是倭寇，后期主要应对的是蒙古骑兵，在深入分析和了解敌人之后，创造了鸳鸯阵和车营等战法。而后金军是个新敌人，虽然也以骑兵为主，但后金骑兵与蒙古骑兵有很大不同。蒙古骑兵是草原骑兵，后金骑兵主要是山地骑兵，山地里讲究的是耐力。同时，后金军对主力配备重甲，为了节省体力而带着铠甲，临近战场上才穿上。后金骑兵的作战方法与蒙古骑兵的大为不同，这是戚继光当时创造阵法时不曾面临的问题。而明军的战车在山地里的作战能力大减，大大影响了行军速度。

就这样，马林军和龚念遂车营形成了三部，互成掎角之势。马林把能做的都做了，至少从目前来看，他没有什么失误的地方。这时，努尔哈赤也准备进攻了。老谋深算的努尔哈赤很快就看出了这个明军阵型的破绽。龚念遂车营距离马林大营数里，孤悬在外，兵力又最少，当然先打这一块。龚念遂车营属于辎重部队，没有步骑兵的配合，哪里经得起八旗主力的进攻，一个上午过去就被全歼。马林这个时候并没有出营相救，这个选择没有任何问题，因为出营和努尔哈赤的骑兵决战绝无胜算。

下一步，努尔哈赤就把主攻目标放在了马林所部和潘宗颜所部上。努尔哈赤决定先打潘宗颜部，这支明军虽然占着地形优势但人少，解决之后再借地势往下冲击马林的大营，完胜无疑。于是，努尔哈赤就开始攻打潘宗颜部。马林此时就得做出决策，如果要救潘宗颜，就得出击，但出击的明军在战斗力和数量上都比不过后金军；但如果不救，潘宗颜被消灭后，自己更加势单力孤。马林一看不行，还是得救，于是集结了大营中的精锐将士，准备出击。

努尔哈赤的作战经验极为丰富，看见马林大营中有人员调动，判断明军会出击，遂放弃攻山，让骑兵们下马，准备与马林大营中出击的明军近战搏杀。此时，努尔哈赤只有两个旗，在兵力上并不占优，但其他6个旗很快就赶到并参战。出击的明军被迅速击溃，而马林的大营也遭到了猛烈地攻击，阵营不稳，全局崩溃。马林的两个儿子马燃、马熠皆战死，副将麻岩也战死，马林见势不妙，赶紧逃命。

整个山谷变成了一个屠杀场，山间堆满了尸体，血水顺着山崖流下，河水都染成了红色。山上的潘宗颜部自然不想见死不救，但后金军太多，自己兵力又太少，便无法救援。马林战败之后，后金又开始攻击山上的明军，潘宗颜部虽全力抵抗，但寡不敌众，最终全军覆没，潘宗颜战死。

马林这一路的实力次于杜松军，但对后金的杀伤力是最大的，是因为扎营起了作用。从作战过程来看，作为主将的马林并没有犯什么重大的失误，他该做的都做了。马林最被诟病的一点就是没有决战到最后一刻，带着数骑逃离了战场。在很多人的心中，他应该像杜松一样，战死沙场。但马林当时面对的情况是：全局已经崩溃，即便他带着几人再战也于事无补。

马林兵败，就意味着东路的刘綎也危在旦夕。和李如柏、马林一样，刘綎能够出任武将，也是因为他的父亲。刘綎的父亲刘显原本出生于穷苦之家，冒充四川籍考了武举，成了明军中的一位基层将领。刘显主要在江浙一带平定倭寇，后又调至云南和四川平定叛乱，一步一步坐上了总兵的位置。

父亲在世时，刘綎在军中锻炼，未得机会崭露头角，父亲去世后，他的机会终于来了。当时的缅甸在明朝的南部蠢蠢欲动，万历十年（1582年）冬天，缅甸军侵犯明朝边境，第二年，明朝决定武力剿灭缅甸军，正在西南的刘綎也在征讨缅甸的队伍之中。这次虽然是刘綎头一次作为主将出击，却表现得异常出色，连战连捷，出色地阻击了缅甸的骚扰。

战后，明朝将孟密的安抚司改为宣抚司，新增设蛮莫、耿马2个安抚司，以加强对西南边境地区的管理。刘綎凭军功升为副总兵，多少有点得意忘形。这也很正常，毕竟首战告捷，多少有些沉不住气，但很快刘綎就为自己的得意忘形付出了代价。明朝在蛮莫设置了安抚使，因土官思顺有功，特地把这个官职授予他。但刘綎此人十分贪婪，不断向思顺要钱，还放纵部将谢世禄等人奸淫暴虐其妻妹。思顺一怒之下，直接投降了缅甸。而且，刘綎的部下虽然勇猛，但有一些将士在腾冲时四处抢掠百姓。这些事被上报到朝廷，刘綎被降职。

到了万历二十年，日本丰臣秀吉派大军攻打朝鲜，朝鲜不敌，赶紧向宗主国明朝求救。刘綎的机会来了，他带着5000四川兵到朝鲜作战，但他们从西南风尘仆仆地赶到朝鲜，仗还没怎么打，日军就退了。于是，刘綎又回到了四川，他想让朝廷勘验功绩破格提拔自己，就向御史宋兴祖行贿。哪知宋兴祖是一个廉洁自爱的官员，非但没有接受贿赂，还把这件事上报给了朝廷。按理，刘綎应该被罢免，但此时国家边疆多事，就对他从轻发落，让他到青海去平定叛乱。

到青海没多久，万历二十年，日本又再次出兵朝鲜。刘綎又踏上了去朝鲜作战的征程，路途遥远，直到第二年的二月才抵达战场。在对日军发起总攻之时，明军分为4路，刘綎任西路主将，对手是强悍的小西行长，双方作战互有胜负。不久，丰臣秀吉身亡，日本退兵，刘綎乘机发动进攻，大败日军。2次救援朝鲜，前后加起来刘綎的行军路程已经超过2万里，可谓不辞辛苦。

朝鲜战争一结束，刘綎被命令马上回大西南，因为那里出事了。播州土司杨应龙于万历二十四年公然起兵反明。朝鲜战争一结束，明朝立即派大军来剿灭他。杨应龙的实力很强，率兵8万血洗綦江，全歼明朝5000官兵，并纵火屠城，将尸体投入江中，尸体蔽江而下，江水都被染成红色。

明朝御史李化龙兼兵部侍郎，总督四川、湖广、贵州三省军务，征浙江、福建、云南、广东等省将士，来围剿杨应龙。明军为此下了血本，贵州兵马分3路；湖广兵马为一路分作两翼；四川兵马作为主力分4路，每路人马约3万。所有这些部队中，有三成是官兵，七成是当地民军，共计24万人一起围剿杨应龙。

明军一路势如破竹，其中又以刘綎部最为善战。要攻打播州，天险娄山关是必须拿下的，娄山关万峰竞立，直插云天，莽莽林草丛中，只有一条仅宽数尺的小道可通行。叛军设了14座木栅栏，栅栏两旁都挖有深沟，异常险要。刘綎分左右两路奇兵，从小路直插关隘背后，自己统领大军从关前仰攻，夺下娄山关。杨应龙不肯认输，派大军前来争夺娄山关，两军交战，明军死伤超过2000人，关键时刻刘綎率军反击，终将叛军击败。娄山关一战的结束，实际上就意味着杨应龙的死期到了，因为接下来他无险可守。最终，明军成功地平定了播州之乱，这一战刘綎的功劳最大。

平定播州之乱后，刘綎在西南过了10来年的安稳日子。直到努尔哈赤于辽东起兵，朝廷遍发全国精锐前往辽东平定努尔哈赤，身经百战的刘綎自然在其中。而这一年刘綎已61岁高龄了，比努尔哈赤还大一岁，如果辽东战乱没发生，他完全可以回家颐养天年了。

回到萨尔浒之战中，刘綎作为东路主将率领2万多人进发，其中有1.3万人为朝鲜援军，由游击将军乔一琦监督着一同前进。刘綎在出征时曾放话说："我如果能等到两三万川军，就可以独自抵挡奴酋。"但他始终没有等到用得最得心应手的川军，这无疑是个巨大的遗憾，从后面的浑河之战来看，川军的战斗力确实不俗。

努尔哈赤击败了明军的杜松部和马林部后，转过头来就派兵攻击刘綎部。刘綎对其他两路明军的失败一无所知，更为要命的是，他长年在西南作战，对辽东的地形并不熟悉。而且，他走的这条路线，连明军也不是很熟悉，明军最熟悉的是杜松和马林走的路线。刘綎的军队说起来有2万人，但其中超过一半是朝鲜军，作战意志不强，多次要求刘綎驻军休息。刘綎虽有拒绝，但也不得不考虑他们的意见，暂作休息。

此时，努尔哈赤已经取得了战场上的主动权，所以后金对刘綎这一路的作战他都没有亲自参加。后金军为全歼刘綎军，采取诱其速进、设伏聚歼的打法。后金事先在赫图阿拉南约七十里的阿布达里岗埋伏主力，另以少数士兵冒充明军，穿着明军的衣甲，打着明军的旗号，持着杜松令箭，诈称杜松军已迫近赫图阿拉，已抢占头功，要刘綎速进。刘綎信以为真，立即下令军队轻装急进，刘綎率明军在前，朝鲜军跟随其后。

刘綎率领军队登上阿布达里岗时，与后金主力相遇。岗上的后金军在努尔哈赤之子代善和皇太极的指挥下自上而下冲击。而西边的后金军在正白旗将领扈尔汉和贝勒阿敏的带领下从旁边夹击，截断明军的退路。刘綎军本以为杜松已经到了赫图阿拉，根本没料到会在这里碰上后金主力，当时一些明军甚至正在各处抢掠后金的村寨，顿时明军阵形大乱。

刘綎虽已老迈，但一生都是在死神手里抢命的人，这个时候是万万不可能后退半步的。刘綎手握大刀，知道这是自己的最后一仗了，钢刀飞舞，杀声阵阵，他仿佛回到了年轻的时候，还是一名无双猛将，气贯长虹。敌人蜂拥而至，将刘綎等人团团围住。刘綎左臂中了一箭，右臂又中一刀。敌人的刀砍在刘綎头上，脸都被砍掉了一半，他仍旧挥刀大战，连杀数十人而死，血染疆场。刘綎的养子刘招孙最是骁勇，扛着刘綎的尸体，徒手杀死几个敌人，最后也战死了。

刘綎的一生就是那个时代的写照。由于万历帝的怠政和腐朽，大明国力日渐衰弱，日本丰臣秀吉、西南土司、辽东努尔哈赤纷纷向这个庞然大物发起挑战，明军疲于奔命，打完一仗又一仗。刘綎作为一名救火队员，也不停地被调往明朝的各个边疆，保卫大明王朝。萨尔浒一战中，勇猛无比的刘綎也无法挽救大明。随着萨尔浒之战的惨败，刘綎的战死，明朝的实力大损，一步一步滑向深渊。刘綎的悲剧成了大明悲剧的真实写照，他的死是明军的重大损失。

《明史·刘綎传》是这样说的："綎于诸将中最骁勇。平缅寇，平罗雄，平朝鲜倭，平播酋，平倮，大小数百战，威名震海内。綎死，举朝大悚，边事日难为矣。"

刘綎战死后，军中还有部将在继续战斗。游击乔一琦登高而望，只见后金军队十分庞大，延绵数里。乔一琦赶往朝鲜军营中，打算用朝鲜军抵挡后金军。后金骑兵很快就对朝鲜军发动了攻击，朝鲜军才放了一轮炮铳，还没来得及更换弹药，后金骑兵就冲进了朝鲜军中。朝鲜军一共有3营，转瞬间就被冲垮2营。仅剩乔一琦和他的一些亲兵与后金鏖战，后金军将他围了数重，他突围10多次都不得出，又被流矢所伤，只得率残兵到一小山头上固守。

山头下，后金兵围了数层。这时，有勇士21人前来相助，领头的是松江人富文。乔一琦对富文有救命之恩，这次看到恩主危急，富文特带结义兄弟前来相助。富文慷慨激昂地说道："山下满敌不下数万，我如不能3次冲破敌人的阵势，便算不得英雄。"于是，富文率领20人飞马而出，乔一琦登高观望，只见敌人如风刮涟漪，当者披靡，等富文重新杀回时只损2人，其余人的袍袖皆如血洗。片刻之后，富文等人又行冲阵，往来纵横，3次之后，后金的大龙旗被砍，士卒骚乱，富文一行又折1人。

乔一琦抚富文之背，叹息不已。此时，后金骑兵越来越多，富文要求护送乔一琦突围。朝鲜军主帅姜弘立一看朝鲜军大败，这仗没法打了，赶紧派人和后金军联系，请求投降，并愿将乔一琦捆了送与后金。乔一琦得知自己的命运后，不愿意投降，用纸条写了遗书，让家丁带给自己的儿子，然后想用弓弦自杀，被朝鲜人救下，最后跳崖而死，时年49岁。其部下见状，随其跳崖而死者多达42人。如今，明军只剩下前辽东总兵李成梁之子李如柏部，杨镐急令其退师。战后，李如柏无法承受言官们一轮又一轮的攻击，自杀身亡。

至此，萨尔浒大战结束了，努尔哈赤以6万之众击败了明军10万大军（包括朝鲜军在内）。根据王在晋《三朝辽事实录》的记载，此役，明军战死约4.6万人，其中军官300余人，损失骡、马、驴合计约2.9万匹，战后陆续回营的明军约有4.2万人。那么后金损失多少人马呢？根据努尔哈赤军中少有的学者额尔德尼所说，后金兵死亡不超过200人，额尔德尼为后金人，他的说法自然会打折扣，但后金的损失不大是可以肯定的，不然也不可能取得如此丰硕的战果。

若论明朝为何战败，最大的原因在于朝政腐败。

明朝看上去是庞然大物，但早已腐朽不堪。皇帝不朝，醉生梦死，六部只有一个尚书也不增补，朝政系统陷入瘫痪。贵妃过生日，万历帝赏20万两白银作为生日礼物，而这是大明一年5%的财政收入。藩王们吸血，各地到京的粮食还不够藩王们的一半所需，而这些粮食还要供朝廷官员、军备开销。前线的士兵常年缺饷，军士逃亡成为常事，日后农民军起义，其核心力量就是逃亡的军士。面对经费不足，明朝又加辽饷，相当于税赋增加了一倍还多。当时，巡按江西御史张铨说："竭天下以救辽，辽未必安，而天下已危。"（《明史·卷一百七十九》）辽饷一加，即便灭了努尔哈赤，大明也将陷入万劫不复之地。

表现在军队上，更是触目惊心。明朝在军事上的惨败是极其震撼的，徐光启曾奉朝廷之命外出巡检，去探寻其中的缘由。他到了通州、昌平，这2处共有3营兵，兵额是1万余名，徐光启一清点，实际只有约6800人，新收了800余人，合计约有7700人。徐光启对士卒点名核实，仔细核对年龄和相貌，并测试力量，发现了一个大问题。他根据综合条件，将士卒分为若干等级，除去已经被选去援辽的将士外，现在营中一个上等兵都没有，只能从中下等里面选出中上等兵700余名，中中等兵约1200名，这些人可以通过训练后参加战斗。而中下等兵有2100余名，也就只能干些杂活，上阵杀敌就不要指望他们了。至于其余人等，那就更不堪用了。

为何那些下等兵不能用呢？原来，各地征兵的州县官员为了完成征兵任务，什么人都往里面送。这些人中，老弱占了一大半，甚至还有残疾人夹杂其中。徐光启说："依臣愚见，这3营兵7500人，能操兵器的只有2000人，勉强充数也就4000人。经过训练能堪称精锐的，也就一二百人罢了。"

徐光启又说到了兵器，从库里领出的盔甲，只有头盔可用，暗甲只能用作训练，不能用于战阵。武器中，钢快刀可以用，其余的只能用来练习，不能上阵杀敌。至于枪、筅、钯、镋、镰、棍等一众兵器，库里根本就没有准备，不得不就近买了1200根木头来暂时应对。军队没有兵器，河南领兵守备把自己的俸禄100多两白银都捐了出来，派人到嵩县买了些枪棍，也还没有到。而涌珠炮、佛郎机炮、三眼铳这些火器根本就不敢用，炸裂的极多。

辽东策略之争

萨尔浒的失败给明朝上下带来的震撼久久难以消散，从惊愕中回过神来的言官们，纷纷上书弹劾杨镐、李如柏、马林。但弹劾是不能解决辽东问题的，还是要立即重振辽东局势。

万历四十七年三月二十三日，萨尔浒之战后的半个月，万历帝下了圣旨，让身在湖广老家的熊廷弼火速进京，但熊廷弼进京后被晾了几个月。这是因为如果赋予大明朝人的情绪变化，萨尔浒一败明廷顿时惊慌失措，赶紧召集熊廷弼，但熊廷弼到北京时，朝廷上下对时局的整体看法已经稳定不少，所以也不急于派熊廷弼到辽东了。

而努尔哈赤于六月攻占了开原，在萨尔浒中退下来的总兵马林在开原城中战死，战事又紧张起来，熊廷弼很快被任命为辽东最高军政长官，经略辽东。与任命一起下来的，还有一把尚方宝剑，让他便宜行事。

熊廷弼立刻出发赶往辽东，刚走到半途，消息传来，铁岭也丢了。熊廷弼到沈阳后，三三两两的残兵败将让他心惊。好在熊廷弼确实有能力，他下令让一些出逃的富户把家眷都迁回沈阳，又催促关内各路援兵，加上万历帝拿出的40万两的内帑，辽东的人心稍微安定下来。

朝中的一些人寄望于熊廷弼收复失地，熊廷弼一肚子苦水，最终在第二年拿出了以防守为主、小部队袭扰后金的策略。就这个策略，熊廷弼需要18万兵、9万匹马，一年需要的军饷高达300多万两白银。熊廷弼的运气比较好，努尔哈赤在此期间没有来攻，转为攻击叶赫部。最终，努尔哈赤击败了叶赫部，终于完全统一了女真。

此时在辽东有四方势力，相争的双方是后金与明朝。

朝鲜已经和明朝保持了200多年的藩属关系，虽然在萨尔浒之战中有投敌行为，但明朝也不敢过多地责怪朝鲜，怕其倒向后金。努尔哈赤也百般拉拢朝鲜，不久就放回了大部分朝鲜战俘。

蒙古对努尔哈赤的崛起多少是怀有戒备之心的，这稍微缓解了蒙古和明朝的关系，明朝也有意拉拢蒙古，甚至想让蒙古出兵和自己一起攻打后金。但蒙古毫无信义，无论是与后金的盟誓还是与明朝的约定都不算数。明朝在与蒙古的联合上多次吃了蒙古背信弃义的亏。

不过，熊廷弼确实暂时稳住了辽东的局势，使沈阳和辽阳的防务焕然一新，整个辽东的兵力增加到13万之多，而代价是大明王朝付出了700多万两白银。面对咄咄逼人的后金，明朝能做的就只能是在辽东投入更多的资源，以图在实力上压制后金。不过，熊廷弼对辽东存在一种偏见，这种偏见可能来自他的迂腐之气，他极力反对“辽人守辽土”。他是李家的坚决反对者，在熊廷弼守辽期间，李成梁家族在辽的势力进一步被削弱。而且，因为后金善用奸细，所以熊廷弼对辽人都不信任。

此时，关内的援军陆续抵辽，熊廷弼重用的都是这些人，比如总兵贺世贤、尤世功、柴国柱等。但这就产生了一个问题，援辽的士卒都是背井离乡而来，而且仓促之间征发如此多的士卒，兵员的质量难以保证，士卒逃亡成为常事。士卒逃亡并不是小规模的，而是持续性大规模的。熊廷弼给万历帝上书抱怨说，今士兵五六万人，人人要逃，营营要逃，即便是按照孙子和吴起那样严格地执行军令，也难以阻止士卒逃亡。比如，御史刘国缙招募到1.7万余名士兵，分派到辽东各地驻守，这些士兵很快就跑了个精光。

因为兵员的事情，熊廷弼在奏疏中向万历帝发起了牢骚，说：“兵部调给我的援兵都是纸上的虚数，根本没有那么多。”兵部尚书黄嘉善也不示弱，立即反击：“你要18万兵，哪有那么多？就这12万到13万兵，再要就没有了。”双方各有各的理，各有各的难处，万历帝也不好办。熊廷弼不断给朝廷上疏，请求发军器、调将领、发援兵、调士兵，而朝廷对熊廷弼寄予厚望，只能不断满足他的要求，但也不能无限制地满足熊廷弼的所有要求。

此时，努尔哈赤已经改变以前攻城不占城的策略，重新拿下了抚顺和清河，显然他的野心更大了，准备进一步向明朝推进。万历四十八年，后金派万人来探沈阳城虚实，熊廷弼率3万人迎战，双方并没有发生大规模的激战，各自引兵而去。不过，种种迹象表明，新一轮大战即将爆发。

就在此时，明朝发生了内讧。吏科给事中姚宗文和御史刘国缙上书弹劾熊廷弼，这又是为何呢？姚宗文曾有事请托于熊廷弼，但以熊廷弼的性格，当然没有答应，所以姚宗文怀恨在心，故意报复。这时，姚宗文又再次提出“辽人守辽土”的策略，与熊廷弼的策略背道而驰。这当然不是他一个人的意见，朝廷内部支持这个意见的重臣比比皆是，所以这一方面是姚宗文弹劾熊廷弼，另一方面也是守辽策略的路线之争。

熊廷弼是个急性子，容不得别人诬陷他，他上书一一与其争辩，要求朝廷必须把事情查个水落石出，还他清白。但政治斗争历来都是复杂的，岂有这么简单？而一直支持他的万历帝去世，也让熊廷弼更加势单力孤。此时，努尔哈赤在辽河平原上来去自如，熊廷弼将兵力集中在辽阳、沈阳、奉集堡三地，形成了一个大集团，虽然努尔哈赤暂时打不下来，但辽东的局势已经恶化。很多人说，熊廷弼在辽是有作为的。但有没有作为，是要在战场上表现出来的。从最终的战场结果来看，熊廷弼守辽并无明显效果。

党争的加剧、言官罔顾事实的弹劾、辽事的恶化，加上个人强硬孤傲的性格，共同导致了熊廷弼的坚决求去，并得到了朝廷批准。其实辞职对熊廷弼本人来说，未必就是坏事，因为在接下来明军与努尔哈赤的大战之中，明军完全无法抵挡，如果熊廷弼没有辞职，恐怕自杀的就不是后面的袁应泰，而是他熊廷弼了。

沈阳和辽阳失守

辽阳是整个辽东的重心所在，而沈阳又是辽阳的屏障，这两座城共同构成了明军在辽的核心。对这两座城，努尔哈赤不敢冒进，屡屡出兵试探，离城最近的一次，他带军到了沈阳城的北门之下。

接替熊廷弼任辽东经略的袁应泰主张出击，他有一个雄心勃勃的计划，任用10名大将，每将率领万人，分三路进攻后金。但计划还未实施，后金就先行动了。天启元年三月，努尔哈赤率领八旗主力来到了沈阳城下。

沈阳城虽然只有辽阳城一半大，但作为辽阳的屏障，其地位不言而喻。明廷不敢轻视，派总兵贺世贤和尤世功率领7万大军守卫沈阳。贺世贤是榆林人，出身低微，靠着战功一步一步从死人堆里做到总兵。看贺世贤的履历就会让人想到他的老乡杜松，两人的军中履历几乎一模一样，都是贫民出身，勇猛无比，但都缺乏谋略。

明朝将领多畏惧后金的骑兵，但贺世贤毫不畏惧，一心想与后金决战。努尔哈赤大军到达沈阳后，面对坚城，采取了以弱兵挑战、引诱明军出城的策略。贺世贤果然上当，率军出战被后金军所围，身中4箭而死。城中的尤世功见状，赶紧出城营救，却遭后金军攻击，死于乱军之中。随后，后金又派军攻打城池，之前进城的奸细在城内打开城门。辽东重镇沈阳就这样被后金轻易攻破了，城中军民被诛杀者达7万之众。

就在沈阳血战之时，辽阳城赶紧救援，一派就是3路大军：总兵陈策、童仲揆率领1万川浙兵火速前进；在沈阳附近的武靖营，总兵朱万良率1万多人支援；在奉集堡的李秉诚率1万多人驰援。陈策、童仲揆的部队到半路就遇上了沈阳的溃兵，得知沈阳已经丢失，陈策就赶紧下令回师。这时，游击周敦吉不听了，他是永宁参将，是彝族人，被朝廷征调土司的队伍来辽东作战。周敦吉豪气干云地说："如果我们不救沈阳，那我们来这里3年是为了什么？"

当初的萨尔浒之战，总兵刘綎作为东路军主帅，征调自己最得意的川军到辽东作战，但路途遥远，川军还未到，刘綎的大军就已出发。当川军赶到时，萨尔浒之战已经结束，他们就一直在辽东等待作战时机，而这一等就是3年。此时，副总兵秦邦屏也力请作战，他是土司秦良玉的哥哥，曾多次在西南力助明朝平叛。陈策见部下如此激昂，遂决定迎战。

这支援军是由川浙兵组成的。川军的主要构成就是秦邦屏的苗族士兵和周敦吉的彝族士兵，他们擅长近战，于是被派到浑河对岸阻敌。而浙兵由戚金率领，他是戚继光的侄子，深晓戚继光战法，所以被派往南岸组织车阵和枪炮。两军之间有一座桥相连，以便互相支援。努尔哈赤得报发现明军，立即派军来攻，秦邦屏尚未完成结营，就不得不迎战。这里必须说明努尔哈赤的敏锐，他在近40年的作战生涯中养成了一个习惯——每逢大军行动，都在大军周围放出大量探哨，所以明军一有行动，努尔哈赤就能立即得到消息。

努尔哈赤派右翼四旗，以精锐摆牙喇为先锋，想一举冲垮明军的阵形。所谓“摆牙喇”是音译，是女真的精锐骑兵，通常是在每个牛录中精选10多人组成摆牙喇。而川军使用的是一丈五尺的竹柄长枪和大刀，士兵们戴着棉帽，披着棉被，勇猛应敌，死战不退。后金军的摆牙喇发起的冲锋被数次打退，阵前的尸体堆积成山。努尔哈赤十分震惊，自与明军作战以来，从未有过这种情况。后金兵数倍于明军，在努尔哈赤的严令下，士兵们前仆后继，即使骑兵纷纷坠马，亦不减攻势。

《满老文档》记载道：“明之步兵，皆系精锐兵，骁勇善战，战之不退，我参将一人、游击二人被擒。”川军竟然在阵前活捉后金的3名骁将，战力属实可怕。《明史纪事本末》还记载道：“诸将奋勇迎击，败白标兵（即白旗），又败黄标兵（即黄旗），击斩落马者二三千人。”

战事如此紧张，后金军中的明军降将李永芳找到在沈阳被俘的炮手，亲自为这些俘虏解绑，每人赏千金，组织他们将沈阳城内的大炮火速运到前线，用炮火猛轰川军。这些大炮本是明军用来抗击后金军的利器，现在反而成了明军的噩梦。川军全靠阵形和长矛阻击后金骑兵，但川兵的血肉之躯岂能抵挡炮火，后金每发一炮，川军顿时血肉横飞。

后金军人数众多，可以轮番攻击，又有骑兵的冲击，又有炮火相助，川军虽然勇猛，但连续作战多时，伤亡逐渐增大，队形也被冲散。最终，这支川军有些陆地上被杀、一些跳入河中也被杀，仅有少数逃回南岸，回到浙军的阵营中。秦邦屏和周敦吉两位主将坚决不退，力战至死，血洒辽东。此战结束后，后金军和川军的伤亡不相上下。要知道，土司被明朝政府视为蛮夷，土司麾下军队的待遇和给养远远比不上明军所谓的九边精锐，而且土司兵还需要自带兵器和衣物作战。就是这样的一支被瞧不上眼的部队，却打出了大明的军魂，打得努尔哈赤都后怕。

后金军吃掉川军后，火速进军浑河南岸，将浙军围了数重。这个时候，奉集堡的李秉诚、武靖营总兵朱万良、姜弼率援军，已经抵达战场附近，但观望不前，努尔哈赤急派皇太极率数千骑兵前去阻击。这路援军虽然人马众多，但一触即溃，皇太极率数千骑兵就把明军打得落花流水，互相踩踏而死的明兵远超被后金军击杀的。

当朱万良、李秉诚的援军溃散后，努尔哈赤开始攻击被围的浙军。后金军推来楯车，阻挡明军的火炮。浙军的车营是有名地厉害，车上士兵发火炮向后金军猛烈攻击。火炮攻楯车，竹矛对弓箭，铁骑冲步兵，双方激烈厮杀，死伤无数。但浙兵毕竟是仓促出营救援，所带火药并不多，很快就全用光了，只得拔刀持矛与后金兵近身作战。后金骑兵的冲击太强，浙军步兵无力阻挡，不久就崩溃了。

浙军赶紧向明朝在辽最高长官袁应泰求救，而袁应泰以敌军强大为由，拒不救援。总兵陈策战死后，总兵童仲揆见大势已去，也无意奔逃，带领身边人主动冲向后金铁骑而战死。副将戚金、袁见龙、邓起龙、张名世亦全数战死，只有少量的士兵逃回辽阳。对于带敌人首级者，明军依旧要按惯例赏赐，但是这些士卒痛哭不已，只愿为死去的将士们报仇，不要赏赐。对这一战，就连天启帝也说：自奴酋发难，我兵望风先逃，未闻有婴其锋者。独此战，以万余人当虏数万，杀数千人。虽力屈而死，至今凛凛有生气。（《明熹宗实录》记载）

战后，努尔哈赤追查浑河北岸八旗步兵败于川东土司兵之事，革去了参将拜音达里、游击部将伊郎阿的职位。为了稳定军心，努尔哈赤在战后专门举行了祭奠亡灵的大会。浑河一战，是辽东第一血战，若明朝军队都如此，后金军是万万不可能进中原的。

占领沈阳后，努尔哈赤把目光放在了辽阳城。辽阳城是整个辽东的治所，是明军在辽东的中枢所在，城高三丈三，是一座十足的坚城。辽东经略袁应泰作为辽东的最高指挥官，见沈阳失守，就下令辽阳周边大小堡垒的明军全数撤回辽阳，以加强辽阳的守卫。此番操作下，辽阳城内的总兵力为10多万，加上坚固的城墙，努尔哈赤想打下辽阳绝非易事。不过，战事的发展远远超出了常人的预料。

努尔哈赤率领八旗大军进驻辽阳城下，却发现有大量的明军在城外扎营。原来，袁应泰带领李秉诚、侯世禄等5位总兵率5万大军在城外阻击后金军。努尔哈赤毫不犹豫，令八旗全数出动，对明军发动冲击，明军很快就溃不成军，大多向广宁（今辽宁北镇）逃去。见城下的明军不敌，城内明军出城援助，与后金的骑兵相遇，同样被击溃。

第二日，袁应泰又派3万人出城东门扎营，还把自己的亲兵也全部派了上去。但在后金骑兵猛烈的冲击下，明军很快就乱了阵脚，溃不成军。袁应泰在家丁的拼死保护下才回到城内。前文提过朱万良曾率领万人援救沈阳，失败后他被袁应泰问罪，朱万良说要戴罪立功，在此战中，朱万良杀敌不退，战死疆场，兑现了自己的诺言。

第三日，后金军猛烈攻城，战斗十分激烈，杀声震天，双方战至天明。此时，城内一些人开始动摇，监军太监高出、胡嘉栋等5人乘乱从城上系绳而逃，史称“同逃五监军”，一些官员也顺势跟着逃跑，城内的士气受到严重影响。城内的奸细乘机纵火破坏，弹药库和窝棚均被焚烧，军心大乱，城防很快就瓦解了，后金军乘机攻入城内。

袁应泰见大势已去，最终自杀。明军经营250年，拥兵10多万的辽阳城仅仅几天就告失守。辽东巡按张铨是辽阳的二把手，情势危急之时，袁应泰派人护送他去河西，想让他整顿河西防务。张铨拒不接受，誓与辽阳共存亡，最终被后金军俘虏。这是开战以来努尔哈赤活捉的最高级别的明朝官员，他希望张铨投降，反复劝说，但张铨不为所动，只求速死。努尔哈赤见其态度决绝，遂令人将其勒死。

有一名将领叫张神武，武举出身，被袁应泰征召去辽阳。他带着240人走到广宁时，辽阳已经失守，巡抚薛国用令其留在广宁，张神武拒不受命。二人为此起了争执。

张神五说："我得到的命令是守卫辽阳，不是守广宁。"

薛国用问："辽阳城丢了，你去干什么？"

张神武答："去歼敌。"

薛国观问："200人能歼敌？"

张神武答："不能歼敌，那就战死。"

于是，张神武率领240人继续前行，路上遇到各路明军溃兵，他们有的拖家带口，有的成群结队，像流水一般逃离，数量达10万之多。张神武激励他们和自己去作战，但无一人应答。张神武率兵赶到辽阳城外时已经断粮，一日一夜没有吃东西。在辽阳城外，他们遇到了后金军，上前迎敌，但寡不敌众，最终全军覆没，血染疆场，不辱援救辽阳的使命。

辽阳城的丢失带来的负面影响空前大。辽阳有10多万大军都守不住，那些中小城池自然望风而降，先后有70余大小城池投降后金。沈阳和辽阳一战中，明军各路兵力合计超过10万，却仅仅在10日内悉数被后金军击溃。这一战之后，明朝失地千里，辽东、辽南、辽北自此全部归于后金，明朝损失的钱粮兵器多到无法统计，多年心血毁于一旦。

广宁失守

沈阳和辽阳失守消息传到北京后，年轻的天启帝坐立不安，于是召开会议商讨对策。国难思良才，最高决策会最后变成对一个人的思念，这个人就是熊廷弼。有人说，若熊廷弼在朝中，事情绝不会这般糟糕。还有阁臣说，熊廷弼是人才，非他不能安辽事。

天启帝若有所悟，原来问题出在这里，立即派人去请熊廷弼。天启帝的诏书言辞恳切，甚至带有一丝恳求，对自己曾经“误听谗言”而轻率地批准熊廷弼辞职感到后悔。皇帝现在要恢复熊廷弼的所有名誉，让他为国效力。熊廷弼接到这封的诏书，大受感动，即刻启程进京。天启帝这边，把熊廷弼的名字和行程图刻在了宫中屏风之上，时时牵挂。熊廷弼到达京城后，那些曾经诬陷熊廷弼的言官要么下狱，要么被免职。

熊廷弼也不辱使命，很快就拿出了战略方案——三方布置策：第一，经营辽西的核心广宁城，重点设防；第二，在天津、登州、莱州设置水师，从海上攻击辽南，牵制后金；第三，在山海关设置重兵。此方案还提出要得到朝鲜的援助，从侧后方威胁后金。这个方案一出，立即得到了天启帝和内阁大臣们的一致认可。根据这个方案，熊廷弼驻守山海关，辽东巡抚王化贞驻守广宁。

那这个方案需要多少钱，多少兵呢？史书记载了10个字：“议兵三十万，议饷千余万。”如此庞大的数字之下，天启帝动用各方资源，倾全国之力满足熊廷弼的要求。天启帝拿出了数百万两帑币，并加派地亩银，再将两浙、两淮的岁入交由熊廷弼处理。在兵力上，明朝实行全国总动员，每省出大约5000人，陆续发往辽西，加上从沈阳、辽阳溃败的士兵，再加上原有驻军，虽然无法满足三方布置策所需的30万兵力，但辽东的兵力已得到大大加强。同时，天启帝任命王在晋为工、兵、户三部总理，全力调配军饷和器械。史书记载天启帝此次是“极天下之力，以充辽饷”。

熊廷弼去辽东之日，天启帝选5000名京营兵、6000匹马，护送他赴辽东就任。驻守广宁的辽东巡抚王化贞与熊廷弼却在作战方案上产生了分歧。熊廷弼的方案强调防守，而王化贞的则主张进攻。

熊廷弼问：“现在守城都很困难，如何去进攻？”

王化贞回：“正因为守不住，所以应当进攻，以战为守。”

熊廷弼又说：“兵马未动，粮草先行，请先考虑粮草问题。”

王化贞回：“我打过河去，海州（后金军的粮食基地）的粮食就都是我的了。”

熊廷弼问：“那如果打过河，还要考虑过河之后如何防御，如何支援？”

王化贞回：“我在后金有内线，会帮助我们。”

王化贞和熊廷弼的战略出现了严重分歧，按常理王化贞应受熊廷弼的节制，那为何他敢与熊廷弼硬碰硬呢？原来，王化贞是首辅叶向高的学生，此时的兵部尚书张鹤鸣也竭力支持他，为何如此？道理很简单，熊廷弼的三方布置策的确很有道理，但有一个大问题，就是这个计划的负担太大了，兵员、饷银都要求了一个前所未有的数字，无论对于兵部还是户部，还是对整个大明王朝来说，都是一个巨大且难以承受的负担。

我们看到，无论是前面的萨尔浒，还是后面的松锦，还是在陕西的孙传庭，明廷无一不是在催促前线的主帅赶紧与敌人决战，原因很简单，明朝的财政承受不了如此沉重的负担。所以，无论熊廷弼的策略再高明，也比不过王化贞的主动出击。明军在辽东一败再败，守住现有的土地尚力有不逮，又为何敢主动进攻呢？这是因为王化贞手上有3张王牌。

第一张牌是毛文龙。天启元年七月十九日，毛文龙部占领镇江堡（今辽宁丹东东北的九连城镇），俘虏了明朝降将佟养真等60多人，擒斩后金游击将军缪一真，这一战被称为镇江堡大捷。此战后，宽奠、汤站、险山等城堡相继归降毛文龙。这使得毛文龙能在后方牵制后金，而王化贞就是毛文龙的伯乐。

第二张王牌是蒙古。蒙古林丹汗许诺出兵40万，和明朝一起剿灭努尔哈赤。40万这个数字足以让任何对手心惊胆寒，但如果林丹汗真有40万军力，只怕明朝会更头疼。

第三张王牌是李永芳。此人是很早就投降努尔哈赤的明朝将领，早已成为努尔哈赤的心腹，此时不过是诓骗王化贞而已。

按照王化贞的思路，自己率6万大军过河与后金作战，毛文龙在敌后牵制，李永芳在敌营中发难，林丹汗的40万大军从西面进攻，四路并举，后金必败。辽东巡抚和辽东经略出现战略分歧是件大事，孰是孰非，群臣们商议后，几乎一边倒地支持王化贞，但最终还是要天启帝下决定。天启帝也同意接受王化贞的意见，但这道命令还没下达，努尔哈赤就已经领大军渡过辽河，直取广宁而来。大敌当前，熊廷弼与王化贞去留的问题只得暂缓执行。

努尔哈赤大军来袭，战斗首先在广宁外围的西平堡展开。明军参将黑云鹤主动出堡作战，随后战死。后金军招降西平堡守将罗一贯，而罗一贯非但不投降，反而在城头竖起招降旗，用来招降后金兵。此等极具侮辱性的做法立即招致后金军的猛烈攻击。但守将罗一贯凭借城池和炮火大量杀伤后金军。

双方激战了两昼夜，城外的尸体层层堆积，几乎堆得与城池一样高。激战中，罗一贯被飞矢射中眼睛，血流满面，而此时炮火突然停了，原来所有弹药已经全部打光。后金兵冲入堡内，罗一贯不愿当俘虏，自杀成仁。后金因攻城损失太大，愤而屠尽堡内所有人。罗一贯以区区3000人抵挡住后金4个旗合计5万人的攻击，牵制了后金军主力两天，给熊廷弼和王化贞留出了组织广宁防守的时间。

得知西平堡被围，王化贞立即派孙得功、刘渠、祁秉忠各带一路大军合计3万人驰援。而孙得功早前就暗中向努尔哈赤投降了，等到刘渠、祁秉忠带兵出战时，他在后面大喊："兵败了，兵败了！"然后率先逃跑，明军顿时阵脚大乱，后金军乘势掩杀，3万明军就这样全军覆没了。

孙得功逃回广宁后，带着乱兵直捣府库，抢了银两，又在城中大肆造谣，称后金军马上就到，并派叛兵封锁城门，全城大乱，城中的一些蒙古人也趁火打劫。孙得功想抓住王化贞，占领广宁城，一起献给努尔哈赤。此时，王化贞下令守城，众人皆不应，城中一片混乱。王化贞只得出逃，城门的叛兵不让出城，幸亏手下力战，才逃出城外。孙得功遂伙同一众叛兵占领了广宁城。

那此时熊廷弼在哪里呢？由于大军都在王化贞手里，熊廷弼此时驻扎在闾阳（今属辽宁北镇），带兵5000来援广宁，听说广宁失守，就又退了回来。在大凌河遇上逃回来的王化贞，熊廷弼见到王化贞的第一句话就是："六万军荡平辽阳，竟何如？"说这话很符合熊廷弼的性格。熊廷弼把5000人交给王化贞指挥，自己组织军民入关，并下令烧毁在辽的所有物资，以免资敌。王化贞建议守宁远和广宁前屯，熊廷弼不听，坚持带兵入山海关，跟随他一起逃命的民众多达数十万，溃军近十万。

大明朝为辽东花费之多，达到无以复加的地步，最终的结果却是"竭四海九州之物力，不能成尺寸之功"。广宁惨败，自然是要有人出来负责的，熊廷弼和王化贞二人很快就被下狱，但并没有被立即处死。

有人就劝熊廷弼拿钱出来打点，最终熊廷弼找到了言官汪文言，让他拿4万两银子去打点宦官。但蹊跷的是，汪文言至死都说自己没有拿到这笔钱，魏忠贤也没有收到这笔钱。对是否判熊廷弼死刑这个问题，很快成为朝廷争论的焦点之一，成为党争最激烈的地方。各方政治势力很快就忘记了熊廷弼本人的经历，而是执着于如何扳倒对方。其中，御史冯铨曾经有求于熊廷弼，但熊廷弼没有搭理他，所以冯铨在熊廷弼下狱后落井下石，在天启帝面前诋毁熊廷弼。最终，熊廷弼在天启五年（1625年）被杀，而王化贞到了崇祯年间才被杀。

熊廷弼之死，很重要的原因是明朝的政治斗争和腐朽的统治，但熊廷弼自身的原因也是不可忽视的。熊廷弼下狱后，曾写过一篇《性气先生传》，这里的性气先生指的就是他自己，可以从文中一窥其性格。在这篇自传中，熊廷弼劈头就是一句："性气先生者，不自知为何如人，为辽事获罪。天下知与不知，皆曰：先生无罪，性气其罪。先生无辞焉，遂以'性气先生'自命。"《明史》本传也说他"性刚负气，好谩骂，不为人下，物情以故不甚附"。

从熊廷弼受审也可以看出他的性格。熊廷弼、王化贞被下狱之后，刑部尚书王纪、左都御史邹元标、大理寺卿周应秋组成三法司会审。熊廷弼十分不服，不得不跪在三法司面前，但一跪就站了起来，大声说："广宁失守，罪在王化贞！"左都御史邹元标立刻厉声驳斥："失地丧城，功罪一体，你是难以辞掉责任的！"熊廷弼不服，两人竟在公堂上大声争执起来，刑部尚书王纪说："你不肯进刑部，就叫锦衣卫旗尉陪你暂到天仙庵住一日，我们上奏皇上，请旨裁决。"锦衣卫是皇帝的专属司法机构，审理比三法司更严，王纪只能以此震慑熊廷弼。反观王化贞受审时，他一进大堂，就跪在地上痛哭，以求宽大处理。

那熊廷弼死得冤不冤呢？很多人都认为他是被冤枉的，原因很简单，他的主张是正确的，只是朝廷没有听从他的主张，最终造成了惨败。例如，全祖望《书明辽东经略熊公传后》写道："明启、祯年间，东事之坏如破竹之不可遏，一时大臣才气魄力足以支拄之者，熊司马一人耳。"但广宁之败，熊廷弼作为辽东最高官员，其责任不轻。他在广宁失手之后，放弃了广宁到山海关之间数百里的土地，这些地方其实是有可守之地的，后来的孙承宗、袁崇焕就是在锦州、宁远等城站住了脚跟，得以保证山海关不失。熊廷弼放弃如此多的土地，直接回山海关，幸亏努尔哈赤没有尾随进山海关，不然后果不堪设想。

同时，且不说他给国家带来了多少损失，就是对普通百姓来讲，都是一场巨大的灾难。广宁失守，人人岌岌可危，数十万难民一齐拥入山海关，他们居无屋、寒无衣、食无米、炊无薪，饿死者、冻死者、无家可归者不计其数。当熊廷弼为自己所受的委屈愤愤不平时，却未曾想过百万辽民流离失所、家破人亡的苦痛。从这个角度上来讲，熊廷弼死得一点都不冤枉。

二、明与后金的鏖战

孙承宗守辽

广宁失守，熊廷弼被免后，天启帝命王在晋代熊廷弼为兵部尚书兼右副都御史，经略辽东、蓟镇、天津和登莱两州。此时辽东的局势已非常危险了。王在晋说，辽东的局势，一坏于清河、抚顺，这是危局；再坏于开原、铁岭，辽东成了败局；三坏于辽阳、沈阳，就成了残局；四坏于广宁，那就只有放弃全辽。此时，只有退回山海关，然后再无一步可退。

王在晋分析关外形势后，提出“抚虏、堵隘”的方略。这个方案的核心是放弃山海关外的土地，重兵坚守山海关，在山海关外的八里铺修筑重关，留4万人马去守。但这个建议遭到了袁崇焕、孙元化等将领的反对，袁崇焕越级写信给叶向高，把这件事闹到了首辅面前。叶向高不知道前线的具体情况，需要派一个人去前线调查这件事。这时，天启帝的老师——内阁大学士孙承宗主动向皇帝请求去前线。天启帝同意了孙承宗的请求。

明朝辽东事务的紧张，从派出官员的级别就可以看出。最开始的主官是总兵、巡抚，后为兵部侍郎、兵部尚书，现在孙承宗以内阁大学士的身份经略辽东，开创了先例，足见辽事之危急。孙承宗到了前线后，与袁崇焕、王在晋等人多次沟通，并实地调查，终于弄清楚了前线的情况。

当时，山海关外的十三山还有10万难民没能入关，暂居在十三山之中，袁崇焕的意见是这些人不能放弃，应当驻守宁远。最终，这10万人中只有数千人被接了回来，被编入军队。了解清楚情况后，孙承宗召集诸将商议关外防守问题。袁崇焕主张守宁远，辽东巡抚阎鸣泰主张守觉华岛，王在晋主张守中前所。最后，孙承宗采用了袁崇焕的建议，亲自镇守山海关，还向天启帝奏明王在晋不足胜任。八月，天启帝改王在晋为南京兵部尚书。

孙承宗的做法是对的，山海关为京师外的最后一道雄关，失守就意味着京师直接暴露在努尔哈赤的铁骑之下。要守住山海关，自然需要外围的据点，而宁远就是重要的据点，是山海关外围的屏障。孙承宗的地位很高，做起事来比熊廷弼的阻力更小。他上任后，命总兵江应诏制定军事编制，佥事袁崇焕建造营房，旧将李秉诚训练士兵操作火器装备，主事鹿善继、王则古处理军需物资，主事沈棨、杜应芳维修兵器军械，司务孙元化修筑炮台，中书舍人宋献、羽林经历程仑购买军马，广宁道佥事万有孚采伐树木，游击将军祖大寿辅助金冠守觉华岛，令前副总兵赵率教守前屯，游击将军鲁之甲救护难民，参将杨应乾招募辽人编制入军。

对于军中的一些顽疾，孙承宗也是大刀阔斧地整改。他通过阅兵，消除了吃空饷的情况，又将一些不符合条件的士兵全部遣散；又从鲁之甲救出的难民中征召7000人去驻守前屯；还命杨应乾招募的辽人军队去镇守宁远。同时，他要求朝鲜声援辽东，又犒赏东江镇的毛文龙，让他加强防卫，并传令登镇总兵沈有容进据广鹿岛（在今辽宁大连境内）。而后总兵江应诏因庸懦被弹劾，孙承宗上疏请求让三屯营总兵马世龙代替他，并让尤世禄、王世钦当南北帅，听马世龙调遣。天启帝听从了孙承宗的建议，还赐给马世龙尚方宝剑。

在一点上，孙承宗与熊廷弼的眼光是一致的，那就是十分重视登州和莱州，这两地是明朝援辽的后勤基地，十分重要。如此重任，须择一文韬武略之才方能胜任。孙承宗想到了袁可立。

袁可立为人正直，刚正不阿。万历二十三年九月，北京城内祭祀历朝皇帝的景德门遭雷震，此时正处万历帝怠政期间。袁可立先是上书劝谏，惹得万历帝不高兴，被罚了一年俸禄。哪知袁可立见万历帝没有悔改的意思，火气也上来了，直接写了封奏疏，怒骂万历帝是非颠倒，奸贤不分，把皇帝气得不行。不仅如此，袁可立还上书怒斥次辅沈一贯，说："国家变成这样，你这个内阁大学士也是有责任的。"袁可立此番做法，被连降三级，不久又直接被免职。袁可立被免职一事，是公认的冤案，直到泰昌帝时期才被昭雪。

袁可立和孙承宗是同年的进士，又同时出任天启帝的老师，还一同成为殿试的考官，二人自然惺惺相惜。更重要的是，袁可立有独到的战略眼光，曾上书天启帝收复辽东的7条建议，都被一一采纳了。

天启二年四月十四日，天启帝命袁可立为右佥都御史，巡抚登莱。袁可立主政登莱3年，创立东江军，厉兵秣马，积有战船4000艘，组成了一支5万余人的水师陆战军队，与辽东经略孙承宗、两任天津巡抚毕自严和李邦华、总兵毛文龙、总兵沈有容等勠力策应，开创了一片大好局面。

袁可立手里有了战船，有了兵，就想收复失地。他说干就干，令毛文龙和沈有容二将分别出击辽东半岛。七月初二日，明军夺取金州，乘胜又收复要塞旅顺，又连克金、复、盖三卫及红嘴、望海、永宁等多堡要地，收复辽南海岛疆土千余里。在坐镇辽东的四年中，孙承宗与天津巡抚李邦华、登莱巡抚袁可立遥相呼应，让整个关宁锦防线为之一新。

然而，此时的朝廷内部，阉党和东林党的争斗愈发激烈，很快就波及辽东。袁可立和孙承宗都不是东林党，但他们反对宦官干政，在思想上是同情东林党的，而且二人手中又握有兵权，这就不利于阉党掌握兵权，所以袁可立和孙承宗相继受到阉党的攻击。朝内有些人也坐不住了，认为辽东无战事，每年还要花费那么多饷银，可以裁军，并暗指孙承宗在军饷中做了手脚。在言官和阉党的攻击下，孙承宗最终只能黯然离职。

在辽东的主政官员身上，有一个奇特的现象。但凡辽事危急，朝廷就立即起用有才能的人出任主政官员，但局势稍稳，后金暂缓攻势，这些人就会遭到弹劾离职。所以，主政辽东的官员很容易出现任职、离职、再任职的怪象，熊廷弼、孙承宗、袁崇焕都是如此，概莫能外。

袁崇焕两次大捷

孙承宗和袁可立等人被罢之后，袁崇焕开始在辽东崭露头角。

袁崇焕考中进士后，在福建邵武任知县。当时，地方官任职后第三年要到京接受考核，在等待考核结果期间，袁崇焕单骑到山海关等地考察辽东的情况。袁崇焕的考核结果很不错，一些京官就注意到了他。兵部的官员向他询问了很多关于边防的问题，袁崇焕对答如流，并直言："予我军马钱谷，我一人足守此。"当然，袁崇焕说的一人守此，并不是一个人就能守住的意思，而是他一员主将带领足够的军队和给养，就可以守住。这句话反映了袁崇焕的豪情，也反映了他的自负。

袁崇焕在辽东问题上锐意进取，而国家也亟需人才。他的出色表现很快就得到了上级的赏识，被派往辽东任职，他在很短的时间内就从兵部职方郎中一步步升到宁前兵备佥事。

当时，主政辽东的王在晋主张重关战略，也就是将防守的重心集结在山海关，并在山海关外的八里铺修筑重关，派4万人马驻守。这个战略丢弃了明朝大片领土和大量人口，并让山海关失去了战略纵深，遭到袁崇焕激烈反对。袁崇焕的主张是在山海关外的宁远驻兵，然后占据锦州，将难民慢慢迁回关内。

孙承宗主政辽东内后，大力支持袁崇焕，让他前出宁远。孙承宗十分欣赏袁崇焕的才能，但袁崇焕暴露出一个问题，那就是有专断之嫌。我们都知道袁崇焕日后主政辽东时有擅杀毛文龙之举，但这样的事情在孙承宗时期就有发生。

辽东巡抚阎鸣泰令袁崇焕去检阅新兵。袁崇焕发现，守备兵营内有两名士兵私雇顶替者，他直接下令斩杀了这两名顶替者。这件事引起了士卒们的不满，差点就引发了兵变，但袁崇焕并没有向上级报告这件事。此时的袁崇焕任职山石兵备道，官职正四品，主要负责分理辖区军务、监督地方军队、管理地方兵马、钱粮和屯田等。对于军营内的一些不法行为，他是有处分权的，但问题在于他没有将这件事情上报给督师蓟辽的孙承宗。

根据茅元仪《督师纪略》记载，孙承宗得知此事后十分生气，怒斥袁崇焕："在杀人之前不请命，杀了之后又不报告，有没有引起士兵的激变也不报告，到现在我还不知道杀的是什么人，因何事被杀！如果监军可以奉抚院的命令而专杀，那我这个督师也可以不嫌麻烦，请出尚方宝剑一用！"被如此训斥，袁崇焕只得谢罪。

人的性格和行为是相与为一的，袁崇焕的一大性格特点就是敢作敢为，但不计后果。这让他敢于单枪匹马去前线考察，敢于连跨数级向首辅报告，但也敢于杀了士卒而不报告，也有了后面的抗命守宁远城、擅杀毛文龙等举动。

袁崇焕修筑宁远城，祖大寿带士兵和民夫营建。祖大寿认为明军不能长久守卫，所以筑城时多有敷衍。其实，祖大寿的行为也反映了军中将士们的心态，在屡战屡败后，他们对战争普遍持有一种悲观心态。但袁崇焕不一样，他见此种情况，立即制定新的标准，严格要求修城的质量。宁远城修好后，袁崇焕又利用起周边的5000顷地，让百姓耕种，商旅之人在此落脚，远近流民也前来归附，宁远城逐渐繁荣起来。

袁崇焕整兵备战，并建议孙承宗进一步向北扩展。天启五年，明朝先后派兵据守锦州、松山、杏山、右屯及大、小凌河等城，将辽西防线向前推进200里，形成犬牙交错之势，建立了纵深防御体系，形成了“层层布置，节节安排，边亭有相望之旌旗，岛屿有相连之舸舰，分和俱备，水陆兼施”的崭新局面。熊廷弼、王化贞广宁之败后的明朝危局，正在一步一步被扭转。

这里就有一个问题了，明军在大肆整兵备战，修筑城池的时候，努尔哈赤又在干什么呢？他为何坐视明军行动而无动于衷呢？努尔哈赤确实有很多事要做，他在军事上取得了辉煌的战绩，扩地千里，这么辽阔的土地，想要完全置于有效统治下，是需要花费大量时间的。

首先，为了便于统治，努尔哈赤把首府迁往沈阳。辽阳城的面积虽是沈阳城的两倍，努尔哈赤在占领辽阳之后不久就迁都于此，但显然沈阳更处中心地带，四通八达，更利于统治，所以很快努尔哈赤又迁都沈阳。迁都沈阳，需要修建沈阳城和宫殿，都要耗费大量的人力物力。

同时，辽地百姓的反抗也是重要的影响因素，这与努尔哈赤的政策紧密相关。后金占领辽地之后，将剃发视为臣服的标志，凡有不剃发者即遭杀戮。为了加强对人口的控制，后金又强令民众迁徙，清查他们的粮食，抢占土地，激起了民众的反抗。后金修建辽阳和沈阳城时，大肆征发民夫，百姓苦不堪言。最为残酷的是，后金大肆杀戮，动辄屠城，屡屡引发民众的反抗。

努尔哈赤在辽东被多次投毒，后金士卒被袭杀也成为常事，以至于后金不得不规定官兵不得单独行动，必须10人以上结队而行。复州城发生了万人暴动，努尔哈赤不得不派兵2万前去镇压。而在十三山的流民也有数万之多，拒不投降，后金也只能派兵镇压。

天启五年，孙承宗被迫去职，其职位由魏忠贤的党羽高第接任。孙承宗在主政辽东的4年里，前后修复了9座大城、45座堡垒，练兵11万，建立了12个车营、5个水营、2个火器营、8个前锋后劲营，造甲胄、器械、弓矢、炮石、渠答、卤楯等攻防器具达数百万之多，拓地400里，开屯5000顷，岁入白银15万两。孙承宗是继李成梁之后，真正能在辽东打开局面的人物。

然而，高第一上任就要把锦州、右屯等地的防御器械撤除，把守军全部退回山海关内。对于这个命令，袁崇焕坚决反对，高第还打算进一步放弃宁远和前屯两座城堡。袁崇焕表示自己就是死也要死在宁远，绝不离开宁远一步！高第没有办法，只好让他率领一小部分明军留下。接着，高第就匆忙地下令尽撤锦州、右屯、大、小凌河及松山、杏山等地的明军和守城器具，退入关内，仅剩袁崇焕守宁远孤城。

天启六年正月，这是后金最喜欢的作战时间。努尔哈赤率领13万大军攻打宁远城，而宁远孤城守军不足2万人。袁崇焕所部虽然人数不多，但也做好了准备。先是坚壁清野，烧毁所有的城外房舍，百姓全部进城，粮米转运觉华岛（位于今辽宁葫芦岛附近海域）。觉华岛距离陆地18里，面积为13.5平方公里，成了明军天然的后勤基地，又是重要的港口，所以明军将从山东半岛支援辽东的物资存放于此。再就是清除奸细。在以往的抚顺清河之战、广宁之战、辽阳之战等战争中，后金的奸细造成了很大的负面影响，他们里应外合，在城内制造混乱，有的甚至直接打开城门。这次袁崇焕全城大力搜捕奸细，在城内的每个巷口都设有人员驻守。最后，就是将红衣大炮搬上城楼。红衣大炮在当时是国之重器，明朝一共从西洋人手里买了30门，18门用来守卫北京城，12门用在辽东，被后金炸毁1门，还剩11门。

正月二十三日，努尔哈赤的大军在距离宁远城5里的地方扎营，派人过来劝降，说："我有20万大军，你赶紧投降，给你高官厚禄。"袁崇焕回复："你没有20万人，你只有13万人。"这种无意义的嘴仗不打也罢，还是拿实力说话吧。

二十四日，后金开始攻城。后金的攻城主要是使用楯车和钩梯。楯车就是数寸厚的板子，上面铺上牛皮，用来防守，抵挡城墙上明军的攻击，后金士兵则躲在楯车下面疯狂挖城墙。钩梯则是用来攀登城墙，为了掩护这两路攻城的士兵，后金军万箭齐发，城楼上的悬牌被射得跟刺猬一样。

明军真正的威胁来自楯车，后金军狂挖城墙，在城墙上凿开了三四处两丈见方的大洞。危急时刻，明军用干草、油脂加上火药，用铁钩投下，点燃楯车，烧死了很多后金兵。这一战，光是穿着锦服的后金高级军官就死了10多人。城墙上的红衣大炮发挥了巨大的作用，明军每发一炮，后金军倒下一大片，死伤累累。这一天战至深夜，后金就损失两三千人。

二十五日，天一亮，后金军又开始攻城，这一次主攻西门。明军靠红衣大炮坚守，炮击之处必定人仰马翻。八旗旗主们在后面持大刀驱赶士兵往前，八旗士兵作战英勇是很有名的，但都畏惧大炮，到城墙下又跑回去了。袁崇焕又派50名死士，吊着绳子从城墙而下，烧毁了后金军遗弃的攻城器械，又捡了10万支箭，城墙上留下了后金军挖的大大小小70多处坑洞。

二十六日，城墙上的明军不断发炮攻击，后金已经不敢靠近城墙了。努尔哈赤无奈之下，派军攻打明军的后勤基地觉华岛。觉华岛的军民在努尔哈赤攻击宁远时就已经在做防备。时值隆冬，天寒地冻，海水结冰，觉华岛参将姚抚带领军民日夜凿冰，凿出一条长达15里的冰壕。但天气太冷，很快又结冰了，军民只得日夜不息，合力凿冰，指头冻僵掉落都无知觉。

后金万余骑兵进入觉华岛时，岛上军民合计不到2万人，多为后勤人员，哪里是后金骑兵的对手。后金把军队分为12队，每队千人左右，对整个觉华岛上的军民进行了大屠杀。明军7000多官兵、商民7000多人，全数被杀。后金在觉华岛上损失多少呢？仅约270人。觉华岛上的物资全数被毁，2000艘船全被捣毁，明军为何不坐船跨海逃离呢？海水已经结冰，船只寸步难行。岛上的粮仓多达千余处，每仓都有屋高，全部被后金焚毁。而对宁远城，后金只能望城兴叹，退军而去。

战后，据《明熹宗实录》，辽东经略高第上奏朝廷："奴贼攻宁远，炮毙一大头目，用红布包裹，众贼抬去。（觉华岛）四营尽溃，都司王锡斧、季士登、吴国勋、姚与贤，艟总王朝臣、张士奇、吴惟进及前、左、后营艟百总俱已阵亡。"

这一战从损失上来讲，由于觉华岛上的巨大伤亡，明朝损失的士卒和物资都远远超过后金，但打退了努尔哈赤的主力，保全了宁远城，故而也被明军视为一场难得的胜利。

兵部尚书王永光在给天启帝的奏疏中说："辽左发难，各城望风奔逃溃，八年来贼始得一挫，乃知中国有人矣。"从1619年的萨尔浒之战起到1626年，这7年间明军几乎是屡战屡败。对于宁远大捷，天启帝也说："此七八年来所绝无，深足为封疆吐气！"后来，清朝在《清太祖实录》是这样记录宁远之战的："帝自二十五岁征伐以来，战无不胜，攻无不克，惟宁远一城不下，遂大怀忿恨而回。"

天启六年八月十一日，也就是宁远之战结束7个多月之后，努尔哈赤在清河回沈阳的途中去世。由于努尔哈赤临终前并没有指定继承人，后金陷入了继承人权力斗争中，这种斗争当然不是从此时才开始的。

努尔哈赤也曾指定过继承人，就是他的长子褚英。褚英年轻时，正是父亲东征西讨的时期，他跟随父亲作战，立有诸多军功，又因为是长子，被努尔哈赤授命执掌国政。褚英年纪轻轻就被捧上高位，资历浅，经验不足，难免骄横，尚不知自己已经坐在了火山口上。褚英过早地成为继承人，而且对元老重臣缺乏谦恭的态度，最终陷入了万劫不复之地。四大贝勒和五大臣联合，对他发起了攻击。五大臣，即费英东、额亦都、何和礼、扈尔汉、安费扬古，此五人为后金的崛起立下了汗马功劳，就连努尔哈赤也不得不敬重他们。于是，努尔哈赤将褚英囚禁了两年多，本不愿杀他，但考虑到若怜惜一子，会生祸乱，遂将其杀死。权力的斗争向来是血腥的，在这一点上，后金与明朝并没有什么不同。

努尔哈赤的死也标志着杀戮的开始。这时，后金内部由八大贝勒共同议事，主要由四大贝勒说了算。这四大贝勒是：大贝勒代善、二贝勒阿敏、三贝勒莽古尔泰、四贝勒皇太极。37岁的大妃阿巴亥和她的两个儿子多尔衮、多铎握有正白、镶白两旗，实力强悍，成为四大贝勒首先攻击的对象，他们借努尔哈赤的遗诏逼迫阿巴亥自杀。

努尔哈赤的继承人需要由四大贝勒共同商议决定。实际上，继承人也就从这4个人中来选。二贝勒阿敏不是努尔哈赤的儿子，三贝勒莽古尔泰曾亲手杀死自己的母亲，名声不好，这两人自然无缘汗位。大贝勒代善的年纪最大，手上握有两红旗，实力很强，但由于之前和努尔哈赤的大妃阿巴亥不清不白，受到努尔哈赤的责罚，所以代善转而支持皇太极。就这样，皇太极得以继承汗位。不过，皇太极继承汗位是有条件的，在正式场合，四人同座，也就是大家尊皇太极为汗，但四人分享权力。初即位的皇太极，需要进一步巩固自己的地位，最好的方式就是建立战功。

而明朝这边，袁崇焕因为宁远之战声名大噪，升任辽东巡抚，也在谋划向前延伸城池和土地。他具体的谋划是这样的：让满桂和赵率教在宁远和锦州徐徐北图。最重要的战略是：以辽人守辽土，以辽土养辽人。这是熊廷弼曾经大力反对的策略，但袁崇焕认为从各地征兵耗费巨大，更重要的是，这些各地调来的士卒，大多为游手好闲之徒，平日里就没有固守的意志，临战必定会率先奔走逃命。只有征召本地辽人，让他们自己保卫自己的家园。而要实现辽人守辽土，必要以辽土养辽人，具体来说就是屯田，这也是熊廷弼、孙承宗所大力倡导的。很重要的一个原因是：辽东的物价远远高于关内，辽东二两银的购买力只相当于关内数钱。因此，以屯田来解决部分辽东将士们的温饱是十分必要的。

袁崇焕需要的兵力也不多，只需募集6万余兵据守各城，袁崇焕坐镇宁远，平辽总兵赵率教镇守锦州。宁锦之间唇齿相依，又有中左所、中前所、右屯、大凌河等一众小城拱卫，渐成体系。天启七年五月，皇太极亲率10万大军攻打锦州、宁远。后金军来势汹汹，而首当其冲的锦州城以平辽总兵赵率教为主将，副总兵左辅为左翼，副总兵朱梅为右翼，周边一众堡垒的明军都缩回锦州城固守。

皇太极大军到达之后，派人招降，锦州守将赵率教就用投降来迷惑皇太极，皇太极虽然将信将疑，但也多次派出使者前去商谈。赵率教根本没有投降的想法，只是想争取时间，就这样戏耍了皇太极一把。

到五月十一日，皇太极只能下令攻城。面对坚城和大炮，后金军虽然作战英勇，但伤亡仍较大。从五月十一日到六月初四，后金军和锦州城守军无一日不战，一共作战25天，大战3次，后金攻城未果，都是明军获胜。这种情况下，皇太极继续围困锦州，想吸引明朝援军，从而在野战中歼灭明朝的有生力量。

朝廷在这个时候坐不住了，要求宁远派出援兵。袁崇焕坐镇宁远，由满桂、尤世禄、祖大寿等率军1万驰援锦州。满桂当然不会主动寻求与后金野战，还没有碰到后金主力，只是碰到了运粮的后金军，厮杀了一阵，就匆匆退回了宁远。就这样，皇太极想围点打援的计划也落空了。之所以出现这样的情况，还是因为此时锦州城中尚有粮草，足以支撑，明军并不害怕；若锦州城中粮尽，明军必会大举来援。

皇太极当然不会就此罢休，又将主力调往宁远。袁崇焕在后金军攻打锦州时，赢得了宝贵的时间，增强了宁远的实力。五月二十八日早晨，后金军到达宁远，双方展开激战。袁崇焕将满桂、尤世禄、祖大寿的部队安置在城外，与后金军野战。城外明军前有壕沟背靠城墙，还能得到城上火器的支援，后金虽然战斗力强悍，但始终无法攻破明军的防线。

第二天，后金没有再攻打宁远，宁远之战仅仅一日就宣告结束。原因很简单，这一战，后金损失多达数千。而且，就在宁远激战之时，锦州的赵率教率军出战，后金陷入了两线作战的境地。皇太极得知后，亲率贝勒阿济格与诸将、侍卫、护军等向锦州明军疾驰进击。诸贝勒来不及披甲戴胄就仓促出战。明总兵满桂、副将尤世威也率军迎战。后金面临两线作战，短兵相接之下，双方互有杀伤。而明军城上城下互相配合，炮火、箭矢齐发，皇太极的大帐被炸毁，济尔哈朗等人受重伤，后金军死伤累累，被迫撤兵。

皇太极攻宁远不下，又调过头来集中兵力攻打锦州。当然，同样没有任何结果。此时已经逼近盛夏，皇太极的战略目标没能实现，最终只能悻悻退兵。最后，宁锦之战以明军的胜利结束。王在晋《三朝辽事实录》卷十七记载，袁崇焕在战后说：十年来，尽天下之兵，未尝敢与奴战，合马交锋。今始一刀一枪拼杀，不知有夷之凶横剽悍。职复凭堞大呼分路进追，诸军忿恨此贼，一战挫之。十年累败，一战而胜，这无疑是一个天大的喜讯。天启帝也在谕旨中说：十年积弱，今日一旦挫其狂锋。

然而，大战之后，袁崇焕罢官而去，因为有人指责他没有从宁远出兵救援锦州。袁崇焕上疏请辞。按惯例天启帝是要挽留的，但辞呈很快被批准，究其原因还是魏忠贤想利用监军控制辽东军务，被袁崇焕所阻，故而怀恨在心，将袁崇焕去职。另外，努尔哈赤死后，袁崇焕派人前去吊唁，以窥探后金的虚实，并试探议和的可能性。这个做法遭到言官们的弹劾，最终袁崇焕只得离职。

崇祯帝继位之后，第一件大事就是清除阉党，起用了一大批被阉党攻击离职的官员，袁崇焕得以再次起用。崇祯帝对辽事极为看重，召集重臣一起和袁崇焕商讨平辽方略。袁崇焕说："假如皇帝让我便宜行事，5年时间，东夷可平，全辽可复。"

为了实现这一目标，袁崇焕提出了3条要求：第一就是要保证军饷足够，军器齐备，这需要户部和工部配合；第二是在人事安排上，由辽东选人，选当用的人才，不当用的人不选。那么如何判断当用与否，当然由袁崇焕说了算，这需要吏部和兵部配合；第三，袁崇焕说，我制服后金是没有问题的，但言官们众口汹汹，我应对不了，我到边疆之后，难免有些人嫉功妒能。他就是要请皇帝约束言官，不要掣肘辽东之事。

对于前两条，崇祯帝很快就告诫在场的六部尚书，让他们全力配合袁崇焕，但对于第三条，崇祯帝说："朕自有主张，你不必介意浮言。"袁崇焕接着讲自己平辽的方略，大概就是3条：以辽人守辽土，以辽土养辽人；守为正着，战为奇着，款（和）为旁着；法在渐不在骤，在实不在虚。从这3条来看，袁崇焕对辽东的局势有很清晰的认识，他要以守为主，交战与和谈为辅。

袁崇焕既然夸下海口5年平辽，那到了辽东，首先开始的就是人事调整。他首先选定了自己的3位得力干将：总兵赵率教挂平辽将军印，祖大寿挂前锋将军印，何可纲以都督佥事仍署中军事。同时，袁崇焕又申请取消了登莱巡抚、辽东巡抚两个官职，集辽东大权于一身。袁崇焕要完全主政辽东，还有一个刺头要解决，那就是毛文龙。

在王化贞守广宁时，毛文龙被派往敌后活动，王化贞给了他200士卒、500石米、4艘船。毛文龙就靠着这点人和物资，通过招抚等举措，居然一步一步打开了局面。让毛文龙打出名声是镇江堡一战，此战中毛文龙率领190余人，趁后金不备攻占了镇江堡，活捉了后金镇江堡守将佟养真。努尔哈赤为夺回镇江，率5万大军出战，毛文龙退守皮岛，利用大海为屏障，逐渐安稳下来。最后，形成毛文龙以皮岛为基地四处攻击的局面。辽南的形势是后金疲于奔命，毛文龙伺机出击。

毛文龙能牵制后金，这一点是毋庸置疑的，不然后金也不会处心积虑地要招降他。但毛文龙孤悬海外，朝廷对他的管理几近失控。袁崇焕和毛文龙在一起时，毛文龙向袁崇焕介绍身边的随从，一听名字，全姓毛，比如毛可公、毛可侯、毛可将、毛可相等。这是因为毛文龙的亲信都拜他为义父，都改为毛姓，这样的军队实际已经成为毛文龙的私军。

毛文龙还有一个引人诟病的地方就是冒领军饷，但这是当时将领们的通病。其实，朝廷陷入了两难之中，既要毛文龙牵制后金，又担忧他尾大不掉。崇祯元年，户部为了查清军饷问题，就派官员去皮岛核查。官员回来后，户部和毛文龙就军饷问题发生了纷争。户部要求毛文龙按照查实的3.6万人发放军饷，毛文龙则认为岛屿众多，兵员分散，不能只以一岛核定的数目发放军饷。双方的嘴仗打到了崇祯帝那里，皇帝认为，辽民避难于海岛，拿起锄头就是民，穿上兵甲就是兵，不能完全按照内地的军饷标准核算。这其实就是在偏袒毛文龙，但同时崇祯帝也敲打毛文龙，说："你应当奋勇杀敌，做出点成绩出来，到时候谁还敢说你军饷的问题。"

崇祯帝能容忍毛文龙，但袁崇焕不能忍。袁崇焕要全面掌控辽东，不能容忍毛文龙有自己的独立王国。袁崇焕首先做的就是在经济上卡住毛文龙，他下令所有运往东江的物资都要到宁远的觉华岛接受查验。毛文龙很生气，上疏诉苦，崇祯帝接到信后就安抚一番了事，也没有料到接下来的突变。

袁崇焕下了斩杀毛文龙的决心，那他为何擅自主张？不主动向崇祯帝申请后再行决定呢？袁崇焕明白，向崇祯帝申请斩杀毛文龙定然不会被批准，所以就擅自行事。袁崇焕既然已经夸下海口5年平辽，那就只有豁出去干了。但袁崇焕没有想到的是，自毛文龙被杀后，很多部下心生不满，多有逃离。而袁崇焕新任命的官员并无管理东江的能力，以至于东江不复往日雄风。

崇祯帝得知毛文龙被杀，愕然之下，也只能无奈地支持袁崇焕，因为已经失去了一个大帅，不可能又去处罚另外一个大帅。但这一切都是以结果为导向的，袁崇焕若真能用5年恢复辽东都好说，如果不行，那不仅崇祯帝要翻旧账，就连言官们也不会善罢甘休。

己巳之变

就在袁崇焕苦心经营辽东时，皇太极也在谋划下一步的行动。直接攻打宁远、锦州失利，意味着这条路走不通，此时的袁崇焕在辽东、登莱、天津、东江四镇的兵力合计有15.3万，马匹有8.1万，皇太极想直接在辽东战场取胜的难度很大。

而此时后金发生了饥荒。天聪元年（1627年），由于饥荒，后金1斗谷卖到8两银的天价，人吃人成为常态。饥荒之下，后金统治下的汉人大量逃亡。不仅如此，就连满人也开始逃亡，后金二王子部下的卜山等人因没饭吃投奔明朝。

为了解决饥荒所需粮食问题，也为了打开一条新的向南的道路。汉人降金副将高鸿中上疏皇太极说，明朝既然没有讲和的意思，我们别无他策，就先派大军直抵北京，到时候是直接攻打还是围困，可以根据具体情形再做打算。这条路就是绕道蒙古进军北京。

皇太极继位后，对蒙古的策略是笼络蒙古诸部，全力打击察哈尔部。天聪二年（1628年）二月，皇太极亲率精骑在敖木伦（今辽宁大凌河上游，位于辽宁喀左南部）闪击察哈尔所属的多罗特部落，俘获1.1万余人。九月，他又率满蒙军征察哈尔，追至兴安岭，获胜而归。后金击败察哈尔蒙古的其中一个目的就是为皇太极绕道蒙古进攻北京创造条件。

这条路，皇太极能看到，袁崇焕当然也能看到。袁崇焕曾两次上疏崇祯帝，要求加强蓟州的防御，说："臣在宁远，后金是无法通过的，但如果后金以蒙古为先导，入犯北京，那就危险了。"但此时的崇祯帝一是没有引起警觉，二是把重兵都交予了袁崇焕，又哪里有兵力来完成这件事呢？

天聪三年（1629年）十月，完成秋收之后，皇太极集结10万大军，力排众议，绕道蒙古，向北京进发。这一年是农历己巳年，故史称"己巳之变"。皇太极兵分两路，分别从大安口、龙井关破长城入关。入关后遇到的第一座坚城是遵化，蓟州巡抚王元雅在城中防守。

在皇太极准备攻打遵化时，明军已经开始行动。听到后金军入关的消息，袁崇焕立即带兵2万火速入关救援。袁崇焕自己没有去遵化，而是令平辽总兵赵率教率4000精锐骑兵驰援遵化，走抚宁、迁安这条路线赶往三屯营，进入遵化城防守。

赵率教带队急行军，3昼夜赶路350里，抵达三屯营想入城。但三屯营守军拒绝辽军入城，于是赵率教带队前往遵化城。后金的探哨很快就发现了这支明军，正准备攻遵化城的后金军大举而来，赵率教的4000骑兵又岂是后金大军的对手，最终全军覆没，赵率教战死。赵率教的死是明军的重大损失，他在宁远大捷、宁锦大捷中战功尤多，是一员难得的悍将。崇祯帝听闻他战死后伤心落泪。

后金吃掉明朝的援军之后，就可以放心地进攻遵化城了。十月初三，后金军全力攻城，遵化城墙高达三丈五，但仍抵不住后金军的攻击，最终城破，巡抚王元雅自杀殉国。遵化城是皇太极即位之后攻破的第一座明军坚城，对于急于通过战功来巩固自己地位的皇太极来说，这场胜仗无疑是雪中送炭，进一步堵住了反对入关者的嘴，所以皇太极十分高兴。

第一个登上城头的是一名叫萨木哈图的小卒，庆功时皇太极端着酒杯走到萨木哈图面前，称萨木哈图的功劳很大，应该从优录用，授萨木哈图世袭备御，相当于后来的骑都尉，还赏他1头骆驼、10匹马、10头牛、19匹锦缎、200匹棉布。

而此时袁崇焕让自己的主力走一条安全的路线，从山海关走永平到蓟州，抢在后金军之前于十月初十到达蓟州设防。经过一路上的各城池，袁崇焕都留下部分兵力加强防守，导致袁崇焕的救援兵力仅剩9000人。

蓟州是横在遵化与通州之间的屏障，距离北京东郊通州约140里，是北京城的屏障，袁崇焕想在此截住后金军。皇太极在攻下遵化之后迅速西进。到蓟州城下后，当皇太极得知蓟州城上的是袁崇焕时，就对强攻这座城失去了兴趣，他再一次采取攻其必救的战略，越过蓟州，直奔北京。

袁崇焕在蓟州拦截皇太极军队的计划落空。拦截失败后的常规做法是尾随后金军，和北京守军夹击后金军。当时，有人建议袁崇焕出城与后金大军周旋，万万不可越过蓟州向北京进发。副总兵周文郁劝阻袁崇焕说：“外镇之兵未得到圣旨轻易进到北京城下，是万万不可的。”但袁崇焕没有采纳这个建议，他知道如果出城与后金野战，自己绝无胜算。

后金大军过了蓟州后，北京城外已是无险可守。袁崇焕又不愿意和皇太极野战，所以急奔北京城下防守，于十月十七日到达北京广渠门外，这一行动并没有得到崇祯的首肯，这也为他之后的悲剧命运埋下了伏笔。

此时的北京，各路援兵云集。决战终于来了，在北京城下，双方都退无可退。明军的主力分为2路：一路为满桂率领，在德胜门外；一路为袁崇焕率领，在广渠门外。

皇太极兵分路2路，分别攻击满桂和袁崇焕。其中，对付袁崇焕的是大贝勒莽古尔泰、阿巴泰、阿济格、多尔衮、多铎、豪格等率领的4个旗加上蒙古兵，已经是后金军的一半的兵力。明军的将领是袁崇焕、祖大寿、王承胤，他们的军队有9000人。

十月二十日，广渠门外，袁崇焕率军背靠北京城，在城墙上数万双眼睛注视之下，督师血战。这一战，既不需要谋略，也无需战法，就是大刀对大刀的血战。后金军攻势猛烈，明军拼死抵抗，一名后金士兵举刀砍向袁崇焕，危急时刻，袁崇焕的一个部下赶紧举刀挡住，两刀在猛烈地碰撞之下双双折断。袁崇焕身中若干箭，如刺猬一般，幸亏穿了重甲，箭并没有射透。这一战从早到晚，血流成河，最后的结果是明军惨胜。

再看满桂军这边，皇太极亲率代善、济尔哈朗、岳讬、杜度、萨哈廉等人，统领满洲右翼四旗和右翼蒙古兵向满桂军发起冲击。对明军的火炮，后金也有办法，他们先让炮手靠近射击，引诱明军发火炮反击，等明军第一轮火炮结束，在填装弹药的空隙，后金军骑兵迅速向前击杀。此时意外发生了，在满桂军与后金军厮杀之际，城上京营士兵发炮相助，但因为缺乏训练误炸了满桂军，造成了重大伤亡，后金军乘势掩杀，满桂军大败。战后满桂带着仅剩的200名士兵，躲到了城外一处关羽庙里，崇祯帝准许满桂进入北京瓮城内休息。胜利后的袁崇焕想带军入城休整，但被崇祯帝毫不犹豫地拒绝了，这已经能说明崇祯帝的态度了。

后金又于十月二十七日在左安门与袁崇焕军发生战斗，后金军发起猛攻，但无法攻破袁崇焕的营垒。连续两战失利，让皇太极再次意识到强攻是不可能的，明军的外围部队尚无法扫清，攻下北京城不是痴人说梦吗！但后金军收获颇丰，北京城周边大量明朝贵族勋戚的房产庄园被后金军洗劫一空。这些人十分怨恨袁崇焕，纷纷向皇帝告状。

袁崇焕坐在箩筐里，城墙上的人用绳子把他拉了上去。崇祯帝在平台召见了他，将他下狱，但并没有立即处死他，直到崇祯三年八月，才将他凌迟处死。王世德《崇祯遗录》记载，当初袁崇焕杀毛文龙时，部下何可纲说："生文龙，国不幸；用文龙，朝廷不幸；杀文龙，公不幸。"此时果然应验了这句话。

最终，据清代汪楫《崇祯长编》卷三十七记载，袁崇焕被定下的罪名是："付托不效，专恃欺隐，以市米则资盗，以谋款则斩帅，纵敌长驱，顿兵不战，援兵四集，尽行遣散，及兵薄城下，又潜携喇嘛，坚请入城。"

"市米资盗"指的是崇祯二年春，蒙古哈喇慎三十六家发生大饥荒，向明朝请求通市，袁崇焕向上请示。崇祯帝的意思是，互市可以，但只允许交易米，如布帛之类的禁物，严禁交易。袁崇焕就按崇祯帝的命令办了这件事。这事本不大，但己巳之变中，后金军入关正好是以哈喇慎部为向导侵入蓟门，这下事情就大了。很多人就怪罪袁崇焕，但此事是崇祯帝明确同意了的，所以以此给袁崇焕定罪实属不妥。

"谋款杀帅"中的杀帅，当然是指杀毛文龙。而谋款，即指明朝与后金的议和，后金的确多次表示想议和，袁崇焕也在努尔哈赤去世时，派人到后金试探，但双方当时的要求相差太大，自然是谈不拢的。当然，袁崇焕的议和也报告给了天启帝。议和本不算罪，但议和跟杀帅连在一起就是罪名了，你因为要和谈而杀了毛文龙，就是大罪。

"纵敌长驱，顿兵不战，援兵四集，尽行遣散"是指袁崇焕在己巳之变中的表现。袁崇焕得知后金破关后，急忙带着辽东精锐火速入关勤王。但此时他手中的兵力不足，仅有2万多人，而且在进军京畿途中又在各城留下兵马布防，所以到蓟州时，麾下仅剩不到1万人。至于"顿兵不战"，不是说袁崇焕没有在北京城下战斗，而是说他没有在北京城郊外与后金作战。

事实上，袁崇焕被杀的真正原因是"付托不效，专恃欺隐"。崇祯帝让袁崇焕主政辽东的目的是要恢复辽东。所以，即便袁崇焕擅自杀了毛文龙，崇祯帝也硬生生地吞下了这口气，对袁崇焕多加安慰，好言相劝。崇祯帝的性格是出了名的薄情寡恩、刚愎自用，但依旧能容忍此事，无非是看中了袁崇焕的守辽能力。但你袁崇焕口口声声说5年复辽，结果一年过去了，局势更加恶化，作为蓟辽督师，你袁崇焕必须承担责任。“付托不效”就是说，国家将重任交给你，但你没完成。

己巳之变中，并非只有袁崇焕被杀，兵部尚书王洽同样也因为后金入关被杀。蓟辽总督的刘策在与后金的作战中打了几次败仗，也被崇祯帝处死。在袁崇焕被下狱的同时，工部尚书张凤翼也被下狱，因为大战暴露了城墙工程中的诸多问题。也就是说，崇祯帝在己巳之变中杀的正二品及以上的高官就有4名。

杀了这么多高官，站在崇祯帝的角度是说得通的，但袁崇焕的被杀使日后辽事更加恶化。袁崇焕被下狱一事，对官员们的震撼很大，文震孟在日记中写道：“袁罪当诛，而此非其时也。”袁崇焕手下大将祖大寿惊恐之余，率领部下近2万人，自行向山海关进发。孙承宗紧急之下赶紧劝说，但是没有效果，就让狱中的袁崇焕写了封信给祖大寿，祖大寿才又重新听从调遣。

而皇太极不久就迅速回师卢沟桥，此时的明军主帅已经变成满桂，他带领大军驻扎在永定门外。皇太极下令全军出击，包括满桂在内的4位总兵率领4万人奋力抵抗。最终的结果是明军总指挥满桂战死在北京城下，4个总兵中2个战死，2个被俘，4万明军全军覆没。这一战，明军损失极为惨重，战后清点发现战死的将士就有3万多名。

皇太极虽然大胜，但想攻打北京城还是不行的。于是，他转战北京周边的城镇，先后攻下了永平、滦州、迁安等城，并一度想攻打山海关。但因为孙承宗和祖大寿在山海关集结了3万多重兵，全是辽东的精锐，皇太极比较头疼，遂放弃了山海关，在山海关到北京之间四处劫掠，缴获了丰厚的战利品。皇太极打算在北京周边站稳脚跟。然后，他自领大军，带着丰厚的战利品回了沈阳，留阿巴泰等人率1万人马守卫永平、滦州、迁安、遵化四城，不久又让阿敏带5000人前去换防。

选择这四城并非皇太极随意而为，而是大有深意的。永平、滦州、迁安三城距离很近，可以随时互相支援，抱成一个团。而且，这3座城横亘在山海关和北京之间，紧邻山海关。皇太极明显是想用这几座城来斩断山海关的后路，对关宁锦防线形成合围之势。而遵化离三城较远，是后金进出关内的重要据点，如果三城守不住，后金就可以利用遵化来退军。这四城的布局，可谓是进退有据。

不过，这四城深入明朝境内，又紧靠京畿，明廷岂能坐视不理？立即派大军攻打。明军的统帅是孙承宗，祖大寿的3万人马是主力，还有各路援军数万余人，后面的乡勇、役夫更是不计其数。而后金军本就人少，又分在四城，被明军分而击之。后金军主帅阿敏见势不妙，趁夜逃回了沈阳，在逃走前杀死了所有投降的汉官并屠城。

阿敏的屠城在日后造成了很大的影响。阿敏逃回沈阳的路上，碰到了前来救援和换防的杜度，但四城已失，杜度也只能退回沈阳。在这一战中，阿敏的表现可谓糟糕透了，还犯下了屠城杀降的恶举。皇太极趁机将其囚禁，加强了自己的权威。在收复四城之战中，明军取得了不错的战绩，光是斩首就多达3000多级，而且孙承宗在核算士兵的斩首数量时极为严格，面目不清者一律不算作战功。

己巳之变中，明朝和后金展开了激烈的争夺，明军虽然守住了北京，但损失惨重，折损了满桂、赵率教等将领，整个关宁防线就只剩下祖大寿、何可纲寥寥几人，还失去了大量的人口和物资。明朝的堡垒推进、经济封锁和外交联盟政策都在此役后逐渐瓦解，永久性地失去了战略主动权。

皇太极自此就打开了新大门，每过两三年就派后金军进入明朝腹地大规模地抢掠，每次都劫获了大量的财物。就拿第六次入关抢掠来说，后金入关5个月，攻破70城，俘虏人畜46万，击败明军57次，明朝事实上失去了抵抗力，只能眼睁睁地看着后金军为所欲为。明军除了在第一次己巳之变中尚能与后金军正面作战，大量歼敌，在之后几次后金入关时，明军要么望风而逃，要么待在城里坚守不出，要么被一战击溃。

后金在无法突破关宁锦防线的情况下，就用这种办法一步一步地削弱明朝的力量。这样看来，即使没有李自成，明朝也离亡国不远了。

三、被拖垮的大明

战与和

其实，虽然后金与明朝在战线上殊死相斗，但双方都有过和谈的想法。和谈是战争的延续，后金在与明朝的战斗中多次表达过和谈的意向。

努尔哈赤在攻打抚顺后，对明朝的使者说："你们如果认可我，那就放了俘虏，送重礼来，我们可以和谈；如果不认可我，那就不必谈和，继续征伐。"不久，努尔哈赤又开出了议和的条件：明朝撤回各路边兵，封他为王；赐予他绸缎3000匹、金300两、银3000两；给敕书1500道。这样的和谈条件，明朝是不可能答应的。不过，随着战争的推进，明朝屡战屡败，损兵折将，失地千里。双方的地位发生了变化，这让和谈成了一种选择，但双方都需要一个契机。

天启六年，袁崇焕在宁远城下击退了努尔哈赤13万大军的进攻，这是努尔哈赤起兵反明以来少有的失败，他在当年八月十一日去世。袁崇焕派了一个34人的使团到沈阳为努尔哈赤吊唁，想趁此机会一探后金的虚实。皇太极当然明白袁崇焕的心思，顺水推舟，给予使团高规格的接待，亲自带着使团出城15里，一观后金军的军容。袁崇焕的使团在后金考察了近一个月才返回，就在使团回归时，皇太极也派了7人去宁远。皇太极派使者的目的很简单，大明派了使者过来，那我也派使者去大明，看看双方是什么意思，有没有进一步和谈的可能性。

那袁崇焕这个做法有没有得到天启帝的许可呢？答案是肯定的，根据《明熹宗实录》记载，天启帝在谕旨中指示说："敌人贪得无厌的要求，不要轻易许诺；我军强大的军备，要让他们的使者亲眼看到；不要故意去激怒他们，也不要陷入他们的阴谋之中。敌人的使者在时，不要急于去谈和，而失了大明的国体；敌人的使者走后，不要在军备上松弛，让他们觉得有可乘之机。战和守的主动权都要握在我方，他们要归顺或者战争，我们听之任之。"这说明袁崇焕与后金的和谈，朝廷是知情的，而《明史》中关于此事的记载为"崇焕初议和，中朝不知"，与事实不符。

根据《清太宗实录》记载，皇太极给袁崇焕的书信中写道："大满洲国皇帝，致书于大明国袁巡抚。"皇太极俨然把自己放到和天启帝同样的位置，袁崇焕哪里敢收皇太极的这封信，草草将皇太极的使者打发走了。在这之后，袁崇焕既没有派使者去后金，也没有回信，明朝和后金的第一次和谈就这样草草结束了。

天启七年，皇太极为了腾出手来打击朝鲜，削弱明朝的左膀右臂，决心再次派使者到宁远和谈。就在派出使者的同一天，皇太极命令阿敏率军东进，攻打毛文龙和朝鲜。《满文老档》记载，皇太极在给袁崇焕的书信中，提了和谈的条件："今尔若以我为是，欲修两国之好，当以金十万两、银百万两、缎百万匹、布千万匹为和好之礼。既和之后，两国言归于好，往来通使；每岁我国以东珠十粒、貂皮千张、人参千斤馈送于尔，尔国以金一万两、银十万两、缎十万匹、布三十万匹报我；两国仍如约修好，则当誓诸天地，永矢勿渝。”

袁崇焕也派使者前往后金，要求皇太极交还占领的辽东土地和俘获的人口，还要求皇太极从朝鲜撤兵，并保证以后不得加兵朝鲜。这样的条件显得双方都没有诚意。但皇太极还是做出了让步，同意将自己的名字写在大明皇帝之下，将所有的礼物数量全部减半。这样的条件袁崇焕同样不会同意。这一年，皇太极在宁锦之战中铩羽而归。于是，他再次修书给明朝，愿意去掉天聪年号，尊奉明朝的年号和历法。而此时刚刚继位的崇祯帝正想大展拳脚，对这个提议同样不感兴趣。

崇祯二年，袁崇焕被崇祯帝重新起用，皇太极多次致书袁崇焕，商讨合议之事。信件来往虽多，却无法解决根本分歧。和谈不成，那就只能诉诸武力。皇太极借道蒙古破长城入关，兵临北京城下。皇太极问归顺后金的原明朝总兵麻登云等人：“明国君对待众多将士，竟视如草芥，常把他们驱入死地。我屡次派使者前往议和，明朝为何没有回复一次？”麻登云自然深知明朝的情况，回答道：“大臣们都图谋自保，对于议和的事情，因恐惧皇帝而不敢上报。若上报后意见能被采纳，那当然是好事。但如果上报后惹怒皇帝，那大臣自己和家族都会遭殃，所以不敢言说。”

崇祯九年，杨嗣昌夺情任兵部尚书后，提出攘外先安内的策略，主张与清朝[①]议和，全力对付关内的李自成和张献忠等人。对当时的大明王朝来讲，这个策略不失为一种缓解困局的办法，因为此时明朝在军事上对付任何一方都是万分吃力，根本无力两线作战。但这个方案一出立即招致各方的反对，反对的人中有卢象升这样的爱国志士，也有沽名钓誉之徒，他们一起对杨嗣昌猛烈开火。崇祯帝的内心虽然偏向杨嗣昌，但在汹汹舆情之下，也不

① 1616年，建州女真部首领努尔哈赤建立后金政权。1636年，皇太极称帝，改国号为“大清”。

敢采纳他的方案。双方这一次的接触不了了之，最终清军铁骑入关。

到了崇祯十三年至十五年的松锦大战时期，明朝的主力13万大军被皇太极彻底击溃，剩余部分明军被困于松山、锦州等城。与此同时，明朝关内的农民起义此起彼伏，局势十分危急，已经出现亡国的苗头。鉴于局势恶化，崇祯十五年正月初一，崇祯帝和重臣们商议应对之策。兵部尚书陈新甲在会议上委婉地向崇祯帝提出和谈的建议。据谈迁《国榷》卷九十八记载，崇祯帝的回答是："可款则款，不妨便宜行事。"首辅周延儒老谋深算，虽然心里也偏向和谈，但他深知此事非同小可，弄不好就会惹火烧身，便在旁边一言不发。其他的内阁大臣也大多同意和谈。

有了崇祯帝的首肯，陈新甲让兵部职方郎中马绍愉作为和谈大臣前往沈阳。这是大明王朝最重视的一次和谈，为此还特地为马绍愉加封了二品官。对于马绍愉的到来，皇太极很重视，派官员出城20里相迎。就在这次和谈期间，清军攻克了松山、塔山、锦州等城，明朝和谈的形势并不理想。

崇祯帝虽有意和谈，但并不是直接给皇太极致书，而是通过给陈新甲谕旨来传达。这让皇太极一度以为书信是伪造的，他询问洪承畴之后才明白其中的原因。于是，皇太极也通过致书给阿济格来回复明朝。皇太极最终给出的和谈的条件是：明朝每年给清朝黄金万两，银百万两，作为回报，清朝每年给明朝人参千斤，貂皮千张；双方若有叛逃对方者，均应遣返；明朝以宁远双数堡中间土岭为界，清朝以塔山为界，并在中间的连山一地互市；沿海乘船往来，以黄城岛为界，越境者处死。

实话实说，皇太极的条件真不高。因为祖可法等人曾给皇太极的建议是：以黄河为界，是上策；以山海关为界，是中策；以宁远为界，是下策。皇太极在和谈中只选择了下策。崇祯帝召开会商议此事，询问周延儒的意见，但他还是一言不发，崇祯帝一时也没有下定决心。然而就在此时，意外发生了。

对于和谈，崇祯帝深知众口汹汹，所以再三要求陈新甲定要保密行事，切不可为他人所知。皇太极和明朝就明朝给清的金银讨价还价，双方书信不断，陈新甲看完皇太极的书信之后随手放在桌上。可谁也没想到，手下办事的人以为是普通情报，就按惯例分发给各个部门。

顿时，大明与清朝议和的事情人人皆知。一时间，朝野哗然，弹劾陈新甲的奏疏如雪片般飞向崇祯。但陈新甲认为自己是按崇祯帝的命令行事，居然无动于衷，没有上书谢罪，摆明是要崇祯帝承担这一切责任。崇祯帝将陈新甲下狱，将要杀之，周延儒这个时候站出来为陈新甲求情，说敌军没有攻打到城下，陈新甲罪不至死。崇祯帝回答说，陈新甲担任兵部尚书期间，7位藩王被农民军所杀，比敌军打到城下更恶劣，只字不提议和的事。

而先前弹劾陈新甲的言官们此时也都跳出来，力陈陈新甲不能杀。言官们的态度为何前后如此迥异呢？前面的弹劾是为了索取贿赂，后面的营救是因为贿赂已经到手了。但均未能成功，陈新甲最终被杀。明清之间的最后一次议和，也是最有希望的一次议和，就这样戛然而止了。

根据《清太宗实录》记载，对于明清议和的失败，皇太极遣人致书祖人寿时说："我兵到北京城下，谆谆致书，想要和谈。明朝君臣，都以宋朝的旧事所困，没有片言回复我。但你们的君主不是宋朝的后裔，我也不是金（指与宋朝对峙的金国）的后裔，彼一时也，此一时也。天时和人心，都已经大不相同，你们明朝难道就没有智慧之士，看清这一切？你们这些当权者看待时势，竟然如此拘泥固执！"

皇太极"砍大树"

双方既然没有达成和谈，那就在战场上见。皇太极便思考如何鲸吞蚕食大明国土。两次攻打宁远都宣告失败，说明关宁锦防线依然坚固，而已巳之变也说明攻下北京城并不现实，4城丢失后，清朝想占据关内城池的想法破产。

皇太极的谋士们也在思考这个问题。有人建议攻打山海关，还有人建议取北京，《清太宗实录》记载了皇太极自己的想法："取燕京如伐大树，须先从两旁斫削，则大树自仆。朕今不取关外四城（宁远、中后所、前屯卫、中前所），岂能即克山海？今明国精兵已尽，我兵四围纵略，彼国势日衰，我兵力日强，从此燕京可得矣。"他把明朝比作一棵大树，要想攻打北京，抡一斧头是不可能砍倒的，只有从两旁一斧头一斧头不断地砍，砍到一定程度，大树自然就倒了。

摆在皇太极面前的是：明军关宁锦防线依旧牢固，北京城仍然打不下来，那如何砍倒大明这棵树呢？皇太极选择的是入关劫掠，有两个好处，一则可以进一步削弱明朝的实力，二则可以让将士们掠夺更多的财富，也让皇太极获得更多的支持。崇祯五年（清天聪六年，1632年），就有朝臣上疏皇太极说："我国地窄人稀，贡赋极少，全赖兵马出去抢些财物。"

此时的局势下，清朝在与朝鲜作战中已取得胜利，对蒙古的招抚也有了成效，而对内，阿敏被囚禁，莽古尔泰受了处罚，皇太极的权力得到了很大的增强。在此情况下，对明朝进一步打击也被摆上了桌面。皇太极一共发起了7次大规模的入关掠夺军事行动，规模一次比一次大，这里就取其中3次来描述一下。

崇祯九年（清崇德元年，1636年），皇太极命阿巴泰、阿济格带兵入关。为阻击清军，明军从各地调集兵力，其中，抽调山东5000人、山西4000人、大同和保定各5000人、蓟州和密云共1.7万人、辽东1.5万人，合计5.1万人。这次作战中，明军尚能在一些局部战斗中斩杀清军，大同总兵在作战中共斩杀清军约1100人，俘获140余人，随后又在涿州杀敌200人。

然而，清军攻势不减，明军斗志全无，面对如此情况，兵部尚书张凤翼主动请缨去前线督师。在崇祯一朝，但凡主动到前线督师的文臣武将，大多有去无回。这一次清军入关近5个月，一共攻破12座城池，俘获18万人畜。张凤翼深知自己的罪责难逃，干脆连续服用生大黄，不久就一命呜呼了。而总督宣、大、山西军务的梁廷栋同样服用生大黄而死。

崇祯十一年（清崇德三年，1638年），皇太极以多尔衮为主帅，豪格与阿巴泰为左翼，岳讬和杜度为右翼，再次大举入关，皇太极亲往大凌河，牵制明朝的关宁军。清军由燕山脚下的墙子岭入关时，明总兵吴国俊和蓟辽总督吴阿衡正在给监军邓希诏过生日，全军毫无戒备。吴阿衡仓促带兵迎战，最后战死。大战才开始，总指挥就没了，这仗打不下去了。崇祯帝第三次赐尚方宝剑，命卢象升率宣府、大同、山西三总兵杨国柱、王朴、虎大威入卫京师，并督天下援兵。杨嗣昌此时想与清朝和谈，在为卢象升送行时，劝卢象升不要随意接战。卢象升与杨嗣昌发生了激烈的争执，杨嗣昌甚至说："那你拿尚方宝剑把我杀了吧！"

表面上看，卢象升督天下援兵，但他指挥不了关宁军。因为此时关宁军的实际决策者是监军高起潜，他在崇祯二年袁崇焕担任蓟辽督师时就已经在辽东监军，在袁崇焕死后更是深得崇祯帝信任，故而他在整个关宁军中话语权很重。所以，从一开始卢象升就指挥不了高起潜，而且高起潜所辖的关宁军，无论是数量上还是质量上都优于卢象升的军队。

崇祯帝命人给卢象升的军队送来军饷和马匹、武器等物资，卢象升认为崇祯帝是支持自己主战的，所以更加坚定与清军作战。卢象升准备于夜半兵分4路，从四面八方偷袭清军的牛栏清营，严令各路将士奋勇杀敌，违令者斩。卢象升兵力薄弱，请高起潜与自己合击清军，高起潜虽然手握重兵，距离卢象升仅50里，但断然拒绝。

高起潜为何这样做呢？因为他深知清军的战斗力，认为明军硬碰硬是打不赢的，所以他和杨嗣昌一样，主张明朝和皇太极议和。卢象升说不动高起潜，只得上疏请求与高起潜分家，各率一支人马。卢象升得到了宣府、大同、山西三路约2万士兵，这三路原本是三总兵，本应有3万人，但因为明军存在吃空饷的情况，其实只有2万人。

早在崇祯十一年（清崇德三年，1638年）九月二十八日，清军两路在北京城附近的通州会师。在北京城下，卢象升和清军有3次小规模的战斗，卢象升靠着大炮也没吃亏，清军无意攻打北京城，很快就撤去，兵分三路，南下抢掠。卢象升带着部队在后面追击，但由于军中缺乏粮饷，周围的县府也都不供饷，卢象升所部无力出击，遭到了言官弹劾。崇祯帝很生气，让首辅刘宇亮代替卢象升，刘宇亮吓得不轻，赶紧请杨嗣昌帮忙说情，最终还是让卢象升戴罪立功。卢象升部队中的大同总兵王朴以大同有警为由，带着部队回了大同。

十二月十一日晨，卢象升率师出征，在蒿水桥遭遇清军，他领中军，虎大威领左军，杨国柱领右军。而杨国柱的部队几乎一交战就败退了，双方激战一天，均有颇多伤亡。十二日晨，清军以优势兵力将卢象升的大本营层层包围，卢象升指挥将士发射大炮和弓箭击敌，午后时分，炮尽矢穷，卢象升下令明军与清军短兵接战。

清军骑兵近战的威力巨大，明军死伤惨重。总兵虎大威挽住卢象升的马，劝他突围，卢象升自知即便突围出去也会受到崇祯帝的惩罚，便决定死战。他随后跃马驰入清军阵中，左胸先中一箭，立马将箭抽去，挥刀再战，后腰又中一箭，左右大腿各中一箭，仍然强力坚持着。清兵蜂拥而上，卢象升的头部中一刀，右胸又中一刀，面门中一刀，一共中4箭3刀，最终倒地殉国。他的部下杨陆凯害怕卢象升的遗体遭清军骑兵践踏，扑在卢象升的身上，背中24箭而死。卢象升死的时候39岁，正值壮年。在这场战争爆发后，前大学士孙承宗赋闲在家，清军进攻高阳时，他组织全城军民守城，城破后自杀而死。

清军的这次入关的战果同样丰厚，入关5个月，转战2000里，连败明军57阵，俘获人畜46万余个，黄金4000余两，白银约98万两。明朝遭受重创，济南城中的尸体多达13万具，2名总督战死，崇祯帝战后问责时又杀了总兵倪宠和陈国威、监军邓希诏等30多名官员。

清军的最后一次入关掠夺是在崇祯十五年（清崇德七年，1642年）十月，清军以阿巴泰为主帅，再次挥师10万入关。对此，明军做了针对性的安排，关内、关外设两名总督，昌平、保定又设两名总督，又在宁远、永平、顺天、保定、密云、天津设6位巡抚，在此之上再在宁远、山海、中协、西协、昌平、通州、天津、保定设8位总兵，合计调集39.5万兵力来对付清军。但明军人数虽多，却毫无战意，任凭清军往来驰骋。首辅周延儒自请督师，却躲在城里，并伪造捷报给崇祯帝。他给崇祯帝伪造的数字是多少呢？据《崇祯实录》卷十六，“延儒奏捷，斩百余级”。这真是一个天大的讽刺！明朝近40万大军，连杀敌百人都需要伪造。

清军这次入关，总共攻克3府18州67县，大约掠得黄金1.2万两、白银220万两、绸缎5.2万匹，俘获37万人、牲畜55.1万头。这意味着平均到每名清军，可以获得白银22两、牲畜5头、3人。次年三月清军北返之时，车队延绵300多里，到卢沟桥渡了10日都未完。等清军即将出边时，明军集结八镇兵力在密云附近合击清军，结果一战即溃。

清军数次入关掠夺，沉重地打击了明朝，达到了以战养战的目的，但同时也给关内的百姓带来了深重的苦难。当明朝的实力在清朝一次次的入关掠夺中被消耗时，大明这棵大树就在皇太极一刀又一刀的砍伐下摇摇欲坠，清朝对关宁锦防线的进攻也提上日程。为了撼动明朝最坚固的防线，皇太极做了充分的准备。

明朝当然也没闲着，崇祯十二年，洪承畴剿灭农民军取得大胜，农民军受挫，农民起义转入低潮。崇祯帝就匆匆地将洪承畴调往辽东，以加强关宁锦防线的防守力量，也就是在这一年，清军攻占了义州（今辽宁义县）。

最后的决战

关宁锦防线由孙承宗、袁崇焕建成。袁崇焕在宁远之战、宁锦之战中先后挫败了努尔哈赤和皇太极，于是关宁锦防线的关键作用逐渐被人们熟知，并成为清军和明军争夺的焦点。在关宁锦防线中，山海关是后防中坚，宁远居中，锦州在最前面，所以大战一般最先在锦州展开。明朝为了加强防御，在锦州和宁远之间又建有松山、杏山、塔山等小城，每20里就有一城，形成纵深防御体系。

清军数次入关抢掠，给明朝带来了极大损失，国力逐渐衰弱。但由于关宁锦防线依旧牢牢掌控在明军手中，清军每次入关都不得不绕道。如果不除掉关宁锦防线，清军是无法占领关内城镇的。己巳之变中，清军派兵占领了遵化、迁安等四城，但因孤悬在外，清军主力回关外后，这四城很快被明军的优势兵力围攻，最终丢失。对于山海关外的几座城池，清朝是必须取的，皇太极是这样说的："大军屡入塞，不得明尺寸地，皆由山海关阻隔。而欲取关，非先取关外四城不可。"所以，关宁锦防线成了清军的眼中钉，必除之而后快。

对明朝来讲，关宁锦防线是保护北京的最后一道屏障，是万万不可丢失的。双方在关宁锦防线上的斗争愈演愈烈，大战一触即发。而在防线最前面的锦州，成了战场上最胶着的地方。守卫锦州的统帅是祖大寿，在袁崇焕死后，他成了明军在辽东的中坚力量。己巳之变中，祖大寿得知袁崇焕被崇祯帝下狱后，惊恐之余带着剩下的关宁军自行回到辽东。按理说，祖大寿自作主张，不听调遣，战后应当被秋后算账，但他非但没有被打击，反而继续在辽东战场担任要职。

究其原因，无非有二：第一，己巳之变中，明军损失了一大批优秀将领，而袁崇焕又被下狱，明军在辽东正缺人，此时再找祖大寿的麻烦，无疑是自毁长城；第二，祖大寿自己也十分谨慎，长期在军营和将士们住一起，如果强行把他拿下，必定引起哗变。

明朝依托关宁锦防线，进一步向前推进，推进点就选在了大凌河城。袁崇焕时期，明军两次修建大凌河城，但后金又岂能让明军得逞，两次摧毁了大凌河城。孙承宗在收复永平四城之后，就开始谋划修复大凌河城，修建城池的任务落到了祖大寿的头上。

大凌河城如果修筑完成，很有可能又成为一座和宁远一样的坚城，明军的关宁锦防线又会多一道防护。在此情况下，皇太极绝不会容忍明军在自己的眼皮底下筑城，遂于天聪五年（1631年）七月发动了对大凌河城的战争。此时，清朝利用俘虏已经制造出了红衣大炮，并且有40门之多。八月，皇太极带着6万精兵和40门大炮朝大凌河城而来。

祖大寿修城还没到半个月，清军就已经到了，城池大体已修建完成，具备一定的防守能力。明军的兵少，军民合计不过3万人，其中官兵约有1.3万人，很大一部分是修城的民夫。祖大寿赶紧关上城门防守，等待援军到来。

皇太极有了宁锦之战的教训，不再急于攻城，而是换了一个打法。他令大军将锦州团团围住，深挖了4道战壕，建起1丈高的墙，并配置了大量器械，防止祖大寿逃跑。这一招出乎祖大寿的意料，明军此次修城所带的粮食不多，根本经不起围困。城中明军唯一的希望就是等待援军。援军很快就到了，但因为兵力不足，连续3次派遣的援军都被皇太极轻松击溃。

皇太极为了消耗城中的有生力量，精心策划了一场诱敌行动，清兵们穿上明军将士的衣甲，打着明军的旗帜高喊，铺天盖地杀向清军大营。城中的明军一看援军来了，立即整军杀了出来，打算里应外合，突出重围。祖大寿眼看就要与援军会合时，援军突然变成了清兵，直接奔他而来。祖大寿惊恐之余，急忙后撤，在一众亲兵的拼死保护下，才狼狈地逃回城中。

祖大寿面对皇太极的招降无动于衷，即便城内已经缺粮，人吃人已成为常态，祖大寿依旧不投降。明朝真正的援军在九月二十四日终于到了大凌河附近，孙承宗派的主帅是张春，他主要的战绩是收复永平四城，深得孙承宗赏识，和张春一起的还有总兵吴襄、宋纬。鉴于清军强大的野战能力，这支援军十分小心，他们首先要考虑的并不是如何解救大凌河城内的明军，而是如何自保。于是，他们渡过小凌河之后，就开始挖掘战壕，建筑城寨，排开车盾，固营自守。

皇太极并不着急去攻打这个营寨，而是等援军距离大凌河仅15里时，才展开攻势。清军骑兵分两翼向明军发起了猛烈地冲击，起了一定的效果，但并没有让张春的大营崩溃。明军的战车上配有火器，发挥了巨大的作用，清军骑兵吃了一些亏，冲了几次都未能成功，战车阵缓缓向前推进。

清军的40门红衣大炮在佟养性的指挥之下不断朝明军轰击。佟养性原本是明朝抚顺的商人，其家族与努尔哈赤过从甚密，后来佟养性直接投靠了努尔哈赤。皇太极时期，佟养性也受到重用。明军没想到自己也会遭到炮火轰击，顿时阵形大乱，总兵吴襄一营先行溃逃。张春让人点燃地上的草，想利用风势烧死清军的炮兵，但风势并不稳定，反而烧到了明军，这下明军彻底崩溃，四向奔逃。而清军早就在明军的溃逃路线上布了伏兵，最终4万明军基本被全歼，张春被俘。

张春这支明军是明朝在辽东为数不多的精锐，在战斗中也杀了清军副都统绰和诺、备御多贝、佐领卓纳、管武备院事达穆布等诸多将领。但在野战中，明军根本就不是清军的对手，再加上清军也有了红衣大炮，明军最终失败并不意外。

当援军与清军大战时，城中的祖大寿并未带兵出城作战，也许是他已经吃过清军的亏，不能判断这次救援的真假，也有可能是城中缺粮过久，已经失去了战斗力。城中的明军已无路可逃，要么饿死，要么投降。

鉴于此等情况，皇太极多次写信给祖大寿劝其投降。皇太极说："两国相争，不外乎和与战，只是我想和好但没有成功，只好率大军长驱直入，没想到在这里与将军相遇。我实在是仰慕将军，这是上天让我们二人和好，所以我派人来送信。我仰慕将军已经很久了。"祖大寿开始时拒不投降，但奈何城中粮食已尽，又有人不断叛逃，外援又断了，最终只能接受了皇太极的招降，并让其子祖可法进入清军帐营洽谈。

皇太极问祖可法，如此困境之下为何还不投降？祖可法的回答很简单，因为当年的永平城投降时，清军答应进城后善待城内所有人，最后却大肆屠城。投降是死，不投降也是死，大凌河城当然不会轻易投降。皇太极的答复是：当年的屠城是阿敏私自的行为，现在阿敏已经被囚禁，杀降的事情不会再发生。

不仅如此，祖大寿还十分关心皇太极的志向，他认为皇太极打下城池但不占领，没有取天下之心。皇太极表示自己下一个目标是锦州，祖大寿说自己的家眷都在锦州，镇守锦州的明将正是自己的弟弟祖大乐，他愿意回到锦州，举城来降。为了让皇太极相信自己投降，祖大寿将自己的副手——坚决不投降的何可纲拉到城外杀死。何可纲被杀后，就立即被拖回城内，被城中饿疯了的饥民吃掉。祖大寿投降时，城中的3万人仅剩约1.2万人。

皇太极虽然不太信任祖大寿，但要得到祖大寿，就必须彰显出自己的诚意，而且祖大寿的部下和一些子侄都在清军中。祖大寿带着350人离开了大凌河城，皇太极还是留了一手，让阿巴泰、德格类等清军将领带着4000多人马穿着汉服紧随其后，意图混进锦州城。哪知祖大寿到了锦州后就闭门不出了。锦州城池坚固，粮草丰足，强攻未必能克，皇太极无奈之下只得班师回朝。

不过，皇太极此行并非没有收获，一众明军将领成了他的得力助手。祖泽润，祖大寿的长子，后隶正黄旗，又随洪承畴招抚湖南，驻守长沙；祖可法，祖大寿的义子，曾参与制定清朝征服天下的策略，后招降吴三桂和镇压李自成，官至湖广总兵；祖泽溥，祖泽润之弟，授山西总督；祖泽洪，祖大寿之侄，亦隶正黄旗，后对明作战屡立军功；刘良臣，北直隶人，隶镶黄旗，曾参与征讨山西，后擢为甘肃总兵；刘武，归降时为明朝游击，后任南赣巡抚，以功擢升兵部侍郎；孙定辽，辽阳人，大凌河城的明军副将，后随清军平定江南，官至湖广提督；张存仁，辽阳人，降后授一等副将世职，在清军平定江南过程中多有立功。

为何祖大寿家出了这么多人才呢？这还得从祖大寿的祖上说起。祖大寿的祖上在辽东参军多年，宣德五年（1430年），也就是宁远城筑成当年，南直隶滁州的军官祖庆率全家老小迁居至此，世居于此，军职不断升高，成了宁远城的一大家族。祖大寿的祖父祖仁是镇守宁远的援剿总兵，父亲祖承训是辽东总兵官、宁远伯李成梁的得力助手，官至辽东副总兵。

祖家满门为将，在辽东有着很高的威望。与祖大寿同辈的祖大乐、祖大成、祖大弼，子侄祖泽远、祖泽沛、祖泽盛、祖泽法、祖泽润、祖可法等人，都是上自总兵，下至副将、参将、游击的各级军官，分驻宁远、大凌河、锦州诸城。为表彰祖氏世代镇辽的功勋，崇祯帝即位后，命人在宁远城为祖氏建了功德牌坊，所以祖大寿是皇太极竭力争取的对象。

崇祯帝也十分看重祖大寿，辽东巡抚丘禾嘉向朝廷参奏祖大寿率队献城投降，崇祯帝不仅没有降罪，反而将祖大寿升为左都督，领锦州。崇祯帝曾3次下诏，命祖大寿进京觐见，祖大寿哪里敢去，只能找借口搪塞，始终待在锦州城中。祖大寿成了皇太极和崇祯帝都极力争取的人物，两位皇帝都不得不委曲求全，争取他为自己效力。

大凌河之战9年后，辽东战场才又开始了新的决战。崇德五年（1640年）三月，皇太极安排济尔哈朗等人在义州屯田，义州距离锦州不到百里，坐落在大凌河畔，土地肥沃，适合耕种。不仅如此，皇太极还调集各地粮食入义州，并安排1000余人赶制红衣大炮。皇太极的这些举动表明他并没有想一举拿下锦州，而是在做长期打算。

同年六月，皇太极指挥清军兵临锦州，开始了围城持久战。皇太极将围城的清兵分为两班，一个月轮番更换一期。不过，这个包围圈并不紧密，明军利用新年过节之际，出其不意地火速运了1.6万石粮食进入锦州城。当时清军一无所知，事后才派军追击，一无所获。发生了这样的事，皇太极大为恼火，处罚了不少人。清军很快就严密地包围了锦州，深挖战壕，布置栅栏，并在城外四方扎营，封锁所有道路，锦州被完全合围。

驻守锦州外城的降夷右营（由五百余名蒙古勇士组成）战斗意志并不强烈，见城被合围就联络清军投降。祖大寿发觉了此事，准备对降夷右营出击，但被其察觉，很快双方就发生了激战。清兵趁势杀入，夺取了锦州的外城。锦州外城的丢失让明朝十分紧张，祖大寿开始恐慌，向朝廷连发急报，请求救援。

明军总指挥洪承畴也意识到大战在即，不断从宁远出兵与清军作战，身边虽有宁远总兵吴三桂、辽东总兵王廷臣、东协总兵曹变蛟、援剿总兵白光恩，但仍兵力不足，于是上疏申请从内地调集援兵，崇祯帝便命宣府总兵杨国柱、大同总兵王朴、山海关总兵马科、密云总兵唐通出关入援。明军的兵力得到加强后，开始北上解围。

崇祯十四年（清崇德六年，1641年）四月二十五日，洪承畴率军6万出援，在锦州城南乳峰山一带与清军大战一场。清军在乳峰山上部署布兵，在山下要道设有2万精骑。战斗开始后，双方你来我往，战况一度胶着。清军的骑兵猛烈冲击，按照以往的经验，明军是经不起几轮冲击的。但此次不同，明军的兵力雄厚，虽被清军的红衣大炮轰炸损失不小，但阵形不乱，不但扛住清军骑兵猛冲，将领还能组织军队猛攻。锦州城内的明军听到炮声滚滚，知道援军来了，遂出城列队遥相呼应，清军不得不分兵阻击锦州城内的明军。双方大战到天黑，清军仍未取胜。

明军这边，洪承畴也无法突破清军的防线。双方从五月到八月，在锦州和宁远之间连续作战。在这些战斗中，明军士气旺盛，多有斩获，其中一次战斗斩杀和擒获了清军1500人。三个月的战斗中，还有3名清军将领投降，2名清军将领被斩杀。

《明清史料·乙编》记载，辽东巡抚给崇祯帝上报说："乃锦围三月未解，盖以二十年来，未能与逆奴长久扑杀一阵，所以数月间，多方鼓舞，先作其气，先壮其胆。今有此几番战胜，军声已振，解围有望，目下惟候机缘一凑耳。"

很显然，皇太极和洪承畴都在小心翼翼地寻找对方的破绽。此时明军士气正锐，清军迟迟未能取胜，皇太极心急如焚，但也只能不断增派援军。祖大寿派人从锦州城出来告知援军，城内的粮食还能支撑半年，只是没有柴火，让明军用车营对付清军，不要轻易作战。洪承畴和祖大寿不谋而合，他认为应当静待时机，等秋后再与清军决战。但兵部尚书陈新甲一再催促洪承畴出战，因为大军的粮饷供给实在是个大问题，朝廷不堪重负。崇祯帝虽然认可洪承畴的策略，但也发来命令让洪承畴出战。

崇祯十四年七月二十六日，洪承畴在宁远誓师，出援锦州。这一战，明军明确记载有13万人，锦州城内祖大寿的兵力应该有1万多人，合计兵力14万多人，那么清军的兵力有多少呢？皇太极悉发全国之兵来战，此次大决战料想兵力不少，应该也远超10万，明清双方的兵力不相上下。因为人马太多，洪承畴先率领6万人马先行，余军后行，在松山集结。洪承畴之所以选择松山，是因为松山的位置太重要了，横亘在锦州与杏山之间，实为宁锦咽喉。皇太极屡次派兵来攻打松山均未成功。

明军在松山和乳峰山之间扎营，双方在此地数次交战，清军认为明军势大不能敌，多尔衮紧急向皇太极求援。当时，有人建议洪承畴应速战速决，火速进军，以解锦州之围，但洪承畴不听。八月十五日，皇太极在沈阳亲率大军向锦州而来。

十九日，皇太极的大军到达锦州城北。他登上高地，察看明军的阵营，只见明军阵营齐整，步兵在松山城北，骑兵在松山东、西、北三面。皇太极惊叹洪承畴治军有方，但也看出此阵头重脚轻、后方防守薄弱的问题。他马上部署清军从锦州朝西南，并在松山和杏山之间挖掘了3道战壕，以阻断明军。这说明皇太极已经有了破敌之策。

二十日，天刚亮，明清双方大军列阵大战，未分胜负。皇太极命令阿济格率军进攻明军的后方，夺去了明军在笔架山上的12堆储粮。这是洪承畴万万没有想到的。粮草的重要性，洪承畴自然是知道的，他就是督粮官出身，常年与粮食打交道。他将粮仓设在笔架山上，因为此山在宁远城外不远，远离锦州战场。若要攻击笔架山，需要越过松山、杏山、塔山数座城池。然而，洪承畴为了防止大军被清军击破，采取的是大兵团行动，13万明军抱成一团，这就让粮仓孤悬于大军后方，根本经不住清军骑兵的攻击。此时的明军只准备了3天的粮食，也就意味着3天之后，大军将陷入缺粮的恐慌之中。

夺取粮食后，皇太极料到明军会跑，立即做了严密的部署。《清太宗实录》卷五十二记载，皇太极说："今夜敌必遁，我左翼四旗护军可至右翼汛地排列，右翼四旗护军及骑兵，蒙古兵前锋俱比翼排列，直抵海边，各固守汛地。敌兵之遁者，有百人则以百人追之，有千人则以千人追之，如敌兵众多，则蹑后追击，直抵塔山。"皇太极不愧是那个时代卓越的军事指挥家，一眼就看穿了明军的下一步部署。

二十一日，洪承畴在松山召开最高军事会议。他提议明日与清军决战，但一些高级将领想退回宁远。洪承畴无奈，制定了分兵两路突围的方案。宁远总兵吴三桂、山海关总兵马科、原任总兵李辅明为右路；大同总兵王朴、蓟州总兵白广恩、密云总兵唐通为左路，约定于更时一起南逃回宁远。大同总兵王朴提前率兵逃跑，一时间明军大乱，士兵们争先出逃，互相践踏，死伤无数。

明军的突围失败，死伤惨烈。史书记载道："是役也，计斩杀敌众五万三千七百八十三，获马七千四百四十匹，甲胄九千三百四十六件。明兵自杏山，南至塔山，赴海死者甚众，所弃马匹、甲胄以数万计。海中浮尸漂荡，多如雁鹜。"根据《清太宗实录》记载："明兵窜走，弥山遍野，自杏山以南，沿海至塔山一路，赴海死者，不可胜计。"

洪承畴没能成功突围，带着万余残兵退回了松山。总兵吴三桂、王朴等人逃入杏山，总兵马科、李辅明等人奔入塔山。总兵曹变蛟是条汉子，居然在突围中冲入了皇太极的御营，但他也没能突围成功，最后也回到了松山。皇太极下令围困松山，还是老办法，深挖战壕，在战壕边的木桩上遍安铃铛，一触即响，并放有无数犬只，明军一有动静，清军立即知晓。松山被围成了一座死城。

洪承畴在松山死守了约半年，其间组织了多次突围，均未成功，也不可能成功。最终，城内粮尽，副将夏承德暗中降清，松山城破，洪承畴、巡抚丘民仰、总兵曹变蛟和王廷臣被俘。已回沈阳的皇太极只对洪承畴感兴趣，命人将其押到沈阳来劝降，丘民仰、曹变蛟、王廷臣等人被杀。

锦州的祖大寿见此情况，也很识趣地选择了投降。皇太极对祖大寿极为欣赏，10年后依旧以礼相待。塔山死守被攻破，杏山选择了主动投降。至此，锦州、杏山、塔山、松山四城沦陷，明朝在关外就剩宁远一座孤城。

明朝在松锦之战中战败，清军攻下宁远城之后，就可以直扑山海关。而关内农民军也死灰复燃，有席卷天下之势，大明王朝已经无力回天。当初，杨镐在萨尔浒分兵惨遭失败，而洪承畴合兵一处同样失败，为何？原因并非在于分兵和合兵，而是将军队置于了危险的境地。

这里有一个疑问，皇太极为何不力攻山海关，取北京？当时，也有很多清朝官员向皇太极提议，皇太极回复说："有些人劝我应该迅速出师，以成大业，但这些都是没有洞察时势的看法。察哈尔蒙古才归顺于我，降众还没有完全安抚，人心尚未安定，城池还没有修缮，就这样轻易地出师，如何能成就大业呢？"

他又说："我也在反复思考这件事，将来我国安定内部之后，发动大军出击，但如果明朝皇帝弃北京而走，我们是追击他，还是选择不追，继续攻打北京呢？如果攻打北京没有成功，是将北京城围困起来吗？如果明朝皇帝要请和，是同意还是拒绝呢？如果我不同意求和，明朝皇帝逼迫我求和，又该如何处理呢？承蒙上天庇佑，如果我们侥幸攻下了北京，城中的百姓又如何安置呢？我国的贝勒们都以贪得为心，又应该如何禁止？"

由此可见，皇太极并不是不想入主中原，而是反对鲁莽地出兵，想稳扎稳打，先安定好内部，再行出击。然而，就在松锦之战后的第二年，皇太极去世了。由于他去世前没有指定接班人，清朝内部发生了激烈的权力斗争，导致清朝将精力放在了内部，暂时放松了对大明的攻击。而当清朝内部局势稳定之后，转过头一看，明朝已经被李自成灭了。

第三章

民变乱局

一、农民为何起义

民不聊生

关于农民起义，《明史·流贼传序》有深刻的分析。大意是说，万历帝荒怠政务，天启帝亲近宦官，国家的元气和国力都被消耗殆尽，国脉垂危。假如天启帝再多统治几年，也许明朝在天启帝时期就亡了。

崇祯帝即位之后，臣僚间的党争已经形成，国家的物力被消耗殆尽，法制被肆意破坏，女真对边疆的侵扰已经非常严重。崇祯帝虽然锐意进取，但在人才的使用、政务的部署、军事的决策等方面，在内没有真知灼见，对外也不能做到决策不动摇。

而且，崇祯帝生性多疑，任意监察下属，又常常意气用事。任意监察下属，导致他薄情寡恩；意气用事，导致他措施失当。当四方鼎沸，山野间都是盗贼之时，崇祯帝任命的人不是庸碌之辈就是奸佞小人，无论是剿灭还是招抚都没有成功，文臣武将都救不了大明了。

《明史·流贼传序》又接着说："崇祯帝只要发现有一仗失败了，就杀一将，丢掉一城，就杀一官吏，处罚太重最后导致处罚失去了作用，驭下过于严格以致管理失序。再加上灾荒连年，赋税严苛，外有强敌内有贼寇。这就好比一个人，元气已损，疮毒并发，已经非常危险了，而在诊断和医治时对错颠倒，用药又寒热一起用，导致病入膏肓，无可救药，不亡更待何时？所以，明朝表面上看是亡于流贼之手，实际灭亡的原因根本不在于流贼。

后人编写《明史》的时候，明朝已经灭亡了，后人在看待前朝这段历史时，自然要比当世之人更深刻。明之亡，亡于流贼，而致亡之本不在于流贼，这是值得我们深思的地方。农民起义是如何一步一步把大明王朝颠覆的？

首先要讲的就是农民的负担。第一个就是赋税问题。朱元璋建立明朝之后，吸取了元朝高赋税的教训，采取了大致在5%—15%之间的低税率。但这里面有个问题，收税是需要成本的，人力、运输都需要钱，那这些钱从哪里来，由谁负担？明朝的税收已经这么低，如果还要承担这个成本，那可能入不敷出。所以，明朝实行包税制，即政府就要这么多的税收，成本不管。

税收产生的成本，由地方自行解决。所谓解决，就是在老百姓头上分摊。这个分摊要了老百姓的命，各种加征腐败、中饱私囊应运而生。比如，农民自己把粮食运送到收税点，如果征收人员使点坏，说粮食不达标，让农民运回去再重新送来，农民只得通过行贿来过关。而且，这个运输的成本也很高，具体有多高呢，朱元璋曾经算过一笔账。洪武二十五年（1392年），朱元璋颁布了一份反腐教材《醒贪简要录》，记载了朱元璋制定官吏工资标准的理论依据。明朝正一品官员的俸禄是每月支米87石，一年合计1044石。

朱元璋还算了另外一笔账，让我们认识到这份工资实际非常高。米来自稻谷，加工1044石米需要2620石稻谷，而要生产2620石的稻谷，则需要

873亩田。种田需要耕牛，按一头牛耕50亩地算，需要用17头牛。而田间劳作上的人力花费，按一个人种15亩田计算，需要57个人耕种。收割之后，一担未脱粒的稻禾只能出4斗稻谷，所以1044石米需要6550担。把稻禾从田里挑到打谷场，就按1里路来估计，来回就是2里，这样算下来，为运送这些粮食就得走约1.3万里。运输成本有多大，可见一斑。

因此，正一品官员的俸禄每月87石米看似不多，但为了这份俸禄，老百姓要花费很多的劳力，光是挑担就是万里之遥，你能说这份俸禄少吗？朱元璋在《醒贪简要录》中发出了灵魂拷问："为官者既受朝廷重禄，尚无餍足，不肯为民造福，专一贪赃坏法，亡家果可怨乎？"而且，明朝的大部分胥吏是没有编制的，国家不管，他们靠什么生存？当然是靠这些政策空间。所以，明朝名义上的税赋很低，但实际税赋远远超过了名义税赋。

而且，明朝政府没钱就向老百姓加派。加派赋税在嘉靖时期就已有之。嘉靖二十九年（1550年），庚戌之变爆发，蒙古土默特部首领俺答汗由古北口进攻北京。为了顶住军事上的压力，明朝在南直隶和浙江加派田赋120万两白银。虽然不是小数字，但仅是临时加派，又选的是相对富裕的地区，尚不会造成严重的社会问题。

到了万历四十七年，为了应对辽东努尔哈赤咄咄逼人的进攻态势，万历帝分3次加田赋，第一次加3厘5，第二次加3厘5，第三次加2厘，合计每亩加9厘，共计加饷520万两白银。520万两白银是个非常大的数字，甚至超过了户部每年的岁入。官府在加赋时说，此仗消灭了努尔哈赤，这个钱就不用再加了，但令人没想到的是，明军在萨尔浒大败，努尔哈赤越打越强，加派辽饷成为常态。

不过，即便是加派，也存在不均衡的问题。因为加派是按照田亩数均摊，这样做的原因是便于操作，但对于土地贫瘠的地区意味着更大的不公平，亩产20斗和亩产10斗的地区对税收的痛苦程度是不一样的。陕西、山西这些省份的土地大多贫瘠，土地亩产比其他省份更低，更难以承受加派。

对于加派，崇祯朝御史姜思睿有一番清晰的论述，他说："加税的人说，一亩加数厘，百亩才加数钱而已。但他们根本就不知道老百姓生活之不堪，即便是一毫一丝，老百姓也极为看重。穷困的地区一听说官府要额外加派赋税，无不怨恨，有人逃离，继而生乱。今天流贼纵横，肆虐于陕西、山西，都是无穷无尽的逼迫引起的。臣恐怕到时候一旦有事，几省加派所得的钱财还不够用来平叛的。如果逼迫陕西、山西的农民都去叛乱，那到时候官府又找谁去收税呢？如今不去从内部清理夙弊，反而去在外部加征重税引起民众的怨恨，这是剥削民众以养兵，是驱赶民众为盗贼啊！"姜思睿这番话很有见地。他对当下的时局看得很清楚，甚至预言了未来，但他的见解得不到任何回应。

关于赋税的征收，还有一个问题——税赋不公平。明朝在税收上有很多优惠政策，给予考取功名的读书人一些特权，称为"优免"。比如，一品官免粮30石，人丁30丁；九品官免粮6石，人丁6丁；就连监生、举人也可以免2石，人丁2丁，这里的"丁"指的是服徭役的人。而两榜缙绅无论是否有官职，都可以免除部分徭役。晚明的徭役已经折算成银两，直接交银子就可以。即便是乙榜出身，多的可以免掉二三千亩的徭役，少的也可以免掉四五百亩，这就造成了缙绅们不需要交税赋，不需要交徭役钱。但这些人本就是社会中最富裕的阶层，还不交税，在税收上就产生了严重不平等。

如果这些人只是自己享受政策也就罢了，问题是他们还会想尽办法利用政策来获取更多的利益。这就相当于给堤坝开了一个小口子，问题很快就会从这个小口子四处蔓延。很多获取功名的人将族人和门生故吏的田都写到自己的名下，以享受优惠的政策，这被称为"包揽"。一些不堪重负的农民就选择投靠有功名的富户，以享受优惠的政策，富户则从中牟利，这被称为

“投献”。至于官府，早就腐败不堪，花点钱打点一下就能应付。比如，庆阳伯接受的投献多达54万亩，长宁伯接受的投献就有19万亩。

如此一来，不交税的人越来越多，以至于出现江南地区一个县承担赋税的人口不足全县人口一半的情况。这就造成了真正的有钱人应当承担的税赋，转嫁到了普通农民的头上，农民的实际税负自然十分沉重。当农民无法承受的时候，就会出现大量的逃亡。因为一个县的总体税赋是不变的，当有人逃亡，剩下的人就要帮逃亡的人交税，这就是所谓的“赔粮”。这样不公平的政策，最终造成的只能是越来越多人逃亡。而逃亡的结果就是土地大片地荒芜，无人耕种。

有一段真实的对话可以看出当时的情况。吴应箕是明末著名的学者、社会活动家。他在河南看到了这样的景象：所到之处，田地的界限都还在，但是无一耕种，田间的黄茅白草一眼望不到边际。

吴应箕等人行走了40多里看到的都是此番景象，他就问轿夫：“此县的东南西北，田地都是这样一片荒芜的景象吗？”

轿夫回答：“像这样的，有十之八九。息县要好一些，大约十有四五。”

他们终于到了一个驿站，看到一位老人和一些驿站的杂役。

吴应箕疑惑地问他们：“我所过之处，全是一片荒芜，难道你们不差粮食吗？”

众人回答：“以前这些都是上好的良田，但现在都缺粮，没有任何的存粮。”

吴应箕更加疑惑了：“那为何不耕种啊？”

众人答：“没有牛啊！”

吴应箕问：“为何没牛？”

众人答：“牛都被卖了。牛也是要交地租的，卖了牛，牛的那份地租就不用交了。而本县的徭役逼得很急，很多人不能忍受沉重的徭役就卖了牛，弃了地，然后逃亡了。但需要交税的总额并没有变，逃亡那户该交的税就分摊到其他户身上。如此，贫困之家只能举家逃亡。这种情况下，所有人都开始逃亡。所以，就成了今日村庄沦为废墟，田地尽是荒芜的景象。”

吴应箕问：“这些逃亡的人可以把他的地卖给其他人啊，为何甘于这样白白地丢弃呢？”

众人答：“税赋和徭役已经是有田者身上巨大的负担，有田的人想丢弃土地却不被官府允许，如果去买田，随之到来的还有税赋和徭役，怎么能承受？所以大家都先后逃亡，土地也先后荒芜，一日更甚一日，最后就出现了现在这样极端的情况。”

吴应箕又问：“你们为何不将情况报告给县里的官员呢？”

众人答：“本县的县令只求能凑够粮食，好向上面交差，以免被上司谴责，哪里还有精力去管农民逃亡、田地荒芜的事情？即便有人去上报，也会遭鞭笞，百姓怨恨，再也没有敢说话的人。”

吴应箕又问：“此地是交通要道，三司六道官员会从这里过吧！”

众人答：“会的。”

吴应箕又问：“巡抚会从这里过吧！”

众人答：“会的。”

吴应箕又问：“州郡的官员会从这里经过吧！”

众人答：“会的。”

吴应箕又问：“这些官员都从这里过，他们看到这样的场景，曾有人过问吗？”

众人回答：“没有！”

这段对话中暗含很多令人震惊的信息。我们一直以为，农民没有自己的土地才会陷入贫困和流亡。但在河南这一带，农民宁可逃亡也不要土地，因为税赋太重，收的粮食全部交上去都不够交税，所以大片良田荒芜。一边是良田荒芜无人耕种，一边是百姓逃亡和大量饿死，如此匪夷所思的场景，让人不禁唏嘘和叹息，大明如此作为，真是烂到了骨子里了。

具体到农民起义的始发地陕西，情况则更加严重。陕西有一个重要的问题是临近边疆。明朝有著名的延绵在北部疆域、用来防御的九边重镇，陕西就有其三：宁夏、固原、延绥。因为这三边的位置极为重要，所以陕西总督又被称为陕西三边总督。

边镇的存在给陕西带来了严重的负担，18年来陕西合计缴纳的税收是150万两白银，但输送到三边军饷是204万两白银。军饷已经远远超过了税赋，这还是经过部分减免后的结果。

临近边疆还带来一个重大的问题就是边患多。万历二十二年（1594年）、万历四十三年、万历四十四年都出现蒙古部落大规模南下，而其他的时间里则小规模骚扰不断。蒙古南下的主要目的就是劫掠财物，这对当地农业造成了非常致命的打击。陕北的延安和庆阳的农业损失是最严重的，这两个地方都是后来农民起义的发源地。

陕西北部本就是极端贫困地区，若不是农民起义在这里发生，很多人都会遗忘了这穷乡僻壤之地。在江南地区已是阳春三月之时，陕北很多地区的土地还没有解冻，这些地方十月就开始降雪，再加上土地贫瘠，不适合农作物生产。以农民起义最严重的延安和庆阳二府为例，平均一亩地的产出只有大约八九斗米。

贫苦之地，连官员都不愿意到此任职。明朝对官员的任职有着很严格的要求，科举成绩是最重要的标准，重要地区的官员非进士不可。以知府为例，大多为进士和举人，但在陕北，担任州府的以举人和贡生为主，这些官员大多昏聩无能。最明显的例子是，当农民起义发生之后，陕西的地方官员束手无策，不知所措。当人们把农民起义的消息报告给陕西巡抚时，他害怕听到这些消息，反而杖责了报信的人，还说这些人过了春天就会自行散去。主政一方的地方大员竟然如此昏聩，地方治理的混乱和无序就是常事了。

陕西发生农民起义还有一个重要的原因就是土地的高度集中。在这方面，朱家人首当其冲，皇家庄园的土地已经占据了天下所有土地的七分之一。比如，在著名的天府之国四川，由于修建了都江堰，整个平原沃野千里，但7成土地都在蜀王手里，军屯又占去了2成，民间所占的田竟只占到1成。而陕西是数位王爷的封地，他们手里的土地自然是最多的。

之所以会如此迅速地引起大规模的农民起义，还有一个原因就是天灾。以陕西为例，崇祯元年，陕西北部和中部出现旱灾。崇祯二年，陕北大旱，延安府县出现人相食。崇祯三年，陕北仍大旱，米脂县夏秋均无收获，米价暴涨。崇祯四年，夏季全陕大旱，北起榆林、延安，南至西安，人吃人。冬天大雪，雪深丈余，人畜死者过半。崇祯五年，陕北出现大饥荒，饿殍遍野，人争相食。

陕西的巡按御史李应期在给崇祯帝的报告中说："臣自凤翔、汉中、兴安，巡视经过延安、庆阳、平凉，然后抵达西安，中间5个月没有下雨，以至于到了秋季的三伏天，禾苗全部枯死，田地变成一片赤野，炊烟断绝，百姓流离失所。每到一处，难民数百一群，在路上向官吏请求赈灾。在延安府下面的宜川、洛川等地，西安下面的韩城等地，有些人聚集成群，以抢劫掠夺为生，弱肉强食，这都是因为那些饥民无奈之下被迫铤而走险，与其饿死，不如靠抢掠为生，尚可保全性命。如果朝廷不加紧赈济这些人，将来必会引发大祸。"同时，他还警告道："如果将来大祸到来，天下动摇，可不要怪我没有早点把这些讲出来。"

如此情况之下，陕西已经危在旦夕。崇祯元年陕西发生大饥荒，饿殍遍地。明朝政府开始重视陕西的灾情，崇祯帝让礼部郎中马懋才到陕西调查，马懋才经过走访，给崇祯帝上了一道《备陈大饥变疏》，详细地介绍了自己的见闻。

他在奏疏里写道："臣自奉命调查灾情，臣的家乡延安府从崇祯元年开始，一年都没有下过雨。到了八九月，无粮可吃的百姓只得上山挖蓬草吃，蓬草的果子有点类似糠皮，又苦又涩，吃下去仅能保证不被饿死。到了十月，蓬草都被吃光了，百姓们就只能剥树皮吃，把榆树皮夹杂着其他树皮一起吃，可以稍稍减缓死去的速度。到年底，树皮都被吃光了，他们就只能挖山中的青叶石吃，这种石头一吃下去就感觉饱了，但吃下去几日后，人就会因为腹胀而死。

"这种情况下，很多人聚在一起成为强盗，而少数家中还有存粮的家庭，就被他们抢走了粮食。官府也没有办法禁止，这种情况下家中仍然有粮食的，是那些大地主和官僚之家。他们自然不能容忍粮食被抢，于是派兵捉拿强盗。有些人被抓之后毫不畏惧地说：'因饥荒而死和因做强盗而死都是一回事，与其饿死，不如当强盗而死，这样至少还是一个饱鬼。'

"最让人可怜的是，安塞城西有一粪场，每天早上必定会有两三个婴儿被丢弃在这里。被丢弃的婴儿，有呼喊父母的，有号啕大哭的，有的婴儿饿得不行，直接食用粪土。而到了第二天，丢弃的婴儿全部死亡了，新丢弃的婴儿又来了。

"更让人惊恐的是，儿童或者独行者一出城外便无踪影。之后，一些百姓见到城门外有人用人骨当柴火，煮人肉吃，才知道以前走丢的儿童和独行者都是被他吃掉了。而吃人肉的人，几日后也会面目肿胀，体内发热而死。到处都有死去的人，臭气熏天。城外挖了几个大坑，每个坑可以埋数百人，用来掩埋遗骸。臣到这里的时候，已经填满了3个坑。但数里之外，来不及掩埋的人不知道又有多少。小县已经如此凄惨，那些大县可想而知，一处如此凄惨，其他处也就可以想象得到。

“对这些事，臣有自己的见解。明朝之初，每十户为一甲，每十甲编为一里。到了今天，甲和户都已经萧条，早已不是当初的状况了。现在的情况是百姓九死一生，官府又不减免租税，民众大声呼救却无人应答。官僚们因政府的命令不得不加紧催收税赋。如果一户只有一两人，也要让他们交一户的税；如果一甲里只有一两户，也严令他们交一甲的税。如此往上推，一里一县皆是如此。

“民众不堪重负，只能抱恨而逃，漂流异地，无处安身，逃离了自己的房子，所有的钱财都已经耗尽。梦断乡关之路，魂消沟壑之填，又怎么能不相继为盗呢？此处的人逃亡于彼地，彼地之人又复逃之于此处，相继逃亡，则相继为盗。这就是为什么陕西遍地是盗贼的原因。”

在马懋才的见闻里，我们看到的是一幕人间惨剧。在这样的情况下，发生民变，并不奇怪，不发生民变，那才奇怪。

李自成起事

明末农民起义中，影响力最大的无疑是李自成。从李自成的经历中，可以很清楚地看到一个普通人是如何走上反抗之路的。

李自成出生于万历三十四年九月二十二日。他的家族世居于陕西米脂县河西200里的李继迁寨，这个村寨在历史上出过皇帝，李继迁是辽宋时期割据一方的枭雄，其孙李元昊称帝之后，尊他为皇帝。

米脂县隶属延安府，延安府辖下有三州十六县，与庆阳府构成了西安的北部屏障。由于临近边关，此地素来民风彪悍。李自成出生后，他的父亲省吃俭用让他上了几年私塾。很显然，父亲是想通过自己的努力让李自成改变命运，但这种努力很快就被现实击败了，家里越来越困难，供养不起李自成读书了。

于是，李自成开始给地主家放羊，此时的李自成家很可能已经沦为佃户。所谓佃户，就是租地主家的土地耕种的农民，每年生产的粮食先要交租，剩下的才是自己的粮食。在明末，绝大多数的农民都已经失去了土地，成了佃户。佃户家的子女，如果是男孩，一般就给地主家放羊、割草、喂牛等，如果是女孩，就在地主家当奴婢。

不久，李自成的父母相继去世，死因不明。父母去世了，李自成还欠着艾家的债，艾家是当地有名的地主。

那李自成欠的这债又是怎么来的呢？首先要说明的是，农民借债是一件很平常的事，因为他们对自然灾荒没有任何抵御能力，一遇到大旱、蝗灾之类的天灾，庄稼颗粒无收，日子就没法过了。尤其是在青黄不接时，为了活命，他们只能向地主家借债。

朱元璋是农民出身，他很清楚这债是可以逼死人的，所以对此有专门的规定——民间借贷的利率不能超过3分，并且无论借多久，利息都不能超过本金的一半。同时规定，如果土地因不能还款被占了，5年内农民都可以原价赎回。但到了明末，即便是朱元璋的规定，也早就被抛到了九霄云外。利息3分？利息不超过本金的一半？做梦吧！真实的情况是利滚利，让农民一辈子都还不清。根据史书记载，在嘉靖年间北直隶的容县，农民借银1两，每年要偿还利息6分，这意味着年利率高达60%。崇祯初年，在西安，农民借银9分，一年利息8分，年利率高达89%。这么高的利息，还通过种田来偿还，完全不可能。

著名的清官海瑞在任巡抚时，就曾因首辅徐阶家收了过高的利息而抓了徐阶的弟弟。但这时已经是明末崇祯年间，哪里还有什么海瑞。不过，好在李自成这个时候年轻，21岁的他到银川驿站当了一名马夫。他的主要职责就是喂好马匹，投递公文。这个工作看起来很轻松，实际并非如此。后来，官军在作战过程中，为了辨别哪些是驿站的叛变者，只需把此人的衣服全数脱下，肩上有深深勒痕的就是曾在驿站做工的。驿站人员要护送来往官员过境，要拉车、运输重物、铺路等，经常需要肩挑背扛，用肩拉马，日积月累，不少人肩上的勒痕深达半寸。

虽然驿站的工作辛苦，但李自成好歹有了饭吃，不至于饿死。然而，李自成在驿站工作才两年，上边下令精简驿站。这又是怎么一回事呢？原来，辽东年年作战，战争消耗巨大，国家吃不消了。崇祯帝缺钱，御史毛羽健上疏说裁撤驿站可以节省费用。

明朝在全国交通线上设有通信点，提供食宿和马匹，为上传下报提供便利，而一些重要的公务活动中，重要官员往来也可以使用驿站。驿站相当于大明朝的毛细血管，对明朝的信息传达和对地方的管理都有重要的作用。但在明朝晚期，吏治腐败，驿站的管理失控，常被用作私用。御史毛羽健和刑事给事中刘懋先后给崇祯帝上疏，建议对驿站严加整顿，革除弊病，以减少驿站开支。真正的麻烦出现在实际操作中，官府在裁撤驿站时一刀切，对被裁人员不管不顾。被裁的这些人失去了收入来源，无依无靠，很多人成为流民，还有一些人加入了农民起义的队伍。

李自成曾在工作中丢失公文，所以这次裁撤驿站，李自成“榜上有名”。不仅如此，李自成在养马期间还养死了2匹马，这也需要他赔偿。一个普遍的说法是：驿站被裁，李自成失业，所以就参加了起义队伍。这种说法与事实不符，真实的情况是：失业的李自成回到了米脂县。

回家的李自成身上有两笔债务，一是欠艾家的钱要还，二是在驿站养死的两匹马要赔钱，追索甚急。回到米脂县的李自成一时间也没什么事情可以做。有一天，艾家人送客，看见李自成竟睡在自家门口的石坊上，艾家人的火气一下就起来了，好你个李自成，不还钱不说，还敢在这里睡觉，艾家人立刻将李自成一顿臭骂。过了几日，艾家人又发现李自成在自家的墙外，怀疑他图谋不轨，就将李自成一顿乱打，然后捆在庭柱之上。不仅如此，艾家人还不给李自成吃喝，恰好艾家的一个儿子吃着饼经过，饥饿难耐的李自成苦苦哀求他给自己吃一点。这人骂道："我就是给狗吃，也不可能给你吃。"他说完把饼丢在地上，脚踏而去。李自成心中的怨恨可想而知。

艾家还不准备放过李自成，为逼他还钱，他们将李自成送到了县衙。县令晏子宾跟艾家官官相护，自然不会站在李自成这一边。还不上钱的李自成被戴上了木枷，还被衙役们置于太阳下暴晒，由艾家的奴仆看着，不给吃喝。连一些狱卒都看不下去了，想把李自成拖到阴凉地，却被艾家的奴仆呵斥不准。还好李自成的侄儿李过和几人一看不行，这样下去命都没了，直接抢了李自成就跑。

县尉带着人在后面追，李自成一群人慌不择路，逃进了一片树林。县尉不敢追进去，就在外面守株待兔。李自成一群人等到天黑了，趁夜从树林里面冲出来想跑。不料县尉的马受惊，县尉从马上摔落而死。县尉一死，属下顿时丢了兵器，作鸟兽散。这下完了，李自成一伙的罪状又加了一条——杀了县尉，自然是死罪。

李自成等人此时已经走投无路，就捡起官兵们丢弃的刀箭，招募士兵，周围的饥民们听说有人带头，纷纷来投，最后兵员竟多达千余。这和陈胜、吴广为何起义一样，横竖都是死，倒不如拼一把。那李自成是不是就这样开始训练，然后举起反明的大旗呢？那也不是，当时李自成带着人在山林里东躲西藏，能够活下来就已经足够幸运了，什么推翻大明，根本就没想过。所以，但凡还有一点办法，但凡还有一条路还可以走，李自成都不会造反。

还有一个说法是李自成并没有直接参加起义队伍，而是和侄儿李过一起跑到甘肃的甘州投军了。之后李自成作战勇猛，屡立战功，很快就被提升为把总，手下管着400多人。到己巳之变时，皇太极率大军绕道蒙古，破长城而入，崇祯帝下令勤王。李自成在参将王国的带领下向京师进发。由于缺饷，这支队伍的士兵发动哗变杀死主将之后，大多数人加入了起义队伍，李自成也一样。

当我们回首李自成参加起义队伍的整个过程，会发现他完全是一步一步被逼到无路可走的。但凡还有更好的选择，李自成都不会如此。有很多个节点，其实都可以阻止李自成参加起义，比如，如果驿站不逼迫李自成赔钱；如果国家能赈灾，李自成也不用去借地主的高利贷；如果地主逼债不那么紧急，县里不将他往死里整，等等。这些地方上的大老爷们但凡稍微心软一点，都不会有后来的李自成，但这可能吗？有一点是可以肯定的，在当时的社会，李自成的遭遇并非孤例，这恰恰就是当时农民的普遍命运。

二、剿抚两难

招抚失败

李自成并不是第一个高举起义大旗的。陕西农民起义从万历末年就已经有了端倪，在天启末年开始蔓延。

最先举起起义大旗的是澄城的王二。澄城是一个穷县，山川林立，土地贫瘠，本地的农民无法承担沉重的税赋，很多人都逃亡了。而全县的总税赋并不会因农民逃亡而削减，这就意味着剩下的农民要承担全部的税赋，他们的负担更重了。

澄城县知县作为一个县的最高长官，要向朝廷交差，压力也不小。知县张斗耀每日最重要的工作就是收税，交不上来的农民就要面临严酷的刑罚。天启七年，王二纠集了几百人，以墨涂脸，聚集在山上。王二大喊："谁敢杀张知县？"众人皆喊："我敢杀。"在喊杀声中，这些人冲进了县城，手刃了张斗耀。

对于张斗耀的被杀，天启帝的态度是张斗耀急于征收税赋，引发了农民起义，认为张斗耀的死是他自己造成的。若不是因为朝廷逼税太紧，张斗耀又怎么会去逼农民呢？最后，对这次事件，天启帝的指示是：捉拿匪首，解散党羽，安定地方。

这个要求实际已经很难完成了。王二的行动好似枯草中的一点火星，一经点燃就会迅速变成熊熊大火，各地饥民闻风而动，起义如火如荼。其中，王嘉胤一众是一支实力比较强的队伍，于崇祯元年在府谷县起事。王嘉胤本是官军定边营的一员，因欠饷乏食选择了逃亡。他带着一帮饥民去抢劫富户，而富户哪里肯干，报了官要来捉拿他们。王嘉胤等人聚在山林之中，借助复杂的地形和官府来回周旋，并召集流民，逐渐坐大。此时，王二也带着自己的几千人和王嘉胤合兵，起义队伍声势日大。

王嘉胤的手下出了很多后来的风云人物，比如高迎祥、马守应、罗汝才、张献忠、李自成、惠登相等人。究其原因是这支队伍的骨干是边兵，具有作战能力，十分顽强，一度拒绝朝廷的招抚，反抗意识最为强烈。崇祯元年十一月，高迎祥在安塞聚集了一批饥民，当了拦路抢劫的强盗。有说法是李自成在甘肃当兵之时，被派去捉拿这些强盗，与高迎祥不打不相识，原本敌对的二人，竟结成了兄弟。也有传闻说李自成和高迎祥是亲戚关系，不管怎么样，李自成后来成了高迎祥军中的一员，并很快成为高迎祥的得力助手。

以上仅是各地起事的一部分。此时的起义队伍大多还算不上军队，他们占山为王，啸聚山林，打劫富户，也有攻打县城之举，但谈不上和官府正面对抗。参加起义的人员来自各行各业，比较复杂，但主要由边兵、饥民、驿卒、强盗等人构成。

参与起义的首先就是边兵。明朝的欠饷是个很严重的问题，从万历三十八年（1610年）到天启七年（1627年）的17年里，明朝欠饷多达900

万两白银，一些地区的欠饷甚至持续了30个月之久。士兵就靠军饷养家糊口，没了收入，一些走投无路的士兵只能偷卖武器，有的甚至卖起了家人。

于是，很多地区都发生了兵变和逃兵。比如，崇祯元年，固原的边兵以缺饷为由，直接抢了州库发动叛乱；袁崇焕任蓟辽督师时，还没上任，军中就发生了兵变，辽东巡抚毕自肃自杀；已巳之变中，甘肃巡抚梅之焕带着边兵赶往北京勤王，走到半路，士兵们就因为军饷发生了兵变；在萨尔浒之战中，杜松军溃败，活下来的很多士兵回到陕西，但不被当地官府待见，还被截杀，他们只能落草为寇。

兵变之后，很多士兵四处逃散，一些人加入了起义队伍。由于他们有上战场的经验，很快就成了起义队伍的骨干，有些人还成了起义队伍的首领，比如王嘉胤。崇祯三年十一月，边兵神一元、神一魁领3000边兵发动叛乱，连续打下了新安、宁塞两城，杀了参将，引外族4000骑兵围靖边，攻下了柳河涧。神一元这支队伍很有战斗力，更重要的是他们拥有骑兵这一强有力的作战武器。

除了边兵，起义队伍里还有被明朝官员称为“土贼”的关内人员。这些人中，有的是抗税不交，有的是地方豪强，有的是地方上的刺头，他们往往召集一些流散人员，打家劫舍，拦路抢劫。之后起义队伍的首领都受到了这类人的影响，给自己取诨名。高迎祥就是一名“响马”，他在天启末年聚集了大约100多人，在甘肃的东部靠劫掠为生。除此之外，起义队伍中更多的是流民和难民，他们不堪重负，只得离开土地，成为无家可归者，这是起义队伍中最大的群体，也是农民军的士兵来源，王二就属于这一种。

很多加入起义队伍的人，为了防止官军报复自己和家人，也为了打响自己的名号，取了诨名，也就是模仿《水浒传》中的英雄好汉，给自己取绰号，这在当时成为一种普遍现象。因为起义队伍遍布各地，较为分散，所以有很多领导者。陕西起义队伍的首领有紫金梁、王和尚、满天星、蝎子块、老回回、西营八大王、不沾泥、混世王、曹操、闯塌天等人，队伍有大大小小数十营，他们各自拥众数万，少的也有万计。此时的李自成依附于闯王高迎祥，没什么知名度。

关于这些人，兵科给事中刘懋是这样向朝廷奏报的："陕西的流贼并非来自其他省，他们主要是延安、庆阳两府的逃亡的边兵。边贼以土贼为向导，土贼又以边贼为羽翼。六七年前，这些人并不多，但近年来流贼开始逐渐增多，势力越来越大。朝廷派兵去剿灭他们，斩杀的都是依附他们的饥民，真正的贼寇早就逃跑了。朝廷又用招抚解决问题，但在这些人被招抚后，朝廷给不够粮食，他们仍以打家劫舍为生，名义上投降了，实则并没有真心投降。"

到了崇祯二年，整个陕西已是农民起义遍地，并大有向外省溢出之势。从天启七年到崇祯二年，陕西巡抚是胡延宴，他对地方上的农民起义几乎束手无策。为何地方官如此无能呢？

这些穷乡僻壤之地，如果不是因为农民起义，估计一辈子都很少上达天听，这些官员大多是平庸之辈，他们面对突发的农民起义无能为力。崇祯元年六月，崇祯帝调武之望任陕西三边总督，但此人热衷医术，对平叛并不在行，而且此时他已是75岁高龄，精力也是个大问题。武之望在陕西的几个月，农民起义是越平越乱，他忧愤交加之下干脆自杀了。

武之望时期是官府平叛的最佳时期，因为此时的农民起义尚处初期，而且明朝陕西三边的精锐也还在，只要筹措得当，平叛应该能有起色，朝廷错过了这个良机，陕西的局势进一步变坏。明朝迫切需要从全局来考虑整个陕西的农民起义。

原陕西通政使马世鸣说："三秦为海内上游，延安、庆阳为关中的屏障，榆林卫又是延安、庆阳的藩篱，没有榆林就没有延安、庆阳，没有延安、庆阳，关中又不保。而朝廷仅把延安和庆阳的事当作当地的事，没有站在整个秦川大地去看待；又仅以陕西发生的事来看待陕西，没有站在天下安危的角度来看。仅仅把流寇看作是饥民，等闲视之，所以几年来农民军势如燎原，根本没有办法扑灭。”

农民起义愈演愈烈，下面的官员不断上报陕西的坏消息，崇祯帝忧心忡忡，看来得安排一位有能力的大臣去处理这件事。崇祯帝挑来选去，最终挑中了杨鹤。杨鹤曾在天启朝管理过两淮盐法，又曾巡按贵州，在地方上和财政部门都担任过重要官职，又先后在朝担任右佥都御史和副都御史，而且他对国家的危局有自己独到的见解。崇祯帝登基之后，想大有作为，对杨鹤十分重用。

杨鹤绝非浪得虚名，他提出了一套关于治国的中医理论。他说，国家就好比一个人，若想把国家治理好，最重要的是培植元气。现在国家因为年年用兵，不断对下边加派税赋，老百姓的元气受到了伤害。自从辽东、贵州、四川等地发生叛乱后，尸横遍野，国家边疆的元气受到了伤害。自从朝廷里的大臣结党，彼此相互倾轧后，宦官胡作非为，士大夫的元气受到了伤害。现在我们的国家就如大病初愈，身上的经脉还没调养好，很容易重新染病，要想解决这些问题，最好的办法在于培植元气，让国家休养生息。

杨鹤这套理论有理有据，让朝堂上的大臣们心服口服，一些人甚至还把这套理论到处宣扬，当作名言。此时的崇祯帝也很赞成招抚，在召见陕西和山西的地方官时，详细询问了地方上农民起义的情况，最后说：“贼寇也是我的子民，最好的办法是招抚，不能只用剿灭的办法。”崇祯帝又在杨鹤的奏章上批注了“培养元气，今日要务”8个大字。

崇祯帝对杨鹤赞许有加，让其担任兵部右侍郎，总督陕西三边军务，去陕西处理农民起义相关事务。崇祯帝不仅更换了陕西三边总督，还任命陕西布政使刘广生为陕西巡抚，河南布政使张梦鲸为延绥巡抚，对整个陕西的高层全部大换血。到了陕西的杨鹤，让督粮道洪承畴继续带兵作战，洪承畴展现出了作战才能，大败进攻耀州的王左挂数万人，而新上任的刘广生也加紧进攻农民起义队伍。

崇祯二年年底，己巳之变爆发，皇太极率10万大军来到北京城下，崇祯帝下令各地精锐兵马火速进京勤王。皇帝有难，杨鹤可不敢大意，赶紧派刘广生会同甘肃巡抚梅之焕带着五总兵，合计1.7万余人进京勤王，这下陕西的精锐就被抽走了。

杨鹤看到了陕西灾害的严重性，无衣无食的饥民成群结队地加入民变队伍，朝廷的军队疲于奔命，剿灭了东面，西面又起来了，按下葫芦起了瓢，无济于事。杨鹤摸清情况之后，给崇祯帝上了一道奏疏，大意为：陛下，陕西现在的情况很严重，民变蜂起。官军虽然剿灭了一些贼寇，但很快这些贼寇又重新聚集到一起，这样的剿灭是没有用的，必须实实在在地赈灾和救济，让这些饥民有饭吃。然后，分散这些饥民，给予他们土地和牛，让他们回去安心种田，这样才可以真正地解决民变问题。

杨鹤的办法得到了很多人的响应。御史魏光绪说："陕西的盗贼蔓延甚广。这是因为农民没有饭吃，所以被迫当了强盗，如果官府赈灾，他们就可以不去当强盗了。眼下最好的办法是暂停剿灭以安定乱民的心，再到邻近的省份去购买粮食，运到陕西，劝说那些大户把粮食拿出来救灾。"

杨鹤和魏光绪的建议当然是没有问题的，但办这些事都需要钱，所以可以归为一条，就是让崇祯帝拿钱。杨鹤也知道朝廷困难，害怕崇祯帝不拿钱，又给崇祯帝讲起了道理——派大军剿灭乱民是要花费巨资的，而且杀人太多，花钱赈灾和救济饥民虽然也需要花钱，但这些人重新务农后就能成为新的税收来源，两者相比较，肯定是把钱花在赈灾和救济饥民上更合算。

崇祯帝对杨鹤的想法也是赞同的，但一说到拿钱，又陷入了老大难，他也缺钱啊。己巳之变时，为应对皇太极的大军，勤王的军队云集北京城，粮饷消耗达到顶峰，花钱比流水还快。户部尚书毕自严累得口吐鲜血，才勉强凑了些军费，就这样，甘肃的勤王军队还发生了哗变，山西的勤王军因没有粮饷直接抢劫百姓。崇祯帝让陕西巡抚刘广生把本应作辽饷的1.4万两白银用于赈灾，刘广生一看，这点钱哪够啊，但也知道朝廷困难，也不敢多要，就请崇祯帝发5万两白银救灾，崇祯帝没有理他。

崇祯三年十月，兵部职方郎中李继贞上书说："兵法说剿抚并用，并不是招抚贼人，而是招抚那些因没饭吃被迫跟随贼寇的人。现在1斗米涨到4钱，跟从贼人的饥民会更多，臣先请求发30万石米，用于安抚饥民，让他们不再加入贼寇，以孤立贼寇的势力。"其实，李继贞的想法很不错，把贼寇分成了顽固者和跟随者，对跟随者采取招抚，对顽固的贼寇坚决打击。

此时，提督陕西军务的主将是杜文焕，作为武将，杜文焕自然反对招抚，尤其是对神一元这支队伍。在作战中，副总兵张应昌还将神一元斩杀。御史吴甡则反对招抚王嘉胤，原因很简单，这支队伍是民变的罪魁祸首，对首恶者当然不能招抚。招抚还没有开始，陕西的高层就已经出现了严重的分歧。

不过，崇祯帝还是支持招抚。但直到崇祯四年，崇祯帝才拿出10万两白银，让御史吴甡前往陕西赈灾，而杨鹤是崇祯二年到的陕西，也就是说这时距离杨鹤到陕西已经是第三个年头了，民变早就变得不可收拾了。而且，10万两白银太少了，一位兵部的官员就给崇祯帝上奏说："10万两白银，假设1人可得1两白银，只能救济10万人，而现在一斗米是7钱，1两白银只能让1个人活50天。请皇帝不要舍不得自己的内帑，赶紧增加更多的赈灾金吧。"

这里就有一个问题了，崇祯帝的钱是哪里来的？其实，也是从天下百姓那里收税而来。不仅如此，这时辽东的形势很危急，辽东也在喊崇祯帝拿钱。这个钱不拿是不行的，不给陕西拿钱，农民起义队伍暂时还只是杀几个知县，但不给辽东拿钱，皇太极是要杀到北京城来的。更何况，兵部尚书梁廷栋又在不停地催促崇祯帝想办法拿钱，崇祯帝没办法，在梁廷栋的建议下只能加税，每亩地加3厘，整个天下加饷165万两白银。加税得来的钱当然是用于辽东和陕西的战事，但加税也将更多的农民推向了农民起义队伍。这里又出现一个问题，天下原本的赋税都还没有收齐，新加赋税也没有任何意义啊！在户部和工部的总理太监给崇祯帝回话，原本的赋税尚有1700万两白银没有收齐，很多地方欠了几年的赋税。崇祯帝一听就火大，赶紧给各级官员施压，将户部尚书毕自严放进监狱去反省。

朝廷不拿钱，杨鹤不是没有想过其他办法，陕西受灾了，那就去邻近的省份买一些和借一些，一来可以缓解燃眉之急，二来可以降低陕西的粮食价格。可附近的几个省不答应，你买去的粮食是给叛民吃的，后面要是追查起来，资敌的罪名我们可担不起。所以，杨鹤最后也没有从外省弄到多少粮食。

那如果有钱，招抚的效果会怎么样呢？当崇祯的10万两白银到陕西时，延长县城正被农民起义队伍包围。当地官员站在城头上一宣布朝廷的赈灾银到了，围城队伍里的百姓瞬间就变成了朝廷的支持者。

杨鹤最大的成功是招抚了神一魁。神一元死后，神一魁带着一支7万人左右的队伍包围了庆阳府，如果庆阳府被攻下，那将是农民军一次前所未有的大胜利。但庆阳府的城池坚固，没有攻城工具的农民军一时无法攻下。杨鹤适时向神一魁发出招抚，神一魁迅速给了回应，经过讨价还价，神一魁率领2万多人向杨鹤投降。有很多人不愿跟随神一魁投降，这些人在继续战斗。对于神一魁的这2万人，杨鹤将1.6万余人解散归农，将神一魁及部众4000人编入洪承畴军中。

神一魁率领的队伍是当时影响力最大的农民军之一，他被招抚起到了示范作用，一时间大小数十支农民军接受了招抚，人数多达十几万人。可以说，杨鹤的招抚取得了重大成果，不费一兵一卒就解散10多万人的农民军，而且还把一些精干者编入了官军，让他们和官军一起攻击拒绝招抚的农民军。然而，不久招抚最大的问题就凸显出来。解散和安插说起来容易，做起来却极度困难。村庄都已经变成了废墟，没有房子住，没有饭吃，被招抚的人靠什么生存？所以，这些被招抚的人大多在很短的时间内又复叛。

崇祯帝给了10万两白银，藩王们也拿了5万两白银和2万石粮食，但这点钱和粮食对众多的饥民来说根本就是杯水车薪，很快就被用完了。即便饥民拿到了赈灾金，也只能买1斗米，这又能维持多长时间呢？一些没有拿到赈灾金的百姓更不用说。若真想让农民回归农耕，最少也需要半年的粮食供给，等一季粮食成熟才有可能。要真想把这些人安置下来，必须有大量的赈灾金，还需要有一批有能力、有实干精神的官员带着农民安置、解决困难、修筑住房、建设水利设施、购置耕牛并加强户籍管理，等等。

大明王朝是不是没有这个能力呢？那也未必，明朝每年给朱家子孙发的米大约是850万石，这些粮食拿出一半来，就可以解决100万人半年的生计问题。但是，朱家人是不可能拿出来的，嗷嗷待哺的饥民只能重归贼寇。同时，官军为防后患，多有杀降，这也导致那些想投降的农民军心存芥蒂。

至于那些真的想复归农田的起义军来说，回归农耕并非一件容易的事。这些人近年来打家劫舍、杀人越货，很多村庄和城镇都被他们劫掠过，现在他们放下武器，想回归农田，那些曾被伤害的人尤其是一些富户、地主就开始复仇，杀了这些人。杨鹤三令五申严禁这种行为，但起不到任何作用。

神一魁在接受招抚后一个月就复叛，原因并不复杂。归降后，他被授予守备之职。神一魁的归降也算得上真心，他带兵出战3次立功，建功后却得不到封赏。他的手下茹成名请求封赏没成功，一怒之下就殴打了神一魁的上级参将。之后，神一魁让茹成名去见杨鹤，杨鹤立即将其处死。这事一出，神一魁其他的部下不免兔死狐悲，就裹挟着神一魁复叛。

同时，那些被招抚的农民起义队伍纷纷复叛，一时间陕西的局势大乱，一发不可收拾。虽然神一魁之后被部下所杀，但农民军早已四面而起，队伍多达数百支，神一魁的死对大局没有任何影响。这样一来，杨鹤赈灾和招抚的方案自然化为泡影，崇祯帝也给他下了旨意，对民变队伍直接予以剿灭。崇祯四年九月，杨鹤被崇祯帝罢免，发配戍边。杨鹤被罢免意味着朝廷从改编招抚转为用武力镇压民变。

当我们回头来看杨鹤的招抚和赈灾的失败，一些人会认为原因是朝廷的赈灾款不够，其实并非如此。农民起义的产生和发展，实际上是晚明各种矛盾的集中爆发。招抚和赈灾不能解决问题，且不说朝廷没有强大的经济实力赈灾，即便赈灾完成，吏治腐败的土壤没有去除，沉重的赋税依旧还在。

对于明朝中后期的社会情况，顾炎武在《天下郡国利病书·福建三》中这样写道："民田一亩值银七八两者，纳饷至十两。"当农业产出小于或等于赋税的时候，回归土地的农民仍无法生存下去，民变只会再次发生。沉重的负担压得老百姓根本直不起身来，官府层层紧逼也无法征到规定的数额。崇祯二年七月，户部见官府实在难以完成税收任务，就请求崇祯帝按税收总额打个九折，但这个要求并没有得到崇祯帝的允许。很多地方欠税，尤其是贫困地区连饭都吃不上，又拿什么去缴税呢？

崇祯三年九月，巡按御史李应期请求崇祯帝减免陕西1年的税赋，崇祯帝一免就免了2年，但免的是崇祯元年和崇祯二年的税，崇祯三年的税还是得交。这种做法是没有任何意义的，对改变时局没有任何帮助。老百姓需要的是实实在在减轻身上的负担，但这对内外交困的明朝来说是不可能的。降低了赋税，明朝又拿什么给辽东和后金作战，又拿什么平定关内的民变呢？

剿灭之难

崇祯四年洪承畴继任陕西三边总督后，上任的第一件事就是伸手要钱，剿匪花钱的地方太多了，招兵买马、粮饷、武器等都要花钱。洪承畴先开口要了20万两白银，并要求把陕西应交给国家的20万税银留在陕西，崇祯帝一一批准。

有了钱的洪承畴准备发动规模空前的剿灭战，朝廷开始从全国各地调兵遣将。临洮总兵曹文诏、甘肃总兵杨嘉谟、固原总兵杨麟、延绥总兵王承恩、宁夏总兵贺虎臣、定边营副将张应昌等将领带兵云集陕西。曹文诏在辽东战场和后金交战多年，是一名不折不扣的悍将，朝廷将其调入陕西，专意绞杀农民军。

农民军哪里是明朝正规军的对手，很快就被打得落花流水。首先遭到打击的是神一魁的余部，此时神一魁已死，其余部众郝临庵和可天飞、刘道江等人在环县、庆阳、铁角城一带十分活跃。他们打造了坚固的堡垒，兵力在10万左右，此处被称为“三秦第一大巢穴”。洪承畴派曹文诏、贺虎臣和杨嘉谟等将领来攻，官军先胜，但农民军设下伏兵，杨嘉谟兵败，手下参将潘维忠也战死。

崇祯五年二月，农民军又将目标瞄准了庆阳。三月，曹文诏赶到庆阳，大败农民军。农民军为何要去攻打坚固的城池呢？打下来又守不住。原因是城池作为财富的聚集地，是农民军重要的给养来源，只有打下了城池，他们才能对城中的富户下手。所以，如果不能攻克庆阳，农民军就要去攻打其他城池。

这个阶段，农民军和官军打得非常激烈，比如合水一战。秋七月，可天飞等人带着农民军包围了合水城。城内的官军一边固守，一边向外求救。曹文诏率领1700名骑兵来救，农民军也知道官军会来救援，早就在城外布下了伏兵。曹文诏的军队一到，伏兵四起。由于农民军的人数众多，曹文诏的1700人被淹没其中。城上的明朝军民见曹文诏中了埋伏，纷纷大哭道："曹将军战没！"岂知曹文诏是在辽东征战过的，是官军不折不扣的精锐，他单枪匹马冲杀于数万农民军中，无人可挡。城上军民见状，大喜过望，出城合击，最后农民军大败，尸横遍野，四散逃离。

曹文诏哪里肯放过这批农民军，一路追击可天飞、刘道江，追到了关前镇。农民军以2万骑兵在铜川桥摆开阵势与曹文诏接战，又埋伏了数千骑兵于东西两边。曹文诏二话不说带着部队就杀，直接将农民军的阵形击穿，农民军又大败。可天飞只得继续逃跑，曹文诏穷追不舍，在甘泉虎儿坳追了上来，斩首700人。

可天飞所部算是农民军中一支比较大的力量，很多像他这样的队伍都遭到了官军的打击。农民军虽然在数量上占据了绝对优势，但因为有妇孺，而且战斗力本就与官军相距甚远，所以总处于被动挨打的局面，损失很大。五月，农民军首领不沾泥被斩首，七月，混天猴被斩首，不久可天飞也被杀。之后，洪承畴又对农民军老营最集中的环县、庆阳一带进行大规模的进剿。所谓"老营"，就是农民军家眷所在，因为家眷们普遍没有战斗力，所以农民军的精锐力量在老营周围保护。农民军在这些地方花费了人量心血，但洪承畴志在必得，一边招降一边进攻，明朝后期的著名将领白广恩就是在这个时期投降了官军。

这一次的围剿中，官军斩杀农民起义首领10多人，部众无数，农民军的残余力量只得四散而逃。被称为"三秦第一大巢穴"的农民军老营被肃清了。对于洪承畴而言，这是一个巨大的胜利。而对于农民军而言，陕西已经无法驻足，逃向临近的山西成为唯一的选择。洪承畴派军追到山西，立下了一个巨大的战功——斩杀了王嘉胤。

王嘉胤，有的史书中记载为“王加印”或“王家引”，他和神一魁是当时陕西最大的两支农民起义队伍的首领。前文说过神一魁中途选择了招抚，后又反叛被杀，而王嘉胤一直主张抗争到底，所以他率领的队伍反抗精神是最强的，队伍也发展到最大，多达20万之众。这次他的队伍在陕西被洪承畴围剿后，选择东走山西，并攻下河曲为根据地，建立政权，自号横天一字王，并封王自用为左丞相兼军师，后来的风云人物高迎祥、李自成、张献忠、老回回等都曾在这支队伍中。

陕西的官军进入山西，和当地官军一起进攻王嘉胤所部，王嘉胤只得继续撤离。在战斗中，他一度打败了曹文诏，可见这支农民军的战斗力不俗。曹文诏得知自己帐下的一名士卒是王嘉胤的小舅子，就派他去王嘉胤军中，让他利用自己和王嘉胤的特殊关系，许以重金策反了王嘉胤身边的人，王嘉胤就这样窝囊地死于叛徒之手。

不过，这支队伍并没有就此散去，而是在王自用的带领下继续战斗，并大量吸收了山西本地的饥民，兵力在20万左右，部队分为36营，麾下有老回回、八金刚、闯王、闯将、八大王、扫地王、闯塌天、破甲锥、邢红狼、乱世王、混天王、显神道、乡里人、活地草等名将。

所谓的营，其实就是农民军的一支队伍，每一营都有自己的将领。因此，这20万的军队实际上是各支农民军组成的一个联盟，因屡屡被官军追得东躲西藏，他们想联合在一起，合力对抗官军。这是农民军在山西的一个巨大变化，在陕西的被动挨打和惨败让农民军明白，只有合在一起，才能打出最重的那一拳。

然而，不久王自用就在战斗中战死，农民军又失去了领导人。王自用虽然名义上是36营的头领，但更多是作为盟主，并不具备绝对的指挥权。而且，36营原本都是有领导人的，所以王自用死后农民军还可以继续作战。

鉴于农民军十分强大，崇祯帝决定进一步向山西派军，由曹文诏携艾万年、李卑、猛如虎、曹变蛟等诸将进攻农民军。农民军不能敌，继续与官军周游于山西境内。在崇祯五年年底，他们攻占了辽州（今山西左权）。

此时的农民军在战场上摸爬滚打有一段时间了，战法也日趋成熟。农民军最看重的是骡马，这是他们行军的关键，能让他们迅速逃脱官军的攻击。农民军也让妇女们穿上战服，骑马跟随。如果碰到官军，农民军常常派数骑出去引诱，大队人马在两侧埋伏。而且，他们攻城前都先派一些人混进城里，等到大军攻城时里应外合，这样总能得手。在攻城的打法上，农民军和努尔哈赤有异曲同工之妙。

不仅如此，农民军还花钱收买了很多官军，所以当官军前来攻打时，他们很快就能得知消息，事先逃遁，屡屡逃过追杀。如果官军来得太急太猛，通常农民军的主力先逃，留下一些被挟持的百姓和新招的士兵，官军到后忙于斩杀这些人，农民军的主力早就逃离，得以保存实力。因为官军是按照首级数量来确定战功的，所以总是听见官军今日斩首数百，明日上千，但农民军的势力并没有被削弱，甚至有壮大之势。

官军取得一些胜利，甚至连续斩杀了几位农民军的首领，却依然没有成效，农民军反而有愈演愈烈之势。这其中有很多原因，首先，农民军不用被征税，也不用被加赋。他们打下一个城池，就地打击城中的富户，这样粮饷都可以获得。所以，只要他们能打下村庄、城镇，就能保证给养。很多农民军手里有钱，还可以收买和贿赂官军。其次，他们不用征兵。成千上万的饥民和难民都是农民军的兵源，只要农民军能给口吃的，根本就不用愁招兵的事。再者，农民军不害怕打败仗。能战则战，不战就跑，打了败仗也不用担心有个皇帝来问责，所以农民军打了再多的败仗也不怕，只要保存住核心力量就行。

就在农民军肆虐山西的时候，对官军而言，一个问题凸显出来了——农民军很可能南渡黄河进入中原。现在农民军在陕西和山西流动作战，山川地形尚可对他们行军造成影响，如果到了一马平川的中原，那时想彻底剿灭他们只怕会更困难。而山西的地方官们把主要精力放在守卫城池上，对农民军进入河南并不重视。崇祯帝也看到了这个问题，派王朴、倪宠带着京营到山西助战，左良玉、汤九州率另一支人马，曹文诏率领一支部队，想把农民军扼杀在太行山之下。此时，围剿的官军有3万人左右，再加上各地城池的守军，兵力远超之前的围剿。

面对危机，农民军想到了诈降。面对农民军的“投降”，王朴认为他们是迫于穷困来投，没想到自己刚来就能立下如此奇功，大喜过望，不知是计。农民军一边诈降，一边谋求出路，最终发现渑池县的部分黄河河段结冰，遂利用这个机会，大部渡过黄河，向南而去。这下农民军逃出生天，犹如鱼儿进了大海，官军的围剿更加困难。

在这里，我们需要对农民军前期的作战予以总结。

起初，农民军占领城池后就开始守城，但根本守不住。城内的缙绅、富户都被农民军洗劫一空，也不会帮助他们守城，甚至暗中搞破坏。而且，农民军在外没有援军，官军到后，农民军是守不住的。所以，王嘉胤占据河曲被曹文诏歼灭；李老豺占领了中部，官军来攻就被擒获；神一元攻下宁塞，据城而守，官军进攻后，神一元战死；谭雄占据了安塞，也准备守城，官军攻城后，谭雄被杀。

后来，一部分农民军聚集在一起，在庆阳、环县周边建立防线，又开展农业生产，事实上就是在建立根据地，以实现长期作战，但被官军围攻后这个策略又落空了。农民军在陕西被官军追赶，进入山西后，一度在王自用的领导下进行了联合，打算集中力量与官军作战。但这个想法被证明是失败的，因为官军调集了部分关宁军入援，这支军队的战斗力远非农民所能比，最后王自用也战死了。

所以，农民军守城是不会成功的，建立根据地也被攻破，联合作战也没有成效，流动作战就成为他们最好的选择。官军称农民军为流寇，但这并不是农民军主动选择的，而是在作战中一步一步总结出来的，流动作战是他们当时最好的作战方式。

流动作战最重要的是马匹，而马匹涉及两个问题，一个是作战，一个是逃跑。在作战过程中，有马匹可以大大增加农民军攻击的范围和速度；在逃跑过程中，也能大大增加他们逃跑的成功率。农民军的马匹并不少，一些是叛变的边兵带来的，比如神一元当初叛乱时带走的就是3000骑兵，还有一些是农民军在战争中劫掠来的。

实际上，农民军的战马数量已经超过了官军，因为官军处于两线作战状态，辽东需要的战马数量很大。早在崇祯四年十二月，崇祯帝下令让百官进献战马，三品以上的官员每人进献1匹马，其余官员按金额折算后交银子。这就成了太监们揽财的好机会，进献者必须给太监们行贿，不然进献的即便是骏马也会被拒收。

其实，明朝官员也看到了农民军作战的这些特点。户部主事张缙彦说：“贼人得势在于流动，贼人失势在于停止（也就是守城或建立根据地）；贼人的长处在于分开作战，贼人的技穷在于合兵一处；贼人最便利的时候是在夏季，贼人在冬季会减少行动；贼人最有利的战法是派他们的骑兵作战，而让老营远走；而让贼人最害怕的是我军乘其不备，突然截杀他们。”

农民军进入湖广、河南之后，高迎祥站了出来，成了一位卓越的领导人，但农民军此时已经各自为战。部分农民军在崇祯六年年底来到了郧阳府（今属湖北十堰），这里位处河南、陕西、湖广交界处，有利于农民军转移。同时，这里山林众多，也便于农民军防御和隐藏。郧阳成为日后官军和农民军交战最多的地方。当官军到郧阳搜山围剿时，农民军往往能迅速逃离；而当官军远去后，各地的农民军又回到了郧阳。

面对声势浩大的农民军，原郧阳巡抚蒋允仪无力剿灭，治下的6个县都被农民军占领。崇祯帝见势不妙，赶紧让卢象升巡抚郧阳，为什么选卢象升呢？因为卢象升的战场经验很丰富，而且屡战屡胜。崇祯三年，在己巳之变中，卢象升募兵参加过战事；崇祯六年，一些农民军到了北直隶，卢象升将其全部击退，又率部进入山西平叛，多有战功。卢象升作战很勇猛，有一次作战中，额头中了一箭，还继续向前冲击。面对如此打法，敌人只能逃走，并称其为“卢阎王”。

卢象升一到任郧阳就大显身手。他手上只有几百兵，而农民军各营加起来超过20万兵力，好在城池还算坚固，加上又有火雷。火雷，相当于原始的手榴弹，作战时官军从城墙上往下丢火雷，炸伤了不少农民军。因此农民军虽多，却也无法攻下城池，只得退后扎营。到了晚上，卢象升仅率数百人马去偷营，为了给农民军造成错觉，他让老百姓在城头摇旗呐喊，最后弄不清虚实的农民军全线败走。

陈奇瑜的失败

崇祯六年，农民军大部进入了湖广、河南等地，洪承畴忙于陕西的平叛，中原地区亟需一位能统一调度围剿的总督统管全局。崇祯帝在崇祯七年（1634年）正月，将这个任务交到了陈奇瑜身上，让他总督五省军务，全力剿贼。陈奇瑜在征讨农民军的过程中屡立战功，逐渐升为延绥巡抚。延绥巡抚常常面临的是最凶猛的农民军，故而明朝很多将领都是从这个位置走出去的，比如洪承畴。

陈奇瑜作为延绥巡抚，相当于洪承畴的左膀右臂，在陕西对农民军的剿灭作战中，他没少出力，也立下很多战功。陈奇瑜在给崇祯帝的奏疏中不无得意地说："我抓获和斩杀敌人头目77人，党羽千多人，农民军的头目被擒获后，其余党羽自然就各自散去，当初斩木揭竿而起的这些人，转眼间就拿起锄头在田间耕作了。"

陈奇瑜当上五省总督，自然要干出一番业绩。他集中兵力于河南，想把农民军就地消灭。而农民军面对官军的攻势，转而西走四川，进入了三峡地区。但这里都是崇山峻岭，征集粮食很困难，待不下去，于是一部分农民军又返回了湖广地区。陈奇瑜让卢象升等4位巡抚分驻四方，组成包围圈全力围堵，大大挫败了农民军，以至于陈奇瑜颇有些得意上书崇祯帝说："湖北境内一些大的势力基本被消灭了，剩下的逃窜到深山中了，等我靠乡兵引路搜出每个山洞的藏匿者，湖北就会慢慢稳定了。"

陈奇瑜并不是在说大话，他抓住了12个农民军首领。他还派参将贺人龙等人连续8个昼夜不停追击，斩杀了数万农民军。至此，湖广的农民军基本被平定。陈奇瑜带着胜利之师继续追击进入四川的农民军，这支由高迎祥率领的农民军不敢迎战，由四川向北想进入陕西。陈奇瑜早就料到了他们的想法，事先作了部署。农民军走到汉中栈道地区时，发现自己被官军包围了。

李自成、张献忠都在这支农民军里，他们无法摆脱官军的追击，误入车厢峡，车厢峡里没有粮食，农民军根本无法长久支撑。官军占领了峡谷两边的山头，他们带着当地百姓从山上往下丢石块，砸死了很多农民军。

官军在出口处早就做了严密的准备，堵上大量的石块，切断了出口。农民军全数被围，插翅难飞，在车厢峡里被困了70多天，有一半人战死或饿死，失败的阴影笼罩着农民军。李自成的谋士顾恩君提了一条建议，让农民军把身上所有的财宝集中起来，用来贿赂官军军官，向官军表示愿意投降。

陈奇瑜也想赶快拿到胜利果实，心中也有意招降农民军，但这么大的事他不敢自作主张，就向朝廷报告，得到了兵部尚书张凤翼的支持，上报崇祯帝后得到了批准。陈奇瑜为何这么急着要招安呢，难道真是农民军的贿赂起作用了？此时的农民军被围困日久，早就失去了战斗力，如果陈奇瑜继续围困，将农民军全数拿下根本不是问题。没有人知道陈奇瑜怎么想的，很多人都反对招抚，内阁次辅钱士升也给陈奇瑜写信，委婉地表示对招抚的担忧，但陈奇瑜根本不听。

这年六月，陈奇瑜代表朝廷和农民军达成了招安协议，核心内容是：陈奇瑜按农民军的士兵数每100人派1名安抚官监视，安抚官负责将农民军士兵遣返原籍安置，由所过府县的政府供应粮草；而对农民军来讲，最重要的一条是让官军停止进兵。最后，农民军整队出山谷，合计约有4万多人。陈奇瑜备了饭菜和衣服，让农民军享用，并备有马匹，让农民军回原籍。

农民军当然不是真的想投降，有陕西官员也认为农民军不会真投降，陕西巡抚练国事对此忧心忡忡，他说："一个月内招抚强寇4万人，全部安排到陕西，这么多人的吃喝从哪里来？没有吃喝，他们又怎么可能不抢掠？我军一大将带领3000人，而贼寇一头目就拥兵过万，这些人怎么可能遵守纪律？这些人借口回原籍延安府安置，但4万多人，安置在什么地方？征剿的军队不足2万，而降贼超过4万，我们的兵力根本不足以应付。"

练国事在宝鸡驻兵以防不测，农民军经过宝鸡时想撞开城门，被守城士兵识破。农民军遂鼓噪而走，军中的安抚官大多被杀，有的被割了耳朵，有的被捆着丢在路边。这下农民又重新走上反叛之路了，他们攻城不利，遂撤围而去。一路上农民军招兵买马，攻打城池，一口气攻下了7座县城，城里富户的财货全成了农民军的给养，农民军的实力逐渐恢复，甚至超过之前，多达20万之众。

这下陈奇瑜闯下了大祸，为了撇清责任，他赶紧上书弹劾凤翔和宝鸡的官员，称是他们破坏了大好局势。但是谁主张的和谈，大家都心知肚明，弹劾陈奇瑜的奏章如雪花般密集，崇祯帝大怒之下将陈奇瑜革职戍边。陈奇瑜在平叛过程中的表现可圈可点，但他急于招抚，最终功亏一篑。他的招抚方案是经过兵部尚书和崇祯帝的同意后才进行的，所以招抚失败并不完全是他一人的责任。

陈奇瑜被革职，压力又全部回到了洪承畴身上。此时，农民军已经转入河南，一路上所过州县能破则破，不能破就走，有记载这时农民军的兵力已多达50万。根据乾隆三十一年（1766年）的《嵩县志》记载："农民军来的时候，部队遮天蔽日，如大海波涛一般汹涌而来，马鸣之声从早到晚不停歇。农民军过去后留下的道路宽五六里，到底有多少人，根本没办法知晓。"

这个阶段，农民军的势力大，屡屡攻下城池。这里就根据《明极北略》的记载，以巢县（今属安徽巢湖）为例，来看看他们是如何占领城池的。巢县是庐州辖属的一个县，县令姓严。早有难民到了巢县，告知严县令农民军从庐州而来，但严县令根本不信，派了两人去查看，二十二日，这二人还没有回来，严县令让轿夫出城门，自己要亲自去看。刚打开城门，就有两个农民军骑兵拿着红旗冲了进来，后面跟着五骑一队，跟随者众多。此时，城内突然拥出很多人，有卖布匹和帽子的、算命先生、游医等约200人，都是农民军事先埋在城内的内应。这些人登上城楼，摇旗呐喊，很快约有3000人的农民军大队就进了城。

三、鏖战中原

凤阳失守和高迎祥败亡

农民军的发展势头十分迅猛，由最初的36营扩张到72营，兵力更甚从前。陕西、河南、湖广、山西均有各营农民军活动。一场空前的农民军大会也在河南的荥阳召开了。

高迎祥（闯王）、马守应（老回回）、罗汝才（曹操）、贺一龙（革里眼）、贺锦（左金王）、许可变（改世王）、李万庆（射塌天）、马进忠（混十万）、惠登相（过天星）等13支军队的力量最强，被称为13家。基本上当时有名的农民军首领都参加了这次大会。

大会的核心内容就是商议下一步农民军怎么走。首领们谁都不服，选出一人统一指挥自然不现实。马守应的势力并不弱于高迎祥，他先提议北上进入山西，但张献忠对这个提议嗤之以鼻，认为他是胆怯。李自成赶紧出来打圆场，说："一介匹夫尚可以奋臂而战，何况十万之众？而今我们的兵力是官军的数倍，即便是最强大的关宁铁骑来，也拿我们没有办法。我们现在各自率领手下的队伍，各自同官军厮杀，成败上天自有安排。”

李自成的建议很简单，各家率着自己的队伍闹他个天翻地覆，最终靠战功说话。这个建议得到了大多数人的支持。最后，他们用抓阄确定了每一支队伍的去向。最终的结果是：第一路以贺一龙、贺锦为一军，南御四川、湖广之兵；第二路由马进忠、王子顺（横天王）率领，抵挡陕西的官军，但陕西的官军素来战斗力强，所以又让李万庆、许可变为后援；第三路是罗汝才、惠登相屯守荥阳、汜水一带；第四路由高迎祥、张献忠率领，挥师东征；而马守应、九条龙（本名不祥）则负责往来策应。

虽然大会划定了各支队伍负责的区域，但在官军的攻势之下，这种毫无约束的规定很快就宣告破产。不过，参会的农民军领导人意识到自己实力强大，因此对一些重点州府发起了进攻。

此时的崇祯帝也没有闲着，鉴于农民军势大，他从各地征调兵力入河南，总数约有7.2万人，相当于此前官军的两倍，如此一来，整个战场的官军兵力将近10万。然而就在崇祯帝调兵遣将之际，一个消息传来，凤阳被高迎祥、张献忠占领了。

张献忠，与李自成同岁，延安柳树涧人，父亲以卖鞋为业，母亲以织席为业。父亲让他读过一些书，但他好惹是生非，在斗殴中将同窗打死，家中因此倾家荡产，父亲将他赶出家门。于是，张献忠前往延安府当了一名捕快。他的族人参加了农民起义，官府就把张献忠抓来审问，最后判了他死刑，同很多风云人物一样，在最关键的时刻总会有人出来相救，延绥参将陈洪范恰好在行刑之际经过刑场，见他形貌奇伟，便救了他一命。

在农民起义如火如荼的局势下，张献忠最终也选择了落草为寇，成为王嘉胤帐下的一员。王嘉胤死后，张献忠几经周转，势力不断壮大，自成一军。张献忠被官军追得东躲西藏，但他敏锐地发现了一个极具战略价值的地方——凤阳。此地是朱元璋的老家，为明朝的风水宝地、龙脉地气所在，凤阳与北京、南京并称三都。凤阳巡抚杨一鹏与内阁大臣王应熊是师生关系，凤阳巡按吴振缨和内阁首辅温体仁是同乡，又是姻亲，两个凤阳的地方官都是贪赃枉法之徒，对凤阳的守卫并不上心。

农民军攻打凤阳的日子显然是经过精心挑选的。崇祯八年正月十五，正是一年一度的元宵佳节，凤阳城内歌舞升平之时，正是攻城的最佳时机。高迎祥、张献忠早前就派了几百人混进凤阳城，之后在大雾弥漫的清晨率大军包围了凤阳城。当初，凤阳城为了避免破坏风水，没有修建城墙。农民军一到，全城一片混乱，守城官军仓促应战，很多士兵趁乱逃走。

凤阳守城的官军根本不是农民军的对手，最终超过3000名官军被杀，凤阳城被农民军轻松拿下。凤阳知府颜容暄眼见大事不妙，竟穿上囚衣，躲进监牢想蒙混过关，结果被农民军杖杀。之后，农民军掘了大明朱家的祖坟，焚毁了30万株松树，连同被毁的还有当初朱元璋当和尚的龙兴寺，城中2万多间房屋也全被焚毁，凤阳的富户被杀得一干二净。

兵部尚书张凤翼接到凤阳失守的消息后，惊得几乎当场昏倒在地。凤阳陷落后，崇祯亲赴太庙祭拜祖宗，然后追责杀了一批地方官。不久，崇祯帝又下罪己诏，说皇陵之失，在于用人不当，臣下失职，又说责任在自己。这对一向刚愎自用、推卸责任的崇祯帝来说，实属难得。皇帝都在自我检讨了，之后自然少不了一番大动作。

崇祯八年三月，洪承畴统领全局，带兵开赴河南。但农民军岂能让他如愿，来回奔走，农民军进入了陕西。洪承畴扑空，在河南召开军事会议，部署对农民军的围剿，整体思路就是在各省交界处布置重兵，以阻断农民军流动作战。

具体安排是：让左良玉、汤九州率领5000人在商洛县驻防，尤世盛、徐来臣率5000兵力在兰草川、朱阳关驻防，陈永福率1800人防守卢氏县、永宁间的险要，这些队伍的任务就是阻断流寇从陕西进入河南。他又安排邓玘、张应昌、尤耀文、许成名率军分守上津、郧阳西部、竹溪等地关隘，用这些队伍来防止农民军进入湖广。又令山西各级官员严守黄河渡口，防止农民军南渡黄河。官军的数量本来就不多，堵截的兵力就占去了大部分，洪承畴手上仅剩1.6万人，还要在整个陕西地区驻防作战，在洪承畴身边的仅有6000人，也就是说，洪承畴要靠着这6000人与农民军的20万人作战。

然而，屋漏偏逢连夜雨，总兵徐来朝的部队在卢氏县发生了叛乱，还没有开战就不战自溃；驻守樊城的军队因缺饷发生了兵变，总兵邓玘原本是一名骁将，此时也只能逃命，在翻越城墙时摔死了。仗还没开打，就有两支部队失去了战斗力。

高迎祥见洪承畴兵少也不客气，火力全开，在之后的一系列战争中取得了胜利。乱马川之战，活捉了官军中军刘宏烈；清水、张家川之战，杀了都司田应龙、张应春；尤其是宁州的襄乐之战，农民军斩杀官军千余人，斩杀官军副总兵艾万年、柳国镇。艾万年就是当初李自成在米脂县的仇人，李自成此时报了仇。艾万年是官军的一员猛将，武举出身，他的死对官军打击不小。

此时，洪承畴手里还有一张王牌——曹文诏。曹文诏勇冠三军，被时人称为明朝第一良将。曹文诏得知官军惨败，曾与自己并肩作战的艾万年被杀，大怒，拔出战刀砍地，瞪着眼睛大骂，立即赶到洪承畴那里请求立刻出战。洪承畴也有意派出这张王牌，于是命曹文诏率领3000人出发作战。

曹文诏在镇宁的湫头镇同农民军相遇，其侄曹变蛟率先登上城墙，斩首农民军500人，追敌30里，曹文诏率领步兵跟在后面。农民军此次还是老战法，诱敌深入，先前的失败不过是诱饵而已，他们早就埋下数万骑兵在后。

当曹文诏军队一到，农民军骑兵突然出来包围了他们，箭如雨下，尽数射向官军。曹文诏毫不畏惧，引兵作战，死战不退。

农民军此时还不知道这是曹文诏的军队，有一名官兵被农民军活捉，他在紧急中大声呼喊："曹将军快来救我！"农民军中有降兵认识曹文诏，就指给农民军首领说："那就是曹总兵。"农民军见此，加紧了对曹文诏的攻击。曹文诏十分勇猛，左冲右突，亲手杀了几十人，辗转拼战了几里路。但农民军的骑兵多达数万，岂能让他走脱，死死咬住曹文诏不放，最终曹文诏体力不支，自知在劫难逃，不愿被俘，拔刀自刎而死。

曹文诏的死对官军是一个重大的打击。从对战争的影响来看，他的死造成的损失比丢失凤阳还大，丢失凤阳无非丢了一座城，丢了几千没有战斗力军队，但曹文诏是难得的良将。这下，高迎祥、李自成在陕西，张献忠进入河南大掠，其他如马守应、罗汝才等部亦是翻江倒海，官军的围剿全线崩溃。

为了遏制不断恶化的局势，崇祯帝让洪承畴督剿西北，让兵部侍郎兼右佥都御史卢象升总理直隶、河南、山东、四川、湖广五省军务，督剿西南，两人相互配合，以期一举扫清贼寇。严令之下，洪承畴哪里还敢大意，立即部署对农民军的围堵。

我们看到，朝廷在初期选择了招抚，招抚失败后，又转为剿灭，剿灭虽有一定成效，但民变的土壤未除，农民军反而越剿越多，官军疲于奔命。而农民军在与官军的作战中得到了成长，开始打得有声有色，诈降、声东击西、围魏救赵等策略在战场上屡见不鲜，已经扭转了初期处处被动的局面。

此时最强大的一支农民军就是闯王高迎祥的队伍，兵力在7万人左右，与其他农民军相比，高迎祥部队的纪律更加严明，所以这支部队成了官军的重点打击对象。兵科给事中常自裕在给崇祯帝的奏疏中说："贼人的首领有90多位，以闯王最强，他的部队甲仗精整，队伍不乱，非其他农民军可比。我们应该合天下之力，重金悬赏他的人头。只要抓到了闯王，其他贼寇就不足为惧了。"

此时的农民军实力大涨，又连败官军，心中自然想获取更大的战果。崇祯九年正月，高迎祥、张献忠、刘国能（闯塌天）等首领集中7营农民军，共计数十万人，攻打滁州。农民军环山为营，连营百多里。卢象升紧急来援救，以祖宽为先锋。祖宽原为辽东参将，带着3000关宁铁骑入河南作战。农民军攻城时，祖宽赶到，一路猛冲，农民军大乱，仓皇撤退。这一战，农民军尸横遍野，河水为之不流。滁州一战再次说明农民军面对官军主力仍不能敌。高迎祥遭受了巨大损失，于是边打边走。

崇祯九年三月，鉴于官军加强了河南的兵力，高迎祥再次经河南进入陕西，跟随的还有其他各营，合计在10万人。卢象升赶紧在豫西驻重兵，防止高迎祥重回河南，而陕西境内的洪承畴和孙传庭则专意围剿高迎祥。高迎祥想经子午谷去西安，被孙传庭精准预判。

此时，孙传庭任陕西巡抚，他上任时崇祯帝没有给他多少钱，就给了一道任命书。孙传庭在陕西整顿早就名存实亡的屯田，整编军队，实行以秦兵保卫秦地、以秦饷养秦兵的政策，打造了一支队伍。孙传庭料到高迎祥的打算后，就在子午谷的黑水峪布下了埋伏。等到高迎祥大军到时，孙传庭率大军群起而攻，农民军陷入谷中进退两难，只得应战，大败。面对不利的局势，很多农民军士兵投降，最终高迎祥被俘。

前文提到高迎祥的部队是所有农民军中最强大的一支，为何一战就崩溃了呢？因为农民军虽然人数多，但在战斗力上和官军有不小的差距，所以才会来回奔走。同时，农民军最大的优势是在于流动，但到了子午谷，和之前的车厢峡一样，被地形所困，又被官军堵住了前路，农民军就无路可走，犹如鸟儿被困笼中，空有一双翅膀，无能为力。高迎祥的主力是三四万的骑兵，但之前与官军发生多次大战，损失了大约2万人，而且骑兵在山谷中根本没办法发挥战斗力，所以一战而溃。

这一战，孙传庭打得极为漂亮，用数千兵力就歼灭了高迎祥数万的部队，并生擒贼首。高迎祥被押解到京城凌迟处死，崇祯帝甚至还不敢相信抓到了他，直到官兵把人送到了才信，激动地祭拜祖庙，似乎平叛胜利的日子不远了。此战余威不小，同在陕西的张文耀（张妙手）、拓养坤（蝎子块）随后向官军请降，这两支部队也有数万人之多。虽然蝎子块之后再叛，但被早就做好准备的孙传庭斩杀，这支数万人的部队就此瓦解。

遭受如此重击，农民军就此陷入低谷了吗？并非如此，同以前的首领王嘉胤死后有王自用站出来，王自用死后有高迎祥站出来一样，高迎祥的死，虽然打击了农民军，但很快就又有人站了出来，而且实力更胜从前。

此时的李自成已经自成一军，在四川、陕西之间来回流动作战，并不断发展自己的势力。短短1个月之内，他就攻破了38座城池，平均每日攻破的城池都不止1座。当然，很多县城的守军听说农民军来了，不战而逃，李自成只需分兵去占领就行。而张献忠、刘国能、罗汝才等人率领的农民军在河南、湖广虽遭受官军的围攻，但也能相互支撑，自保无虞。

四正六隅十面网

崇祯九年六月底，清军再次入关劫掠，崇祯帝惊慌之余赶紧调卢象升入卫京师。但清军的战力岂是农民军可比，各路官军都束手无策。兵部尚书张凤翼无能为力，自知难逃一死，遂吞服大黄自杀。

杨嗣昌于崇祯十年三月奉命接任兵部尚书。此时的大明王朝处于内忧外患之中，难以自救。杨嗣昌心思缜密，对于局势了然于心，又有辩才。崇祯帝和他商议国家大事时，他总能侃侃而谈，有理有据，以至于崇祯帝惊呼：“真后悔没有早点用到你啊！”杨嗣昌拿出的策略主要分为3点：第一，攘外必先安内；第二，足食然后足兵；第三，保民方能荡寇。

对于第一点，他做了一个形象的比喻：大明天下好比人的身体，京师是头脑，宣蓟诸镇是肩臂，黄河以南、大江以北的中原之地是腹心。如今的形势是烽火出现在肩臂之外，乘之甚急；流寇祸乱于腹心之内，中之甚深。这样一看，肩膀虽然很痛，但腹心之危害显然更甚。所以，他主张先与清朝和谈，稳住京师附近的局势，再全力剿灭农民军。杨嗣昌的这个比喻和其父杨鹤的如出一辙，都把国家比作一个病重之人，只不过杨鹤主张对一个人进行调理，休养生息；杨嗣昌主张的是哪里病重先医哪里。

在剿灭农民军上，杨嗣昌也拿出了具体的作战方略，即“四正六隅，十面张网”：以陕西、河南、湖广、江北为四正，设立4位巡抚，这是正面战场，也是主力所在；以延绥、山西、山东、江南、江西、四川为六隅，也设6位巡抚，他们的主要任务是堵住农民军，不让他们进入自己的防区，并协助主力剿灭。分防而协剿，是谓十面之网，而陕西的三边总督和五省军务总理二臣统率主力，追堵农民军。

关于第二点，他建议增兵12万，增加饷银280万两，说白了就是保证兵员和钱粮，全力镇压农民起义。其实，增加兵员并不是难事，难的是没钱，有钱就可以招募士兵。对于12万军队，杨嗣昌也做好了安排：祖陵安排1万人马负责防守，总督率3万人，总理率3万人，陕西、凤阳巡抚各率1万人，湖广、河南两巡抚各率1.5万人。杨嗣昌认为官军只有12万人，农民军号称百万，但大多为老弱妇孺，真正能作战的远远没有那么多，而且他们分散各地，所以靠12万官军是能解决问题的。

不过，重点还是在一个钱字上。对于钱，杨嗣昌也想了办法。首先，按照耕地均摊，每亩土地摊派6合，10合为1升，每石米折银8钱，相当于每亩摊4厘8分，总共可得190万两白银。然后，万历六年（1578年）到万历十一年（1583年）间，官府清查全国耕地面积后新增加的耕地，以前摊派辽饷时没有作为摊派对象，此次当然要加进去，可得40万两白银。其次，裁减驿站可得20万两白银；最后，卖国子监的监照（即毕业文凭）可获得一些银两。为了凑够大军的军费，朝廷此时已经是无所不用其极了，甚至发文暂借民间房租一年，每户人家收银1钱。当然，这是有借无还，老百姓不借还会被处罚。

这个方略是针对农民军流动作战的特点制定的，在各地设立十巡抚，每一地都有兵力，有的主攻，有的主守。农民军无论走到哪里，都会被官军阻击。又设总督和总理率领主力追击农民军，农民军简直插翅难飞！杨嗣昌果然心思缜密，这个策略崇祯帝听了连连称赞，大力支持。

杨嗣昌选的总督是一直在前线的洪承畴，至于五省总理的人选，按理说，刚刚在陕西大出风头的孙传庭是最好的人选，但孙传庭屡屡在军事策略上与杨嗣昌相左，又多有顶撞，所以杨嗣昌没有选孙传庭，而是选了熊文灿。熊文灿本为两广总督，这个职位是当时少有的、无可争议的肥缺，因为两广远离辽东和农民起义区，在这里当总督自然省心不少，而且经济较好，油水也不少。熊文灿不想离开两广，但不敢违抗崇祯帝的命令，遂提出诸多条件，如直接对崇祯帝负责、拥有绝对人事任免权等。

崇祯十年五月，熊文灿受命总理南直、湖广、山西、陕西、河南、四川六省军务，负责镇压起义。经过庐山时，熊文灿前去拜见高僧空隐。

空隐说：“熊公您自己估计能否将贼兵置于死地？”

熊文灿回答：“不能。”

空隐：“您手下诸位将领中有能委托大事，独当一面，不需要您指挥就能定大局的吗？”

熊文灿答：“不知道。”

空隐又说：“皇上任命您担任如此重要的位置，对您寄予厚望，而且限定时日破敌，一旦没有成效，恐怕会祸及您和您的家人。”

熊文灿站了很久，才问了一句：“我想用招抚的办法制敌，是否可行？”

空隐说：“我早就料到熊公必定会用招抚的办法，但是流寇不是海寇可以比的，您要慎重。”

熊文灿听罢，在佛前祈祷：“如得无恙，愿以余年皈依佛门。”

随后，熊文灿带着广东的2000火枪兵到了河南，刚到不久就遇到了刺头——总兵左良玉。他本应受熊文灿节制，但左良玉素来桀骜不驯，看不上熊文灿，遂让部下和熊文灿的火枪兵屡起事端。熊文灿很是难堪，最终只留下50名火枪兵，将其余的全部解散。

将帅、军饷、兵员全部齐备之后，杨嗣昌的十面张网计划正式开始实施。熊文灿在河南边打边招抚，洪承畴和孙传庭在陕西围追堵截农民军，各省督抚在杨嗣昌的指挥下，对农民军的围剿有了很大的进展。

崇祯十一年正月，左良玉在南阳遇上了张献忠，大战中农民军不敌，张献忠逃跑。左良玉追上去，射了两箭，一箭射中张献忠的肩膀，一箭射中他的手，左良玉又挥刀猛砍，张献忠血流满面，被部下孙可望拼死相救才得以逃脱。在追击中，张献忠疲于奔命，与马守应、贺一龙、刘国能约10万人汇集在黄州、麻城一带，熊文灿派人前去招降。

首先投降的是刘国能，他在湖广随州向左良玉投降。刘国能是和张献忠、李自成齐名的农民军首领，很早就参加了队伍，麾下部众有五六万人之多，一些不愿意投降的兵就奔散到其他农民军中。刘国能被授予守备之职，在左良玉麾下任职。

这样一位农民军首领为何会投降呢？刘国能读过书，中过秀才，这是他与李自成和张献忠的不同之处。而且，刘国能的母亲多次让他归顺朝廷，颇为孝顺的他多少会受到母亲的影响。还有，刘国能害怕与他并肩作战的张献忠会兼并他的队伍，故而选择了投降。

张献忠不愿投降，但已经势单力孤，面对官军的军事打击也只能向熊文灿投降。左良玉当然知道他是假投降，竭力请求进攻，但熊文灿不允许。张献忠虽投降，却拒不接受整编，而是带着人马在谷城养精蓄锐。不仅如此，他还在谷城设官收税，搜集粮食，打造兵器。杨嗣昌反对招抚张献忠，要求刘国能、张献忠等人去攻打农民军，杀了李自成，才可信任他们的投降。但此时的崇祯帝和熊文灿急于招安，杨嗣昌也只好顺从皇帝的意见。

另外一支实力很强的农民军即罗汝才所部也在郧阳接受了招抚，他和张献忠一样拒绝接受整编。势力最强的几支农民军都已投降，其他的农民军自不用说，纷纷向朝廷投降。当时，农民军中只有3营尚未降伏，在熊文灿看来，这些贼寇不日可下。

而此时的陕西，洪承畴、孙传庭等将率军对李自成穷追猛打，战斗一度十分激烈。总兵曹变蛟27天不解甲，转战千里，李自成吃了不少败仗。李自成一度想用老战法，靠边走边打来破解官军的包围，但到四川有巡抚傅宗龙严阵以待，河南根本过不去，只得在陕西境内游击。他的部队被洪承畴、孙传庭紧追不放，李自成的部下或被杀，或投降，力量一步一步被削弱。但李自成的战斗力极为顽强，他害怕身边人把自己捉去领赏，半夜都不入帐睡觉，躲在树林中。这段时间，李自成的处境极为艰难，他数万人的部队被逐渐打散，跟在他身边仅千人左右。对他打击很大的是六队头目祁总管带着600人投降了，这是李自成的重要力量。

李自成仍在试图扭转局势，打算向河南突围，与马守应等部会合，但官军早就料到他会这么走，因为这是他当时唯一的选择。官军在通往河南的必经之路上以每50里为一营布置好伏兵，又让曹变蛟在李自成的后面猛追。李自成带着仅有的人马逃到了潼关原，人困马乏之际，李自成刚下马休息，就伏兵四起，李自成军大乱。眼见四周都是官军，无路可退，只得上山躲避。但山中的山民也来攻击他们，李自成顾不了妻女，和刘宗敏、田见秀、高一功等十八骑突围而走，逃到商洛山中。

到此，杨嗣昌的十面张网战略大获成功。

杨嗣昌之死

杨嗣昌的战略是攘外必先安内，在镇压农民军的同时，他开始与清朝议和。皇太极对议和态度很积极，但表示能和谈就和谈，如果和谈不成，他就要派兵大举入关侵扰百姓。

杨嗣昌的议和不仅遭到了言官们的弹劾，也遭到了主战派的阻拦，少詹事黄道周甚至把杨嗣昌比作猪狗。鉴于群臣激烈反对，而且崇祯帝又向来不愿承担责任，所以他对议和之事没有明确地支持，最后此事就不了了之了。

皇太极见议和不成，遂命多尔衮和岳讬分率2路大军大举入关，清军势如破竹，一直打到山东境内。当河南、陕西的农民起义暂时被压下后，崇祯帝认为大势已定，遂调洪承畴和孙传庭率领主力北上抗击清军。

然而，在谷城的张献忠并不是真心归降，他只是用这种办法保存实力。张献忠可是刨过皇帝祖坟的人，他又怎能相信朝廷会放过自己呢？当熊文灿要求张献忠出兵4000去剿灭农民军时，张献忠毫不犹豫就拒绝了。而李自成在山中时有数千败兵陆续归来，于是他就走了出来，陆续又有旧部归附，就这样积累了一些兵马。

李自成和张献忠还在谷城见了一面，共商如何打败官军。从李自成亲自来见张献忠来看，他肯定知道张献忠是诈降，否则不可能以身犯险。两位枭雄在谷城把酒言欢，酒过三巡，张献忠抚着李自成的背说："你何不和我一起投降？"李自成自然知道张献忠这是在调侃自己，连说："不可，不可。”李自成离开时，张献忠资助了他一些马匹和衣物，这些都是李自成最缺的东西。张献忠的目的也很简单，让李自成迅速强大起来，好分担自己的压力。

对于张献忠的诈降，明朝官员也很清楚。谷城知县阮之钿眼见张献忠每日招兵买马，打造兵器，上报朝廷也得不到回音，就屡屡劝张献忠真心归附，但张献忠岂会理他一小小的知县。阮之钿自知自己的末日不远了，遂不理政事，只等时间一到，自愿一死。因为张献忠一叛，自己多半会死于其手，即便张献忠不杀自己，叛乱发生在谷城县，朝廷也会杀他。

对招抚张献忠反对最激烈的人是湖广巡抚余应桂，他给熊文灿写信，力主不可全信张献忠，又在信中说：“张献忠必反，应该先下手为强，将其消灭。”不巧的是，这封信竟然被张献忠的巡逻兵缴获，张献忠得此信，就质问明朝官员，大做文章。于是，熊文灿向崇祯帝弹劾余应桂，说他破坏招抚大局，最后余应桂被免职戍边。

清军北归之后，就连杨嗣昌和熊文灿都察觉了张献忠的不安分，左良玉也力主先下手为强。于是，官军开始布置兵力，打算围困张献忠。但张献忠素来狡猾，抢先动手，于崇祯十二年五月初六复叛。知县阮之钿早就做好了准备，服毒自杀，但毒性还没有发作，张献忠的士兵就放火烧了县衙，最后葬身于火海之中。

张献忠在叛乱之际将自己过去一年中被明朝各级官员敲诈索贿的名单、索贿金额、日期全部公之于众，尤其指出自己的叛乱是五省总理熊文灿贪贿所至。熊文灿受贿不计其数，各级官员中仅有一人没有接受张献忠的贿赂，这下张献忠将大明王朝官员们的丑恶嘴脸曝光于天下。这些官员真是胆大包天，当时人人都知道张献忠日后必反，但他们仍敢收受张献忠的贿赂，那还有什么钱是不敢收的，还有什么款是不敢贪的？由此可见，明朝的腐败之严重，可谓触目惊心。

张献忠在谷城时最爱听别人给他讲《孙子兵法》，这些兵法到这个时候派上了用场。张献忠深知官军必会来追，就预先设下埋伏，左良玉的追兵果然不久就到了，官军中埋伏后大败，左良玉在几百亲兵的掩护下才逃出包围圈。从这一仗来看，农民军的作战水平已经有了很大的提升，不再像之前一样一触即溃。士别三日，当刮目相看，张献忠今非昔比了。

对于张献忠的作战本领，明末清初的计六奇有详细的描写，我们以张献忠围攻桐城一战为例，具体来看看他的作战方略。张献忠驻扎在庐州时，距离桐城300里，因为两地距离尚远，桐城尚不警觉。没想到一天时间张献忠的军队就到了桐城之下，此等行军速度实属惊人。张献忠到达之后，命大队在距城5里处结营，一共分为4营，老营居中，3营围着老营，这3个营分别叫前营、中营、后营，就像三个鼎足，环护着老营。

九月初十是张献忠的生日，他戴着尖毡帽，身穿织锦胡桃花衣，脚上穿软靴，地上铺着地毯，席地而坐。他的身侧有左右骁将20名。各营的将领及本营诸将为他祝寿，碗酒大肉，席地传饮。下面有伶人表演，共有3场，一是关公过五关斩六将，二是韩世忠勤王，三是尉迟恭三鞭换两锏。宴会结束时，张献忠再三叮嘱下属们："晚间需慎，勿纵饮误人事。"

张献忠晚上常常不睡觉，穿着铠甲夜行，带刀巡视，即便是他的左右侍卫，也总是不知道他在哪里。不仅如此，张献忠还很爱和文人沟通，询问他们对时局的看法，听他们的策略，如果说得好，就授职、给兵符，让他去攻取城池。

张献忠攻桐城时，因城池坚固，很长时间没打下来。桐城是三国时期吕蒙所筑，外面用砖，里面用巨石，十分坚固，张献忠派人挖去了外面的砖，却对里面的石头没有办法。张献忠很快改变了战法，让人垒石运土，修筑了一条高高的长堤。而城内守军就用炮火攻击，击杀了很多农民军，但这些战死的农民军都是从周边劫掠的青壮年，张献忠根本就没有动用主力，实力丝毫未损。张献忠就让人把尸体也筑入长堤，继续派人从长堤攻城。此时，长堤已经修得和城墙一样高了，城中官军赶紧发大炮攻击。不久，庐州的黄得功率军来援，张献忠闻之，拔营而去，桐城之围遂解。

对于张献忠复叛，当然需要有人出来担责，熊文灿是最好的人选，崇祯帝毫不犹豫地将其下狱。鉴于熊文灿是自己推荐的，杨嗣昌在崇祯帝面前为其开脱，但他哪里会听。言官们弹劾杨嗣昌的奏章不断，但现在各地烽烟四起，统兵人才奇缺，崇祯帝有意让杨嗣昌去前线作战。杨嗣昌是何等聪明之人，自然觉察到皇帝的意思，不等开口就自请赴前线作战。崇祯帝一生薄情寡恩，但独独对杨嗣昌不同。杨嗣昌临行前，崇祯帝为他饯行，写了一首送别诗：

盐梅今暂作干城，上将威严细柳营。

一扫寇氛从此靖，还期教养遂民生。

盐梅就是贤才，干城则意为城墙和盾牌，细柳营曾是西汉名将周亚夫所在的军营。杨嗣昌是继孙承宗之后，第二位以大学士身份上前线的明朝高官。

到了前线的杨嗣昌，首先要对付的就是张献忠。杨嗣昌重用左良玉，来之前就在崇祯帝那儿为他讨了平贼大将军的名号。杨嗣昌的想法很简单，想任命左良玉为自己的副手，统率各路大军进军围剿张献忠。就好比当初洪承畴重用曹文诏为副手剿贼一样，但左良玉哪里是当初的曹文诏。

此时的罗汝才也已经复叛，和惠登相一起，军势很盛，湖广巡抚去平叛，最终全军覆没。杨嗣昌让宋一鹤接任湖广巡抚，而宋一鹤首先想到的不是如何剿贼，而是拍杨嗣昌的马屁。杨嗣昌的父亲是杨鹤，宋一鹤就写信给杨嗣昌，署名为宋一鸟。这是要避杨嗣昌父亲的名讳，此事被当时人传笑一时，宋一鹤脸上挂不住，就给崇祯帝上疏，称病请求辞职。杨嗣昌一看，这样的人肯定指望不上，还是得靠左良玉。

左良玉见有平贼大将军之印，不负重托，率军击败张献忠。张献忠向四川方向而去。杨嗣昌赶紧召集陕西总督郑崇俭率领贺人龙、李国奇从陕西方向堵截，左良玉则在后方追击。最终，两支队伍在太平县的玛瑙山将张献忠堵住，前有堵截，后有追兵，张献忠不得已上山扎营固守。

左良玉和郑崇俭把玛瑙山团团围住，然后兵分为三，左良玉率两支部队，郑崇俭率一支部队，合力攻山。战斗刚开始几天，张献忠尚可守住营寨，但山上缺粮，逃跑者不计其数，张献忠喝止不住。

左良玉心生一计，让农民军降将刘国能佯装运粮接济。果不其然，张献忠饥不择食，打开营门迎接，刘国能立马冲进去放火烧营，大肆掩杀。张献忠被杀了个措手不及，慌忙逃走。这一战，农民军共计被杀约2300人，其中包括大小头目多人，纳降约340人，张献忠的妻妾被俘获，军师被活捉，张献忠的印章也成了战利品。这次大捷让左良玉被封太子太保，崇祯帝对杨嗣昌的奖励是一句话——朕无日不挂念，这句话令杨嗣昌感动不已。

但此仗有一个最大的遗憾，那就是没有抓到张献忠。

张献忠败后夺路狂奔，左良玉率军在后紧追不舍，张献忠这次似乎插翅难逃。但他还有办法，他让人把自己的财物送达左良玉军中，并进言道："杨阁部之所以重视左公您，是因为我张献忠还在，左公您难道不想一下这个问题吗？左公您一贯放纵部下肆意杀戮，这早就引起了杨阁部的猜忌，如果没有我在，左公您的死期也不远了。"

不知道是张献忠这番兔死狗烹的说辞起效了，还是财宝起了作用，随后左良玉放走了张献忠，然后开始称病，对继续追击张献忠并不尽心。其实，这里面还有另外一层原因。

当初，杨嗣昌向崇祯帝申请让左良玉任平贼将军，之后又觉得左良玉飞扬跋扈，难以约束，数次不听自己的命令，他看到陕西将领贺人龙骁勇善战，有帅才，就上书请崇祯帝任贺人龙为平贼将军。崇祯帝批准后，杨嗣昌又觉得不妥，因为贺人龙的战功和声望均不及左良玉，而且他需要左良玉出力，所以再次上书请求崇祯帝还是让左良玉任平贼将军。

来来回回为这一个将军头衔，弄得左良玉和贺人龙二人都十分不悦。左良玉干脆称病，贺人龙也消极观望，两员大将罢工，这仗根本没法打了。其实，杨嗣昌完全可以向崇祯帝再要一个将军名号，左良玉和贺人龙一人一个，大家皆大欢喜。

左良玉和贺人龙的消极避战，很快就引起了连锁反应，四川巡抚和陕西三边总督起了内讧。陕西三边总督郑崇俭不愿作战，以买不到粮食为借口，后又以生病为由，对杨嗣昌的命令拒不执行，杨嗣昌让他去四川东部会师大宁，他却退回了陕西境内。而四川巡抚邵捷春也不愿意提供粮食，让杨嗣昌忧心忡忡。

杨嗣昌本想在大宁、大昌地区歼灭张献忠，因为这里崇山峻岭，地势险要，易守难攻，而官军在车厢峡、黑水峪都是利用地形大败农民军。但由于将帅之间的矛盾，兵力部署不及，陕西兵没有及时赶到，只有左良玉的一支偏师和一些川兵到达。张献忠联合罗汝才一起，在土地岭大败官军，歼灭5000余人，这对官军来说是一次大损失。张献忠得以突破三峡天险，直达夔州。从川中急速赶来增援的土司秦良玉带着两万多人在夔州与张献忠大战，但张献忠来势很猛，秦良玉军没来得及摆好阵形，而且秦良玉军中大部分为新招的新兵，被张献忠军一冲击，全军大败，秦良玉只身逃走。

秦良玉的白杆兵战力不俗，在播州之乱、西南两大土司之乱和辽东战场上都有过不俗的表现，这次全军覆没意味着世上再无白杆兵，同时也意味着农民军战力的进一步增强。此战大败是需要人来承担责任的，四川巡抚邵捷春被斩首，陕西三边总督郑崇俭被免职，由丁启睿代替。官军的每次失败都会有人被杀头，有人被免职，然后不断地起用新的统军将领，这实际上也在不断地削弱官军的作战力。

张献忠联合罗汝才打了个大胜仗，突出重围，向四川盆地进发。杨嗣昌鉴于手下大将们的阳奉阴违，就起用了明将猛如虎来主持围剿张献忠。张献忠采取流动作战，杨嗣昌率各路官军围追堵截，疲于奔命。他让人四处贴告示：能擒斩张献忠者，赏银万两。而张献忠也贴了告示，大意是：有斩杀杨嗣昌者，赏钱三钱。短短4个月内，张献忠带着杨嗣昌的追击队在四川境内来了一次空前千里大拉练，从川东的大昌、夔州开始，北上到广元、剑阁等地，然后转头杀向成都，四川首府一片风声鹤唳，但张献忠根本没有打成都，而是继续南下仁寿、泸州，又突然掉头北上去往巴州。

张献忠被官兵在后面追击得苦不堪言，官兵总是距离张献忠3天的路程。张献忠的游击战经过战争的锤炼，已经得心应手。此时的张献忠心中有了一个大计划，但要实现计划须得斩断跟在自己后面的尾巴。张献忠故意降慢速度，让猛如虎在川东的开县追上自己。猛如虎很兴奋，辗转千里，终于要抓到张献忠了。猛如虎怕张献忠再次跑掉，不顾士卒想休息的请求，命令迅速发起进攻，却被张献忠的部队团团围住。猛如虎并不像他的名字那样勇猛如虎，而是更像一只兔子，拼命逃出了包围圈，但他的子侄和大部分官军都被歼灭了。

对明朝而言，祸不单行的是，李自成得知张献忠在谷城反叛后，也开始招兵买马，并迅速把队伍扩大到10万之众。为何他招兵买马那么容易？因为遍地是饥民，给口吃的，就一呼百应。而且，张献忠把杨嗣昌吸引到了四川境内，在四川和湖广边界的李自成利用这短短几个月迅速发展。同时，左良玉的消极避战也给了李自成很大的机会。李自成开始攻打县城后，每到一处就开始放粮，这与以前的做法不尽相同，李自成已经在战争中成长了。

明朝面临的局势越来越危急。

崇祯十二年，鉴于当时各省的兵力都已经被抽空，大多参加了对农民军的镇压和辽东战事，朝廷决定增加边镇的兵力。大致的安排是：大同、宣府、山西合计增17.88万兵；延绥、宁夏、固原、甘肃、临洮五镇合计练兵15.57万；蓟镇、辽东练兵24万；保定、畿府、山东、河北练兵15.7万，总共练兵73万多。不仅如此，为了打击流动作战的农民军，朝廷又提出加强地方武装，让州和县一级增加武职，开始练兵，具体是府增加1000个武职，州增加700个武职，县增加500个武职，让每个地方都有自己的常备军。

这是一个庞大的计划，自然需要粮饷，而这些钱要通过加饷来获得。这样会使农民的负担更大，把更多的人推向农民军，对于这一点，杨嗣昌自有说法——这次加的税赋是加在农田上的，现在田都在比较富裕的家庭手里，农民根本就没有土地，所以这次加饷是那些有钱人承担了，而且每亩只加三四钱，还可以稍稍抑制一下土地兼并。杨嗣昌的口才在晚明是首屈一指的，他的说法自然是巧辩。因为晚明哪一次加饷不是普通农民承担了最后的赋税？有钱人家有权有势，他们有很多种办法将赋税转移到老百姓身上。

崇祯十二年，明朝正式下令加派练饷730万两白银。为何崇祯十三年和崇祯十四年农民起义会如火如荼，一浪高过一浪？因为沉重的赋税之下，参加农民军成为很多老百姓不得已的选择。

此时，明朝的亡国之兆愈加明显。《辉县县志》中关于崇祯十二年到十三年有一段真实的记录："从崇祯十二年秋天开始，到崇祯十三年春，天上没有下过一滴雨，大旱之下，种的庄稼都没有收成。米价暴涨，1斗米可卖到1000钱。瓜苗、枣树、柿子树上面的果实，没长大就全部被摘光。人们开始吃草根、树皮、山中野菜。

"到了十月份，山林里面全是盗贼，他们以人为食。县城里的千夫长带人把这些盗贼捉拿，并在城中斩首。前来的百姓人山人海，他们不是前来看热闹，而是为了争夺被斩首者的肉。到了冬天，情况更加严峻，有父母吃儿女的，有儿女吃父母的，还有夫妻、兄弟、朋友、乡邻相食者。这些人还穿着衣服，但就其性情来说，已经与豺狼一模一样了。到了第二年的春天，情况更加危急了。有人死了刚被埋下，就被别人挖出来为食。大人稍不注意自己的孩子，转眼就在人家的锅里煮着了。而一些独居的人，更是屡屡被杀，被人充作食物。

“每到夜晚，城中呼喊、求救、啼哭声不绝于耳，这是城中的一些奸人在杀人为食，但没有人敢去救。那些奸人，他们吃人肉，用人骨烧火，甚至有人把头颅烧成灰，做成面和人肉汤一起吃，其他的骨头被丢弃到野外。头骨越来越多，就像瓜一样，一个一个地垒了起来，只是没有瓜蔓而已。而一些小骨头被胡乱地丢在道路边和路上，每当人经过，行走在这些骨头之上，骨头被踩碎的声音，如同踩在麻秸之上一样。”

这种情况下，李自成每到一地，都有走投无路的饥民加入农民军，队伍扩张十分迅速。很多人是自愿加入农民军，并以之为信仰。《武安县县志》这样记录了当时县里的情况：“本县原有1万余户，如今8000余户已经死绝；原有2万多人，现在逃走和死亡的就大致有1.8万人。本县需要交纳的新旧各类税赋约为4500两，漕米2300石，专供辽东的米约有1.2万石。而县里因缴不起税收，已经拖欠了3年，合计欠税超过10万两白银。”平淡的文字后面，是无数人的血泪。全县2万多人口，除去死掉和逃亡的，大概仅剩1800人，这些人依旧要承担全县欠下的10万两赋税。这当然是不可能完成的任务。

崇祯十年十一月到十二月间，在山东的兖西防区，官军擒获了3名农民军的侦察骑兵，当地官府立即对这3人进行了审讯。他们分别是雇工陈斗魁、农民崔文举、秀才之子傅一春，他们抛弃了以前的身份，加入了农民军。面对审讯，他们毫不畏惧，在堂上昂首挺胸，据理力争。

陈斗魁对自己曾经杀了11人的事谈笑自若，毫无畏惧；而崔文举一介农民，也甘心为农民军驱使。傅一春是秀才的儿子，在家里读过书，胸中有笔墨，出口皆成章，他的父母被农民军所杀。即便如此，傅一春还是加入了农民军。在审讯时，他满口都在说农民军如何强大，表达对官军不堪一击的藐视，还讲了农民军中的鲜衣美食，颂扬农民军的种种美好。

审讯的官员不禁发问："这些人，不害怕朝廷，不惜性命，甘心为贼所用，刀锯在前，他们为何就不害怕呢？"最后，这三人被杀了，只是他们异于常人的表现让审讯官记忆深刻。这说明农民军正在得到很多人的支持。

李岩（对于历史上是否有李岩一人，学界有争论，《明史》《明季北略》均对李岩有记载），李自成手下少有的具有战略眼光的人物。按理说，李岩是不会参加李自成的队伍的，因为他是一个举人，可以说是进了明朝的官僚系统，当时的县令大多是举人出身。而且，李岩可以继续考进士，前途一片大好。

李岩的父亲做过兵部尚书兼山东巡抚，只是这个官职来得有些不光彩，是通过依附魏忠贤而来的，他还给魏忠贤修了生祠。魏忠贤倒台之后，李岩的父亲不仅被免职，还坐了3年牢，出狱后赋闲在家。

李家是杞县的富豪，李岩颇有大侠风范，乐善好施，人称李公子。李岩中举人之后，在家读书，等待下一步考取进士。但此时已值明末，灾荒连年，兵荒马乱，民不聊生。河南连年大旱，饥民遍野，人吃人成为常态。

杞县属于重灾区，县令为完成朝廷的税收任务，不赈灾不说，反而加紧催收赋税。李岩劝说县令暂停催收，先设法赈灾。县令没有采纳李岩的建议，原因很简单，他要是完不成征税任务，轻则被罢免，重则人头落地。

李岩不忍饥民挨饿，就从自己家中拿了200石米来赈灾。荒唐的是，李岩的善举非但没给他带来福音，反而让他陷入万劫不复之地。饥民得了李岩的米，但不够啊，于是他们要求县里的其他富户也拿粮食出来赈灾。众多饥民围在那些富户家门口不肯离去，那些富户可没有李岩那么好心，纷纷向县令求救。县令发了一纸命令，让饥民们离去。饥民们哪里肯听，把命令撕毁并高呼："与其饿死，不如硬抢！"

眼看一场民变爆发在即。宋县令赶紧向上级的按察司报告。在报告中，宋县令举报了李岩图谋不轨，私散家财，收买人心，以致众叛。按察司一看报告，就下令火速捉拿叛逆李岩。

得知官兵捉拿了李岩，饥民们顿时群情激奋，一起冲进县衙，打死了宋县令，救出了李岩，并推举李岩为大家的首领。这下李岩也傻了眼，县令死了，衙役们跑了，自己就这样成了民变的首领。最后他也只得认命，带着大家加入了李自成的队伍，因为他是读书人，又颇有谋略，很快就成了李自成的核心幕僚。

在明朝官府不作为的情况下，李岩以一个人的良知，用自家的财产赈灾，竟落得被抓入大牢的下场。可以想象，如果不是愤怒的饥民将他救出，等待他的将是灭族的悲惨结局。这是一个多么病态的社会！

李岩加入李自成的部队后，编了一些通俗易懂的歌谣供大家传唱。这是其中一首：

> 朝求升，暮求合，近来贫汉难存活。
> 早早开门拜闯王，管教大小都欢悦。
> 杀牛羊，备酒浆，开了城门迎闯王，闯王来了不纳粮。
> 吃他娘，着她娘，吃着不够有闯王。
> 不当差，不纳粮，大家快活过一场。

李自成有了部队，有了谋士，就打起了洛阳的主意。洛阳的地位自不用说，横亘在豫西，是农民军来往陕西和湖广之间的重镇，同时也是福王朱常洵的封地。万历帝在位时就十分宠爱福王，给了他无数的珍宝财货，甚至有人说福王比万历帝还富有。

明朝官员也看到了李自成打洛阳的可能性，住在洛阳城内的前南京兵部尚书吕维祺向福王晓以利害，想让他拿出钱财来招募士兵守城，但被福王拒绝了。当河南总兵王绍禹带兵到洛阳时，福王一度拒绝让其入城，因为士兵们到后，他必须给赏银。最后王绍禹还是进了城，福王给了多少钱呢？仅3000两银子。但即便是这3000两银子，也没有到士兵们的手里，被王绍禹私吞了。

等李自成的大军到了洛阳城下时，仗还没有开打，城中愤怒的士兵已经不愿为明朝卖命，便打开了城门，李自成就这样轻松拿下了洛阳城。洛阳失陷，福王被俘，随后被李自成处死，被分割成数块，和鹿肉一起煮，然后分与众人食用。福王的儿子朱由崧得以逃脱，明朝灭亡后，他在南京被拥立为帝。

李自成进入洛阳后，打开福王的仓库，发现里面的粮食由于放得太久已经腐朽，一些钱币也放得太久，绳子都断了。李自成开仓放粮，当时郑廉见证了这一壮观景象，他如此记载道："洛阳附近的民众得知这个消息，都扛着旗帜而来，这些队伍如流水一般日夜不绝，李自成一呼百应，已成大火燎原之势，根本无法扑灭。"不仅如此，附近一些农民军队伍也来归顺李自成，李自成的实力进一步增长。李自成开始称闯王，这个高迎祥曾经用过的称号，因李自成而更加响亮。

福王的死，让崇祯帝再一次遭受了重击，他罢朝三日。上朝之日，崇祯帝声泪俱下地说："朕统领国家14年，国家多事，又遇饥荒，流寇猖獗，今日攻下了洛阳，福王被害。"又说这一切是自己不德所致，真当羞愧而死。阁臣们在下面连连劝慰，说这是气数所致。崇祯帝立即反驳："不是气数。

就算是气数，也需由人事来补，这些年来补救了几分？”有人当即弹劾杨嗣昌，崇祯帝自然要为杨嗣昌开脱，弹劾也不了了之。

洛阳的陷落和福王的死是一个大事件，意味着大明王朝已经时日不多。当初，福王卷入国本之争，万历帝因此怠政，明朝从此开始走下坡路，后人称“明亡于万历”。而今，福王之死又预示着明朝的灭亡。福王自己也没有想到自己的一生竟与大明的兴衰息息相关吧。

崇祯帝因洛阳遭受的打击还没消退，新的打击就接踵而至。襄王次子的紧急公文到了崇祯帝的手中，这种不合常理的情况，立刻让他意识到襄阳出事了。

张献忠甩掉了跟在后面的尾巴，出了夔门，朝湖广而来，在杨嗣昌的眼皮底下来了一个金蝉脱壳。张献忠一日一夜行军300里，直奔襄阳。襄阳是杨嗣昌的行营所在，也是襄王的驻地，是不折不扣的军事重镇。张献忠想拿下这座重镇。没有人想到张献忠的目标会是襄阳，一个还在被官军追击的张献忠，居然要去打督师的行营。张献忠之前截获了杨嗣昌的使者，得到了调兵的军符，他派20名骑兵佯装杨嗣昌督师衙门的差官进了城。夜半时分，城中的内应放下了吊桥，重镇襄阳不战而下。

这一仗打得真是太漂亮了，不损一兵一卒，不仅跳出了包围圈，还火中取栗直接攻下襄阳，活捉了襄王。当70多岁的襄王跪下来求张献忠饶自己一命时，张献忠冷笑着说：“我要借你的人头，让杨嗣昌因你的死被崇祯问罪，这里有酒，王请尽量喝。”襄王被张献忠烧死，烧得仅剩数块头盖骨，城中的物资全部成了张献忠的军需，他连那些已经下葬的王室成员也不放过，将墓中财物全数洗劫一空。

襄阳和洛阳丢失，2位藩王被杀，让本就在重病之中的杨嗣昌心急如焚，贼寇未平，还丢了督师衙门，自觉没脸再见崇祯帝，很快就不治身亡了。杨嗣昌生前死后，言官对他的弹劾都没有断过，崇祯帝基本上一概不理，追赠其为太子太傅。

杨嗣昌的死对明朝来说是一大损失，之后再也没有人能给出一个全局解决方案了，民变也一发不可收拾。当我们回首杨嗣昌的失败，表面的原因可能是杨嗣昌在用人上处理不当、明朝将领间矛盾重重、农民军的战力提升等，但背后真实的原因值得深究。

杨嗣昌为朝中文官，和地方将领之前并没有一起作战的经历，没有磨合，所以才会出现“平贼将军”的闹剧。10位巡抚加上总督、总理以及一众总兵，如此多的将领，如何协调也是一大难题，这是围剿失败的重要原因。

更重要的原因是，农民军根本打不完，李自成的十八骑在极短的时间内又变成了10万大军，张献忠吃了败仗后又很快拉起了一支10万人的大军。在遍地是流民的时代，只要农民军有一口吃的，就不缺兵员。他们每攻下一个城池，都是他们壮大实力的时机，因为凭借城中获得的战利品和粮食可以招募更多的流民入伍。两座大城襄阳和洛阳被农民军攻克后，农民军的实力再次大增。

四、问鼎天下

三战开封

拿下洛阳的李自成，已经今非昔比，战场的形势已经大为转变，他不用再被官军追着到处跑了，反而想攻打更多重要的城市了，下一个目标就是开封。开封对明朝的重要性比洛阳更甚，因为它是南北漕运的关键点，拿下这里，相当于斩断了大明王朝的粮食运输线，也就折断了大明的脊梁。

李自成于崇祯十四年（1641年）正月十九拿下洛阳，二月十三就率军到了开封。此时的李自成久战沙场，再也不会蛮干了。他声东击西，佯攻汝州，牵制官军，然后突然调转枪头，来到开封城下。之前，李自成派哨骑扮作官军，准备混入城内，但当时局势紧张，城外的居民蜂拥入城，导致这些哨骑没能入城。

开封城中的周王见洛阳的福王受难，深知钱没有命重要，就拿出自己的钱财重赏士卒。凡杀敌1名赏50两白银，射死1名敌人赏25两，如果官兵重伤和死亡也赏50两白银，伤兵则给25两白银。这封赏可不是小数目，50两白银几乎相当于1名士兵3年的军饷，于是守城官军的士气高涨。不仅如此，周王还以每天5钱的价格，雇用城内上万人登上城头游行，高喊“发兵出战”，虚张声势。开封城在北宋是首都，城池坚固，在金海陵王完颜亮时期又有重修，城池厚达5丈，是座不折不扣的坚城。

李自成本打算打开封一个措手不及，但见开封城已经做好了准备，就派人挖洞，准备用火药炸城，但官军用铁签往下捅，往洞中丢火药，李自成这一招失败了。于是，李自成又开始强攻，但也未能成功，只得在7日后撤离。

杨嗣昌死后，朝廷需要人负责对农民军作战。崇祯十四年一月，崇祯帝将兵部右侍郎、总督陕西三边军务的丁启睿升任兵部尚书，改称督师，总督湖广、河南、四川及长江南北诸军，仍兼总督陕西三边军务。因为此时洪承畴已经去往辽东战场，所以陕西三边总督由丁启睿一肩挑。丁启睿中进士后，大多在兵部任职，后因获罪被安排到陕西为官，他在孙传庭的帐下跟着孙传庭打仗，立下了不少功绩，但与孙传庭相比，他的能力远远不及。

丁启睿去接管杨嗣昌在荆州留下的军队，但湖广巡按汪承诏把船都藏了起来，不让丁启睿过河，说：“贼寇都在河南，荆襄暂时无警，无须大举用兵。”丁启睿无法渡过汉水，就转向邓州，哪知城内守军不给他开城门。堂堂督师，手持尚方宝剑，却落得如此惨状。丁启睿手下的部队大约有4万人，主力是左良玉的2万人和贺人龙的6000人。

李自成虽然没有打下开封，但其军势浩大，延绵百里，丁启睿自知自己肯定是有去无回，遂转而率军攻打相对弱小的张献忠。张献忠连续吃了败仗，与他合作的罗汝才也投奔李自成而去。走投无路的张献忠一度也想投靠李自成，但李自成此时势大，要求他当自己的部将，心高气傲的张献忠又岂能同意？李自成要杀他，被罗汝才劝阻，张献忠才脱身而去。

早在崇祯十年十月，李自成大举进入四川后攻下30多个州县，崇祯帝面临朝中无人的情况，又想起了曾在战场上叱咤风云的傅宗龙，将其重新起用。

傅宗龙曾在平定西南安邦彦的叛乱中出过大力，对朝廷有大功。傅宗龙为人刚直不阿，不会拐弯抹角，这样的性格在官场自然不讨人喜欢，崇祯帝登基之后也曾重用过他，但因为其过于刚直而将其免职。

崇祯帝本意是让傅宗龙出来带兵平定叛乱，傅宗龙到四川后果然也打退了农民军。崇祯十二年（1639年）五月，傅宗龙被杨嗣昌荐为兵部尚书。八月，傅宗龙入京见到崇祯帝，第一时间就讲老百姓穷困，日子艰难，国家财力虚竭。这些崇祯帝是知道的，就肯定了他的看法，但傅宗龙翻来覆去就讲这些，他的意思很简单，就是要崇祯帝在民生和财政上拿出解决办法。崇祯帝无法解决这些问题，颇为生气地说了一句："你是来整顿军事的。"

之前，杨嗣昌去一线指挥平叛后，不断请求朝廷拨军粮，时任兵部尚书的傅宗龙供应不上，杨嗣昌就弹劾兵部尚书不称职。但这件事不能完全怪傅宗龙，因为辽东和内地两线作战，粮食消耗太大，供应不上是很正常的。而且，粮食的调拨要靠户部和兵部一起配合。

杨嗣昌认为傅宗龙是自己推荐的，理应更加照顾自己，但傅宗龙没有，所以杨嗣昌很生气，就向崇祯帝告状。面对这种问题，常规的做法是以退为进，傅宗龙应该上疏申请离职，请皇帝另择高明。

然而，傅宗龙的性格直来直去，认为自己并没有错处，杨嗣昌纯属诬告，于是也弹劾杨嗣昌，说他只会耗费国家的财力，没有完成平叛的重任。傅宗龙完全不懂政治，杨嗣昌是崇祯帝的心腹，他这样去争是没有任何意义的，反而让自己在崇祯帝面前更加不顺眼。而且，在其他事情上，傅宗龙也屡屡触怒崇祯帝，最终崇祯帝将其丢进监狱，准备杀了他。

但是，杨嗣昌不久就在前线去世，丁启睿逃避与李自成作战，新任兵部尚书陈新甲一看，这去前线作战的任务怕是要落到自己身上，赶紧给崇祯帝示意，咱们监狱里还关着几个能人呢！一战擒拿高迎祥的孙传庭，平定奢安之乱的傅宗龙，还有前兵部侍郎、户部尚书侯恂，这些都是人才啊！

崇祯十四年春，无人可用的崇祯帝放出了傅宗龙，让他担任陕西三边总督，专门对付李自成。此时，李自成的全部人马已经超过了50万，雄踞中原，傅宗龙带了多少人呢？2万。傅宗龙就带着这2万人出了潼关，在河南境内与总督保定等地军务的杨文岳的部队会合，兵力虽有所增加，但两支部队加起来也才4万人。

傅宗龙毫不惧怕李自成，带着兵马就向李自成进军。他让贺人龙、李国奇率领陕西部队，虎大威带领保定部队向李自成进攻。李自成此时早已探知官军的动静，准备好了伏兵，把官军一步一步引进包围圈。三总兵带着官军拼命追赶，闯入李自成的埋伏圈时正值中午，官军开始休息，给马找草料。这时，李自成的伏兵四起，官军在仓皇中迎战，三总兵纷纷败下阵来，各自逃命。傅宗龙和杨文岳带着兵马凭借战壕死守，到了晚上，杨文岳悄悄逃走了，就剩下傅宗龙带着兵坚守阵地。农民军把傅宗龙围了数重，几天后，傅宗龙军中的粮食吃完，又杀马，之后又以敌人尸体为食，营中的火药、箭也都用完了。

最后，傅宗龙带着剩下的6000兵，于半夜时分开始突围，杀死农民军1000多人后才得以逃脱，此战官军损失很大。农民军在后面紧追不舍，傅宗龙边战边退，最终在离项城仅有8里的地方被农民军俘获了。农民军见捉了一条大鱼，就想用他骗开项城的城门，但他们太不了解傅宗龙的为人了，刚直不阿的傅宗龙向城楼上大喊："向城下开炮，不要中计！"农民军恼羞成怒，将其当场砍死。

李自成消灭傅宗龙后，在河南境内任意往来，大小城池都不在话下。南阳也被李自成轻松攻破，唐王被杀。而在叶县，已降官军并任副总兵的刘国能也被李自成活捉，面对昔日的战友，李自成劝降，岂知刘国能拒绝投降，最后李自成将其杀死。

但是，这些城池都没有开封重要，李自成于崇祯十四年十二月再次包围开封。这一次李自成修筑了4座高台，与城齐平，在台上架上大炮，猛轰城内的官军，官军士兵在城墙上根本不敢露头。夜里，官军在城上修筑了小城墙，以抵挡农民军的炮火。李自成又安排士兵在城墙下面挖空洞，不停地用炸药炸城墙。

崇祯十五年正月十三，李自成命人在挖好的10个大洞中放上数万斤火药，命数千骑兵等炸塌城墙时立即冲入城内。可开封的城墙异常坚固，炸药没能炸塌，炸飞的石块却让李自成的几千精锐骑兵受了伤。开封城高3丈5尺，宽3丈，城墙根处皆是巨石垒砌而成，这些巨石一半在土下，即便是火药也炸不开。

李自成大怒，命令士兵强攻，战况一度十分激烈，数十名农民军士兵登上了城头，但都被打退。李自成亲自督战，誓要拿下开封，却被守城副将陈永福射中左眼，最后李自成只能再次无奈地接受攻城失败的事实。

傅宗龙死后，崇祯帝让汪乔年接任了陕西总督。当初傅宗龙出潼关时，汪乔年泪眼相送，没想到才过去半年，就轮到自己出关作战了。此时，陕西的精锐早就被抽空了，剩下的都是一些残兵败将，汪乔年东拼西凑才凑了3万兵力。汪乔年出战前奉旨挖了李自成家的祖坟。

当时，左良玉被李自成围在郾城，汪乔年自知无力与李自成争锋，遂与几位部下商议："郾城危在旦夕，我们如果直接救援，李自成兵多将广，我们肯定打不过。但李自成的老营在襄城，我们去打襄城，李自成必来救援。到时，我们在前面打，左良玉在后面攻击，前后夹击之下，李自成必败。"这个围魏救赵的策略得到了将领们的一致认同。

拿下襄城之后，汪乔年部署虎大威、郑嘉栋、牛成虎3位总兵在城外和李自成决战。李自成痛恨汪乔年挖了他家的祖坟，就舍弃了郾城的左良玉，率军来攻打汪乔年。汪乔年让三总兵带兵在前，自己在城下压阵，李自成大军刚到，几位总兵就逃跑了，而汪乔年苦苦盼望的左良玉也没有来。汪乔年只得退回城内，李自成连日猛攻，5日后城破，汪乔年被李自成所杀。

李自成还是誓要拿下开封城，官军当然也知道李自成会再来攻打开封。四月，李自成和罗汝才第三次围攻开封。为解开封之围，崇祯帝把监狱里的原户部尚书侯恂放出来，让其带兵从山西进发。之所以如此，是因为侯恂对左良玉有恩，想借此让左良玉参战。崇祯帝又将孙传庭从牢里放了出来，让他去攻打李自成。

丁启睿、左良玉、杨文岳等人集合10多万人马在开封附近的朱仙镇扎营。这支部队的主力是左良玉，他能来参战，很大一部分原因是朝廷给他发了军饷。这一战也是官军和农民军最大规模的会战。丁启睿哪里来的10多万人马呢？原来，在李自成第二次围开封时，河南巡抚高名衡急请丁启睿出兵，此时丁启睿身在许昌，而农民军也正在攻打许昌，丁启睿害怕被困在许昌，就启程离开，名为救援开封。丁启睿害怕被李自成的部队攻打，也不在开封城外作战，直接溜进了开封城。

李自成三围开封，崇祯帝连发数道诏书责令丁启睿保卫开封，丁启睿没办法，再不去，估计崇祯帝就要让他人头落地了，所以才不情愿地调集左良玉、虎大威、方国安以及保定总督杨文岳等部援救开封。这几乎已经把明朝在中原的所有部队都调集了过来。李自成率主力与官军对垒，农民军3万骑兵每人3匹马，步兵10多万，还有近百万的协从人员，气势远在官军之上。

丁启睿不等孙传庭等军队到来，就催促官军出战，左良玉不同意，其他将领也多有惧色。左良玉回营之后与众将商议作战方案，众将争论不休，会议一直开到天亮。但就在此时，左良玉发现李自成筑了土山，上面架着大炮，而且大炮前面掘有深沟，备有万人保护大炮。左良玉自知不妙，拔营而跑。左良玉一跑，官军顿时大乱，全线崩溃。

李自成早就料到官军会逃，就在他们逃跑的路上挖了百里长的深壕，宽约一丈六。左良玉后有李自成的追兵，前有深壕，最终全军覆没，他在几名亲兵的保护下才逃出包围圈。经此一战，左良玉再也不敢和李自成交手了。而官军的主力就是左良玉所部，左良玉一败，其他人等全作鸟兽散，10多万官军全线溃败，丁启睿的尚方宝剑也成了李自成的战利品。

崇祯帝让尚未到战场的侯恂继续救援开封。侯恂一看，这不是让自己去送死吗？就建议崇祯帝放弃河南，让各路军马扼守险要，不要去和农民军硬拼。因为此时农民军和官军的实力对比已经发生了根本性的变化，李自成强而官军弱，官军采取固守实际上是最合适的策略。但崇祯帝哪里肯听，继续命令侯恂和孙传庭救援开封。侯恂没办法，只能带着人马到了黄河边，就是不过河，与开封隔河而望。

李自成打败了明朝的援军，可以安心地对付开封了，他将开封围得水泄不通。李自成这次的战法很简单，就是围困。当时的场景是：李自成和罗汝才带着的百万人马在城外，官军和百姓也合计百万人在城内，双方比拼的是谁的粮食先吃完。

开封被围了几个月，城中粮食难以接济，到了九月，饿死的人一批接一批。人相食，一匹马可以卖到数千两，这样下去，城池迟早被破。实际上，农民军的粮食也出现了困难，罗汝才军中已经缺粮，靠着李自成的支援才能继续坚持。李自成开始攻城后，城内守军感觉无力抵挡，有人向巡抚高名衡建议，挖开黄河大堤，放水淹李自成大军，这个建议迅速被高名衡和周王采用。

九月十五日，官军挖开了黄河的朱家寨口大堤，决口约有2里宽，汹涌的黄河水奔腾而来，农民军被冲走了万人，但李自成的人马驻扎在开阔地带，可以迅速转移，故而损失并不大。李自成岂能善罢甘休，也派人在马家口掘开1里宽左右的决口，两股黄河水汇成一股，在整个中原大地任意肆虐。

虽然官军掘开黄河之前就广派人力，加强了对城门各处的防水措施，但黄河水岂是人力可挡的，大水冲破了北门，又从东南门冲出，整个开封城全部被淹。水深3丈，只有钟楼、鼓楼、周王府的屋顶尚在水面上，溺死者无数。开封城刚被围困时尚有百万人口，被围后因瘟疫和饥饿死了2成，还剩80万人，黄河水决口之后，对岸的侯恂派船接走周王、高名衡等人，全城活下来的不到2万人。

黄河由此改道，从杞县、唐县、亳州，汇入了淮河。这一路上，黄河又给沿途的百姓带去了深重的灾难。李自成和官军来回争夺的重镇开封城此时已成了一座鬼城。

孙传庭之死

李自成三战开封期间，与官军展开了多次大战，官军的损失远超过李自成。而更重要的是，明朝的统军将领损失殆尽，无人可用的崇祯帝把目光投向了孙传庭。

孙传庭其人，身材高大，能左右开弓，27岁中进士。但他进士的排名比较靠后，第111名，所以并没有引起太多人的注意。孙传庭为官初期正逢魏忠贤专政，他有心报国却无处发力，心中不满，遂辞官回乡。这一闲就是10年。

到了崇祯八年，朝中已经出现了人才荒。崇祯帝敢用人，但也用不久，很多官员几个月就被调换，更有不少官员丢了脑袋。在这样的局面下，孙传庭被崇祯帝重新起用，不久就调任陕西巡抚。孙传庭对这个职位很满意，想大展拳脚。

孙传庭向崇祯帝要粮饷，崇祯帝开始答应给他6万两银子，但天下疲敝，内外交困，这6万两银子最后没有落实。当时，陕西的情况极为艰难，10年间换了7位巡抚，连年旱灾，是农民起义的重灾区，用孙传庭自己的话来说就是："履极难之地，肩极重之担，当极敝之时。"

孙传庭到了西安，首先做的就是募兵。但精兵都被派出去剿匪了，朝廷给的兵都是一些不堪重用的，于是孙传庭决心自己练兵。孙传庭治军严厉是出了名的，以至于很多士卒都无法忍受。为了得到军饷，孙传庭大力清屯，即清理被豪强地主侵吞的军屯，以充实军饷。清理出来的田地并不收回，而是折为现银，到他卸任时，一共清理出45万余两白银，约5万石粮食，还清理出屯兵1.2万人。

纷乱的时局不能给孙传庭太多时间，练兵没多久，他就投入战争中。此时的大明天下，早已乱成了一锅粥。陕西连年灾荒，农民起义层出不迭，尤其是闯王高迎祥建立了一支超10万人的队伍。孙传庭在洪承畴的指挥下，参与了对高迎祥的围剿，并取得了巨大的战功。高迎祥欲经子午谷进攻西安，孙传庭便和陕西三边总督洪承畴率军堵截于子午谷之黑水峪。孙传庭的埋伏很快就取得了奇效。高迎祥的大军各路官军的围堵之下，本就损伤颇大，一路疲惫，这才让孙传庭的埋伏得以成功。此战中，孙传庭活捉了高迎祥，一战成名。

孙传庭下一个敌人是李自成。他和洪承畴等人用了两年时间大败李自成，李自成带着18骑逃入商洛山中。这时，陕西的农民起义被基本扑灭。关内的局势平定了，下一步就是攘外了。崇祯十一年，清军主力在多尔衮、岳讬的带领下，分两路入关劫掠，蓟辽总督吴阿衡战死。崇祯帝将孙传庭、洪承畴等军队悉数调往北京，对清军作战。

卢象升在作战中战败身亡，崇祯帝让孙传庭接替卢象升的位置。孙传庭不傻，当然不敢拿自己那点兵力和清军硬拼，就采取了比较稳妥的防御策略，实际上就是守在城里，尽量避免和清军野战。清军撤走后，孙传庭请求回陕西。孙传庭知道陕西的农民起义只是暂时陷入低潮，并没有被完全扑灭。但这样的请求会被崇祯帝认为孙传庭害怕与清作战。此时，掌握大权的是杨嗣昌，他力主与清求和，孙传庭激烈反对。意见得不到重视，孙传庭多少有些心灰意冷，刚好因感冒耳朵失聪，遂上书请辞。

崇祯帝认为他是在撂挑子，于是将其下狱。之后，农民军声势浩大，已成燎原之势，崇祯帝接连派出的几位总督都是一战即溃。崇祯帝又想起那个曾在陕西战场叱咤风云的孙传庭，就把孙传庭放了出来，问他剿灭农民军需要多少兵马？孙传庭被关了3年，不知此时的天下局势，以为农民军还是3年前的规模，说我只要5000精兵即可。崇祯帝给他派了5000京营兵，让他赴陕西剿匪。

到了陕西的孙传庭了解农民军的真实情况后，向崇祯帝要兵2万，军饷百万。崇祯帝不高兴，只给了他一个月的军饷，让他赶紧出战。崇祯帝给的这5000京营兵腐败无能，根本没有战斗力，还没到陕西，就已经跑了大半。但孙传庭不愧是一位能人，他想到了屯田。

但此时李自成的大军已成燃眉之急，把军屯土地拿回来也没有时间耕种了，所以孙传庭要求占田的地方豪强直接把土地折算成银两，这相当于虎口夺食。孙传庭尚方宝剑在手，豪强们不拿，那就人头落地。所以，这次豪强们算是大出血了。在明朝，真正敢向地方豪强开刀的，孙传庭是为数不多的一位。

孙传庭就靠着这些钱招兵买马，补发军饷，竟在短短几个月内就组织起了一支大军，加上陕西原来贺人龙的队伍，兵力达到了10万。贺人龙是有名的长腿将军，战场上一看势头不对拔腿就跑。他与李自成都是米脂县人，贺氏家族中有很多人都加入了农民军，多疑的崇祯帝怀疑他暗中与李自成勾结，故命孙传庭在陕西将他杀掉。

崇祯帝仅凭籍贯就认为一位总兵有问题，自然是不可取的，所以孙传庭上疏力争，请皇帝收回成命，但崇祯帝坚持如此，孙传庭只好设了一个鸿门宴，将贺人龙斩杀。贺人龙的死进一步削弱了官军的实力，连农民军听到贺人龙的死也拍手称快。

此时的农民军十分强大，临阵脱逃的官军将领绝非贺人龙一人，其中就有著名将领左良玉，甚至数次坏了围剿的大局，但崇祯帝拿他没有办法，因为左良玉手中有20万大军。崇祯帝还要对他好言宽慰，因为还指望着他去打李自成。但左良玉已经被李自成打怕了，根本不敢与其作战。

孙传庭让贺人龙手下的高杰接手了贺人龙的部队，加紧训练，部队很快就形成了一定的战斗力。崇祯帝急切地催促孙传庭出战。孙传庭四月到达陕西，十月即率领大军讨伐李自成。孙传庭在短短6个月内就整顿出一支10万大军，在练兵上可谓无出其右。

孙传庭和李自成在南阳的郏县相遇。孙传庭采取了诱敌深入的战法。他派军与李自成作战，佯装不敌，李自成连续打了很多胜仗，以往官军都是一触即溃，况且自己兵多，所以毫不迟疑地追击，被引进了孙传庭的包围圈，李自成军大败。

孙传庭派军追击30里，罗汝才赶紧派兵来援救，李自成让士兵赶紧丢弃盔甲等军资，顿时孙传庭的部队都在抢夺，李自成乘机发动反攻，孙传庭的左军左勷、右军萧慎鼎率先溃逃，官军大败。此战，双方损失相当，孙传庭回到陕西后依军法将萧慎鼎斩首，对左勷则念在其父陕西总兵左光先的份上饶过一命，令其纳2000匹马赎罪。

郏县之战后，孙传庭加紧扩充军备，招兵买马，为来日的决战做准备。当时，朝廷真正有实力的军队有3支：一是辽东的吴三桂大军，是精锐之师，但与清军作战都很吃力，根本不可能调到内地；二是武昌的左良玉大军，兵力多，但总是不听从号令；三是孙传庭的陕西军。

鉴于关内形势的恶化，崇祯帝将所有的希望都寄托在孙传庭身上。但有人提出了不同的意见，说如果孙传庭在陕西不动，农民军攻打北京或南京都会有后顾之忧。如果农民军主动攻打孙传庭，那么孙传庭可以依托潼关之险作战，胜算更大。兵部侍郎张凤翔说："孙传庭所有皆天下精兵良将，皇上只此一副家当，不可轻动。”

李自成打败孙传庭后，并没有跟着他进入陕西，因为此时的中原还有两支官军，首当其冲的就是襄阳的左良玉大军。左良玉在朱仙镇败了后，收拢残兵散卒，加上一些农民军的降兵，大约有20万人。但这20万人基本没什么战斗力，只有2.5万人有军饷，其他的靠抢掠百姓为生。另一支是汝宁的杨文岳部队，也是李自成的手下败将，实力远不及左良玉。

李自成大军先攻击杨文岳。农民军蜂拥而上，杨文岳根本守不住汝宁，城破被杀。接着，李自成转而收拾老对手左良玉。左良玉自知不是他的对手，拔腿就跑，从襄阳一直跑到武昌，左良玉想向武昌的楚王要军饷，楚王哪里肯给，左良玉的做法也很简单——既然不给，那就直接抢。

李自成打败中原的官军后，为何不长驱直入陕西，消灭孙传庭呢？因为他还有更重要的事情要做。

李自成率领的这支队伍，实际上是一支联军，主要由李自成、罗汝才、贺一龙、贺锦、刘希尧等人的部队组成，这是以前农民军长期作战的惯例。但此时不一样了，中原的官军已经被清理干净，李自成等人打下襄阳后，在襄阳建制，李自成自称奉天倡义大将军，罗汝才为抚民德威大将军。这样当然不行，一山不容二虎。

李自成率先发难，邀请农民军首领赴宴，这是一场鸿门宴，贺一龙一到就被制服。罗汝才已经有了警觉，没有赴宴。李自成直接带了20骑直奔其帐中，在罗汝才完全没有防备的情况下，将其斩杀。罗汝才狡诈且多智，绰号为曹操，在农民起义后期，他的地位仅次于李自成和张献忠。李自成兼并罗汝才和贺一龙的部队后，实力大增，但罗汝才的部分下属不满李自成的做法，投降了左良玉和孙传庭。

李自成完成部队的统一后，就需要明确下一步怎么走，麾下的谋士们纷纷献策。牛金星主张直接北上，直取北京；杨永裕建议取南京，断了北京的财源和漕运；顾恩君说："南京在下游，打下来没有问题，但太慢了。我们直取北京，如果不胜，我们退往哪里？关中是大王的家乡，有大好山河，拿下关中，就等于拿下天下的三分之二，适宜先拿下，建立基业，然后以关中为基地，再向其他地方进发，攻取山西，接着攻打北京，这样进战退守，万全一失。"于是，李自成决定先取关中。

此时，孙传庭正在关中大肆招兵买马，令民每三户出50两白银，用于备战，他还精心营造了3万辆"火车"，就是在小车上放大炮、衣粮、弓矢，打仗时用来阻挡李自成的骑兵，防守时将"火车"围成一圈，开炮自卫。孙传庭对这些"火车"极为重视，他命总兵白光恩为统帅，高杰为副帅。官军人才凋零，不得不让白光恩这样的农民军降将担任主将。

孙传庭知道李自成势大，想多练兵，等时机成熟再行出击。从罗汝才帐下投奔过来的王龙也建议孙传庭："李自成要养百万人口，中原凋敝，根本无力负担，等到其粮尽，再行出击。"孙传庭在陕西练兵期间驭下严厉，动辄以军法从事，他又屡屡在陕西逼捐，因此得罪了不少人，陕西士绅都希望孙传庭能尽快出征，并谣传孙传庭养寇自重。崇祯帝也希望孙传庭赶紧出战。

于是，孙传庭无奈之下上书请战。他说："我当然知道这一战未必会胜，但是也有可能侥幸建功。但我堂堂大丈夫岂复能对狱吏！"在孙传庭的心里，要么胜，要么战死，是断然不会再让自己面对狱卒的，他已经做好了战死的准备。

崇祯十六年八月初一，孙传庭在西安关帝庙誓师。初四，他统率总兵白广恩、高杰、牛成虎等部10万众出潼关，同时檄调各路人马来攻李自成。所谓檄调各路人马，就是想调左良玉参战，但左良玉不愿参战，檄调也成了一句空话。李自成这边，既然要占领关中，以图天下，自然也做好了战斗准备。

孙传庭进军迅速，很快就占领了洛阳。洛阳这座古城，此时已经是一座空城。有人建议孙传庭守洛阳，孙传庭并未采纳。若孙传庭在洛阳城里驻军，李自成的大军过来一包围，官军本就没有多少粮食，缺粮后岂不成了瓮中之鳖？

李自成不断派出小部队骚扰孙传庭，这对孙传庭造成不了什么威胁，但都被孙传庭写作功劳上报。崇祯帝很高兴，甚至准备论功行赏了。但此时兵部尚书冯元飙说了一句："贼故见羸以诱我师，兵法之所忌也。臣不能无忧。"这句话让崇祯帝大为扫兴。

孙传庭出关，还有一张王牌，就是丘之陶。此人在农民军中担任侍郎要职，是孙传庭在李自成身边安插的一枚炸弹。丘之陶在孙传庭出征后开始发挥作用，他向李自成谎报左良玉大军袭击襄阳，农民军后方大本营危急，想调动李自成大军。但丘之陶与孙传庭的信被农民军截获，丘之陶被处斩。

九月十四日，官军和李自成的主力相遇，双方在郏县展开激战，初战，李自成失利。但孙传庭也陷入了一个非常被动的局面，从陕西到河南，后勤补给线逐渐拉长，而河南因为灾荒和李自成的坚壁清野，孙传庭没办法在此地以战养战。李自成很快就发现了官军的问题，派刘宗敏率领1万骑兵抄到孙传庭的后方切断了粮道。

粮道被断，足以致命。当初，白广恩劝孙传庭稳扎稳打，孙传庭没有听，现在后悔也来不及了。部队缺粮，孙传庭只能回师，留下河南总兵陈永福守军营。谁都知道留守军营是死路一条，陈永福的士兵们不愿意等死，都跟着大军逃走，陈永福连斩数人也不能制止，最后自己也跟着逃跑了。李自成哪能放过如此良机，率大军全力进攻。官军大乱，全线崩溃。

更糟糕的是，这时下起了雨，对孙传庭撤军更加不利。河南年年旱灾，却在此时下起了雨，老天爷也不帮忙啊！孙传庭制造的2万辆"火车"，原本是对付农民军的利器，现在却阻塞了道路，让官军逃跑都困难。最后，官军大败，被杀4万多人。孙传庭和白广恩等人仓皇退入陕西，收集散卒，大约还有4万人，但此时军心已散，战斗力大不如前。

李自成不给孙传庭喘息的机会，两路大军直扑陕西而来。农民军声势浩大，偏师都有10万人马。孙传庭那点残兵败将自然不能抵挡，孙传庭深知崇祯帝薄情寡恩，自己损失如此惨重，崇祯帝又岂会放过自己？倒不如与李自成决战，最后战死疆场。所以，孙传庭拒绝了白光恩退守西安的建议，亲自出战，最后死于乱军之中，尸首全无，崇祯帝在战后也没有抚恤。潼关失守后，整个陕西也被李自成占领。

进军北京

拿下西安之后，李自成主要干了3件事。

第一件事，拷饷。他责令原明朝官吏按官职大小出饷，九卿出5万两白银，中丞出3万两白银，监司出2万两白银，县长吏减半。陕西年年大旱，又是农民起义的主战场，官军每次出战都从陕西出发，陕西早就被扒了一层又一层，很多官吏拿不出这么多钱，就被严刑拷打。这实际上是几个月后北京大规模拷饷的预演。

第二件事，称帝建国。崇祯十七年正月，李自成在西安称帝，定都西安，建国号“大顺”，改元“永昌”。大封功臣，以宋献策为军师，牛金星为大学士，封刘宗敏、田见秀、刘芳亮等9人为侯，将72人封伯。

第三件事，也是最重要的事，他准备攻打北京。为此，李自成派军北上，攻破明朝的九边重镇榆林，解除了入京线路上的右翼威胁，又派兵先入山西，在前面开路。

对于进攻北京，李自成还是采用老战法。他先大量派人进京在各大要地潜伏。元宵节时，农民军的内应就已经进入了北京城。这些人伪装成南北商贾、游医、算命先生，进入了京城后散落各处。此时的大明朝缺钱，直接将京中的官职明码出售，一个职位高达数千金，武官都被农民军的内应购买了，一些农民军也作为新兵被招募进了官军。一些部院的官位也被农民军买了，他们进入这些部门后，大肆收集和刺探情报。仗还没有开打，官军就已经被农民军成功渗透了。

崇祯帝这时仍在派人到陕西去作战，任命兵部侍郎余应桂为陕西三边总督，给了他1万两银子和1000名京营士兵。且不说京营士兵毫无战斗力，这1000人又怎么对付李自成的百万人马？余应桂去见崇祯帝，说："李自成势大，我们缺兵缺饷，这仗没法打。"说完就痛哭流涕，但崇祯帝不管这些，让他赶紧出发。余应桂哪里敢去陕西，直接跑到山东去了。

农民军势大，又在各大城中安插了大量的内应，所以很多城池都不战而下，有的甚至直接开门迎接李自成的大军。就在李自成向北京进发的时候，有两封信从北方而来。第一封信来自太监曹化淳、王相尧，他们想和李自成事先取得联系，为自己谋一个后路。李自成表面上安抚了送信人，但心里对太监是极为反感的。第二封信来自清朝，此时当政的是多尔衮。清朝是想联系这支强大的队伍，一探虚实，以便于自己南下入主中原。

这封信清楚地表明清朝准备入主中原。这并不奇怪，清朝解决好内部的权力争斗之后，下一步必然是向中原进发。多尔衮的信到陕西时，李自成已经踏上了去北京的路，看起来，北上这条路很顺利，用不着和多尔衮一起"协谋同力"。李自成反而给崇祯帝写了一封信，约定三月十日与崇祯帝在北京决战，但李自成三月十七日才到北京，晚了七天，在周遇吉身上耽误了时间。

周遇吉是辽东锦州卫人，常年和清朝作战，后被崇祯帝调到关内抵抗农民军。崇祯十五年十一月，任山西任总兵的周遇吉在杨柳青设伏，利用地形痛击清军，清军死伤数千。这一仗，周遇吉率官军取得罕见的战果，实属不易。

李自成北上后，一路势如破竹，所过州县大多望风而降，太原也被他轻松地拿下。但到了代州，山西总兵周遇吉拼死抵抗，然而农民军的兵力太多，周遇吉不敌，退到了地势险要的宁武关。李自成在宁武关遭到周遇吉的顽强抵抗，周遇吉指挥官军在关上发炮，打死打伤了数万农民军。攻关的农民军一次一次被打退，尸体堆到与城墙一般高，李自成又加大力量攻关。周遇吉直接打开关门，带着人马从关内杀了出来，斩杀了几千农民军。

李自成一度想放弃宁武关，绕道从其他关隘前行，但被部下们极力阻止。农民军数量十倍于官军，一个小小的宁无关都打不下来，那还谈什么打北京？遇到一个硬骨头就想换个软柿子捏，那以后处处都是硬骨头。

连续作战下，官军的火药和箭矢都用完了，农民军用大炮猛烈轰城，官军损失惨重。由于双方兵力实在太过悬殊，李自成在付出巨大代价后，还是艰难地攻进了宁武关。周遇吉继续指挥部下巷战，从战马上摔下后又徒步奋战不止，连杀数十人，身上虽穿有铠甲，但被射成了刺猬，最后被农民军生擒。周遇吉的夫人也带着数十人，登高放箭射农民军，每箭杀一人，农民军不敢靠前，放火将其全部烧死。宁武关一战，给了崇祯帝很大的希望，在他看来，支持大明的人还有不少。

宁武关是李自成攻打北京途中唯一遭遇的一次硬仗。过了宁武关，至少还有两座重镇、一座关隘能挡住去路，分别是军事重镇大同、宣府和居庸关。李自成多少有些泄气，大同、宣府的兵力远胜宁武关，如果官军都奋起抵抗，那此行险阻重重。李自成甚至有回陕西、另选路径北上的想法。但就在此时，大同总兵姜瓖派人送来了投降书，李自成大喜过望，赶紧挥师北进，大同不战而下。

大同的前面就是重镇宣府，宣府巡抚朱之冯召集属下歃血死守，让他没有想到的是，部下们都抛弃大明，想归顺李自成。监军太监杜勋和总兵王承允甚至跪下来请求朱之冯带着大家投降，气得朱之冯大骂二人。当李自成的大军离宣府30里时，杜勋等人就忙着前去迎接。

朱之冯登上城楼，士兵们早已作鸟兽散，他走到大炮前，对着随从大喊开炮，却无一应答。朱之冯想自己去点燃大炮，随从们竟堵塞炮口，从后面拽住他，不让他发炮。朱之冯摸着自己的胸口，满腔悲愤，悲呼道："没想到人心都已到如此地步了啊！"说罢放声大哭。李自成军队到了城下，城中百姓张灯结彩，欢迎李自成大军的到来。随从想拥着朱之冯出迎，朱之冯不许，自缢而死，死后被丢弃在护城河中，无人收殓。

三月十五日，李自成到达居庸关，这是北京的最后一道屏障，居庸关的守将唐通本来还准备守一下，就在他带兵出战之际，监军太监杜之秩直接打开城门投降了，唐通就跟着投降了。而在北京城内，一些人已经开始做着改朝换代的准备，领头的就是太监曹化淳和兵部尚书张缙彦。

此时，北京城内的军队仍在10万人以上，若官军全力据守，以北京城墙之坚固，李自成想攻破北京绝非易事。面对农民军强大的攻势，二月二十日，崇祯帝让高起潜、杜勋等10多位太监到京畿各重地监军；二十八日，下令天下兵马勤王；三月二日，命令太监和官员们分守北京各城门，让襄城伯李国祯提督城防。

然而，这些办法都解决不了问题。三月四日，吴三桂率领关宁军入关勤王，但晚了一步。一是李自成的速度太快了，二是官军投降的速度太快了。此时的大明王朝，人心已散，守在城墙上的数万士兵长期缺饷，又没有饭吃，作为城防总指挥的李国祯束手无策，在城门外布置了3万士兵迎战李自成，还没有开战，士兵们就作鸟兽散，很多士兵直接加入了农民军。

三月十八日，李自成让投降的太监杜勋入城。杜勋一度被人们认为在宣府战死，崇祯帝还作了一番抚恤，他这次入城，很多人误以为他是鬼。在杜勋带来的信中，李自成要求与崇祯帝共治天下，让崇祯帝将西北割让给他，并让明朝给他200万两白银。崇祯帝没有直接回复，他在犹豫不决。

杜勋出城时，笑着对守城的太监说："我们的荣华富贵还在！"没有得到崇祯帝回信，李自成派大军猛攻彰义门，曹化淳在下午时分打开了城门，就此北京城破。

崇祯帝见大势已去，登上煤山自杀身亡。而太子奔向自己的外公周奎家，在绝望的时刻，太子选择了信任血缘，但周奎不纳，太子被太监交给了李自成。

李自成问："你的父皇在哪里？"

太子答："崩于南宫。"

李自成又问："你们朱家为何丢掉了天下，你的父亲何以至此？"

太子答："我不知，你去问百官。"

李自成说："找到你的父亲，我一定优待你，你不要担心。"

太子问："为何不杀我？"

李自成答："你没有罪。"

太子说："如果是这样，请你以礼仪埋葬帝后。百官无义，明日必来朝贺。"

到了第二天，前来朝贺的明朝旧臣多达1200人，李自成一看，果如太子所言，感叹道："此辈无义如此，天下安得不乱。"

李自成对那些卑躬屈膝投降的人并没有多大好感。率先打开城门迎进李自成大军的太监曹化淳、杜之秩满心以为李自成会重用他们，岂知李自成呵斥他们背主献城，理应当斩，将二人赶了出去。

大顺永昌元年（1644年）三月二十日，李自成进入北京的第二天，北京东华门旁的一个临时的简陋灵棚内，崇祯帝的遗体被放在一扇门板上，装入一个柳木棺材内。路过的官员见此景，30多人拜倒哭泣，60多人只拜不哭，更多的人看了一眼就自行离去。人们不同的反应，其实在重复一个事实——大明亡了。

亡国像一面照妖镜，照出了人间百态，也照出了牛鬼蛇神。

农民军在三月十九日陆续进入北京城，普通老百姓都拥出来看热闹。奇怪的是，他们都穿着华丽的衣服，但衣服与其神态举止格格不入，颇有些滑稽。很显然，他们是穿不起这样的衣服的。那这些华丽的衣服是从哪里来的呢？

原来，北京城里的达官贵人们唯恐暴露身份，就争先恐后地寻破旧衣服穿上。市场上的破旧衣服被抢购一空，甚至用数件华服也换不来一件破衣。老百姓身上的衣服被这些达官贵人换走了，所以他们反倒穿上了平日里想都不敢想的衣服。

前朝的官吏们此刻大多在为未来奔波，500多名在京武臣全数被杀，原因在于李自成害怕他们作乱。在京的1000多名文官，很多都拥到内城，等待牛金星的任用。平日里趾高气扬的大员们，此时成了普通士兵皆可取笑打骂的对象。到了饭点，士兵们随意丢弃一些食物到地上，官员们一拥而上，顾不得平日的体面，只为填饱肚子。

好不容易等到宋献策到了，几人赶紧下跪问："新主出朝否？"宋献策骂道："你们没有被杀就已经够幸运的了，等这么一点时间就不耐烦了？"最后被选上的只有不到100人，其余人等都交给刘宗敏处分，其实就是拿去拷打，搜银子。

李岩建议按3个等级进行拷饷。第一等，贪污且归降的官员，没收全部家产；第二等，贪污且不归降的官员，追赃完后，再定其罪；第三等，廉洁的官员，让其自己捐助饷银，不用刑。但李岩这种划分太理想化了，在当时的情况下，怎样辨别贪污和廉洁呢？实际上，在京官员大多遭受了拷饷。

最终的结果是按照官职划分，内阁成员纳10万两白银，科道官纳5万两白银，翰林纳1万两白银。负责拷饷的是刘宗敏、李过等人，据说最后搜到的财物多达7000万两白银。其中，勋戚王侯占了十分之三，宦官和寺庙之家占了十分之三，文武百官和商贾占了十分之二。这些大明官员终于到了倒霉的这一天，刘宗敏用了一种新的夹棍，用有棱角的铁钉连接起来，被夹之人，骨肉皆碎。

下面我们来看看几位权贵的表演。

周奎是周皇后的父亲，即明朝的国丈。崇祯帝对他极其信任。有多信任呢？从两件事可以看出来。一是天启帝病危时，崇祯帝刚入宫，还没有登基。当时，魏忠贤权势滔天，天启帝的张皇后告诉崇祯帝不要轻易吃宫里的食物。害怕魏忠贤下毒，崇祯帝就带了块饼放在衣袖里，这块饼就是周奎做的。二是李自成攻破北京城时，崇祯帝让太监把包括太子在内的3个儿子送到周奎处，让他想办法逃脱。可见，崇祯帝十分信任周奎。

然而，周奎此人无比爱财，当初崇祯帝让他捐款，他勉强捐了1万两白银（也有记载说捐了1.2万两白银），之后哭穷，死活不捐了。李自成进城之后，把他抓过来拷打，让他交出银子。周奎真的能撑，老婆被迫自杀，儿子被打死了，都说自己没钱，直到自己被打得只剩最后一口气，才说出藏银的地点，最后被搜出来的白银多达53万两。

而作为明朝最后一任首辅的魏藻德，在李自成进入北京城的第二日，就毕恭毕敬地前去拜见。李自成问他："为何有今日？"魏藻德回答："我是新进入内阁的，旧主不听我的忠言，所以有今日。"李自成听了这话，怒了："你新进入就受到恩宠，那就应该为社稷而死，为何偷生？"李自成说完，就让人将其囚禁。魏藻德不甘心，在囚室里隔着窗户大喊："如果用我，什么官我都可以接受。"李自成自然不会用这样的人，最后魏藻德死于刘宗敏的拷饷下。

除了以上二人，内阁大学士陈演人如其名，同样善于演戏。

崇祯帝在位时，有问题请教陈演，大多数时间他都选择沉默，因为害怕担责，在召吴三桂勤王、南迁等问题上拒不配合，贻误了时机。然而，李自成进京之后，陈演立刻积极了起来，主动捐了4万两白银。李自成很高兴，就将他释放了。陈演正等着做大顺高官的时候，却被李自成杀掉了。因为李自成此时要出征山海关的吴三桂，害怕明朝旧臣作乱，便杀了陈演。

明朝面临内忧外患之时，朝中有南迁之议，左都御史李邦华等人多次建议崇祯帝南迁，即便不南迁，也可以先把太子送到南京。但此议遭到了光时亨的激烈反对，他俨然一副忠臣模样。祖宗之训、圣人之法、大明的江山社稷，在他口中都灿若莲花。光时亨大义凛然之态、视死如归之情，让崇祯帝无言以对。他更是直言请崇祯帝杀了李邦华。但大明亡国之后，光时亨以火箭般的速度投降了李自成，并官复原职。真是演得一手好戏。

而建议南迁的李邦华，却选择了殉国。李自成兵临北京城时，他跑到内阁与群臣商量对策，哪知内阁首辅魏藻德说："再等等看吧！"国难当头，魏藻德在等什么，等着投降啊。李邦华无奈之下，带着人想上北京城墙参加城防作战，太监们拦着不让上。为什么不让上？太监们都准备好投降了，你还来添什么乱。李邦华穷尽所有也无能为力，最后他只能自杀，用自己的生命给大明陪葬，并留下一首绝命诗：

堂堂丈夫兮圣贤为徒，忠孝大节兮誓死靡渝，临危授命兮吾无愧吾。

李自成下令将崇祯帝安葬，由于崇祯帝生前没有修建陵墓，便将他安葬在未完工的田贵妃墓中。四月初三，崇祯帝和周皇后的梓宫出东华门，前来送行的只有太子朱慈烺、定王朱慈炯和永王朱慈炤，百官无一人前来牵引灵柩。

参考书目

张廷玉. 明史[M]. 北京：中华书局，2014.

谷应泰.明史纪事本末[M].北京：中华书局，2018.

计六奇.明季北略[M].北京：中华书局，2015.

谈迁.国榷[M].北京：中华书局，1958.

明实录[M].上海：上海书店出版社，2018.

毕自严.度支奏议[M].上海：上海古籍出版社，2007.

冯梦龙.甲申纪事[M].上海：上海古籍出版社，1993.

文秉.烈皇小识[M].上海：上海书店，1982.

沈德符.万历野获编[M].上海：上海古籍出版社，2012.

吴应箕.东林本末[M].北京：北京古籍出版社，2002.

商传.走进晚明[M].北京：商务印书馆，2014.

顾诚.明末农民战争史[M].北京：光明日报出版社，2012.

阎崇年.清朝开国史[M].北京：中华书局，2014.

阎崇年.努尔哈赤传[M].北京：华文出版社，2022.

孙文良，李治亭.明清战争史略[M].北京：中国人民大学出版社，2012.

孟森.明清史讲义[M].北京：中华书局，2009.

南炳文，汤纲.明史[M].上海：人民出版社，2014.

王天有，高寿仙.明史：多重性格时代[M].北京：中信出版社，2017.

樊树志.晚明史：1573—1644[M].上海：复旦大学出版社，2015.

袁良义.明末农民战争.[M].北京：社会科学文献出版社，2019.

郑天挺.明史讲义[M].北京：中华书局，2017.

万明.晚明社会问题变迁：问题与研究[M].北京：商务印书馆，2005.

林美玲.晚明辽饷研究[M].福州：福建人民出版社，2007.

李文治.晚明民变：底层暴动与明朝的崩溃[M].北京：中国电影出版社，2014.

梁方仲.明代赋役制度[M].北京：中华书局，2008.

姜守鹏.辽西对峙时期的明清议和[J].东北大学学报，1986（6）.